KB261188

바뀐 5년의 전망,

이명박 시대의 대한민국

바뀐 5년의 전망, 이명박 시대의 대한민국

엮은이 | 새로운사회를여는연구원
펴낸이 | 김성실
편집주간 | 김이수
편집 | 박남주 · 천경호
마케팅 | 이동준 · 이준경 · 강지연 · 이유진
디자인 · 편집 | (주)하람커뮤니케이션(02-322-5405)
인쇄 | 중앙 P&L(주)
제본 | 대흥제책
펴낸곳 | 시대의창
출판등록 | 제10-1756호(1999. 5. 11)

초판 1쇄 발행 | 2008년 3월 3일
초판 2쇄 발행 | 2008년 3월 17일

주소 | 121-816 서울시 마포구 동교동 113-81 4층
전화 | 편집부 (02) 335-6125, 영업부 (02) 335-6121
팩스 | (02) 325-5607
이메일 | esuesu21@naver.com(책임편집자)

ISBN 978-89-5940-097-3 (03300)
값 13,500원

바뀐 5년의 전망, 이명박 시대의 대한민국

새로운 사회를 여는 연구원 엮음

시대의창

독자와 더불어
덜고 싶은 **절망**, 더하고 싶은 **희망**

절망이란다. 이명박 정권 앞에 망연자실한 사람들이 많다. 심지어 국민이 노망들었는지를 묻는 '민주운동가'도 있었다. 진보운동이 몰락할 것이라고 예단하는 사람들도 있다.

그랬다. 2008년 새해는 캄캄하게 밝았다. 하지만 앞이 보이지 않을수록 찬찬히 어둠을 응시해야 옳다. 냉철히 성찰해보자. 오늘, 우리는 대통령 직선제도 정권교체도 결코 민주주의의 완성이 아님을 아주 비싼 수업료를 내면서 학습하고 있다.

한나라당 정권이 앞으로 5년만이 아니라 10년, 15년을 갈 것이라는 우려도 나온다. 패배주의와 절망의 분위기가 시민사회 내부에 짙게 감돌고 있다.

바로 그렇기에 무엇보다 먼저 정확한 현실 인식이 중요하다. 17대 대선에 대한 잘못된 두 선입견에서 벗어나야 할 이유다.

첫째, 2007년 대선은 결코 이명박 후보의 압승이 아니다. 대선이 노무현 정권에 대한 서릿발 심판이었음을 부정하고 싶은 게 결코 아니다. 심판임에 틀림없다. 하지만 압승은 결코 아니다. 63퍼센트의 투표율을 감안하면 그는 유권자의 고작 30퍼센트 지지만 받았을 뿐이다. 역대 어느 선거보다 표차가 컸다고 주장한다. 맞다. 한나라당이 500만 표가 넘는 표차로 이긴 사실을 부정하고 싶은 것도 결코 아니다. 다만 그 못지않게 역대 선거 가운데 투표하지 않은 표(37퍼센트)가 당선자의 표보다 훨씬 많았던 선거임을 잊지 말자는 뜻이다.

둘째, 진보세력의 참패로 절망할 일이 결코 아니다. 더러는 김대중-노무현 정권을 친북좌파가 지배한 10년이라고 한다. 김대중-노무현 정권 스스로 진보세력임을 자임하기도 했다. 하지만 이제는 냉철하게 짚어볼 일이다. 과연 그 규정은 옳은가.

아니다. 대체 어떤 점에서 두 정권이 진보적인가. 1997년 국제통화기금의 구제금융을 받으면서 김대중-노무현 두 정권은 미국이 주도하는 신자유주의 체제로 뚜벅뚜벅 걸어갔다. 부익부빈익빈이 깊어가고 국민 대다수의 삶이 불안하거나 위기에 몰리고 있다.

두 선입견에서 벗어날 때 우리는 17대 대선이 노 정권에 대한, 신자유주의 정권에 대한 미완의 심판임을 깨닫게 된다. 함께 심판받아야 할 정당이 심판자가 되었기 때문이다. 국제통화기금의 구제금융을 받으며 신자유주의 체제가 뿌리내리게 한 원초적 책임이 바로 한나라당이기 때문이다.

그렇다. 이명박 대통령의 취임식 날에 이 책의 〈여는 글〉을 쓰며 명토박아둔다. 이명박 정권은 신자유주의정권의 연장일 뿐이다. 신자유주의에 투항한 자유주의 개혁세력과 진보세력은 이제 명확한

선을 그어야 한다.

국민이 두 차례나 권력을 쥐어준 김대중-노무현 정권 10년으로 자유주의 개혁세력의 역사적 임무는 끝났다. 그들은 그 이상의 역사적 과제를 수행하는 데 무능했다. 사회경제적 민주화, 경제 민주주의를 수행할 의지도 능력도 없음이 분명하게 드러났다.

반면에 진보세력은 아직 미약하다. 새삼 참패라 할 이유가 없다. 척박한 이 땅의 정치구조에서 새싹을 틔웠을 뿐이다. 신자유주의와 분단체제에 맞서 이 땅에 참된 민주주의를 일궈갈 과제는 진보세력에게 있음을 17대 대선은 과제로 남겼다.

모든 권력은 국민으로부터 나온다는 대한민국의 헌법 정신은 아직 구현되지 못했다. 그래서다. 이제 더는 누군가에게 우리의 경제적·정치적 요구를 청원할 필요도, 또 그것을 들어줄 가능성도 없다는 진실을 앞으로 5년 동안 우리 국민 개개인이 공유해야 옳다.

그렇다. 국민 개개인이 민주공화국의 주권자로 드레지게 서 나가야 옳다. 그때 비로소 신자유주의를 넘어선 체제가 얼마든지 가능하다는 확신을 가질 수 있다. 그때 비로소 신자유주의 정권을 심판할 수 있다.

이미 이명박 대통령은 당선자 시절에 친기업·친시장 정책을 펴겠다고 공개적으로 다짐하고 나섰다. 바로 그것이 그의 '경제 살리기'다. 한미 자유무역협정의 국회 비준에도 적극 나설 것임을 공언했다. 진보세력이 이명박식 경제 살리기에 맞서 경제주권 찾기에 힘을 모을 때다. 그것은 국민주권운동의 출발점이 될 터다.

신자유주의와 분단체제를 넘어선 새 시대가 목표인 '새로운 사회를 여는 연구원'(새사연)은 2005년 준비위원회를 결성한 뒤 지금까지

'노동중심 국민경제'와 '통일 민족경제'를 뼈대로 한 새로운 사회의 그림을 성실하게 그려왔다.

　이 책《바뀐 5년의 전망, 이명박 시대의 대한민국》은 그 연장선에 있다. 우리가 이명박 정권을 조목조목 전망해본 까닭은, 그것이 과연 '바뀐 정권'인가를 날카롭게 성찰해본 까닭은 명쾌하다. 조금만 과학적 사고를 하면 이명박 정권 앞에서 패배주의를 벗어날 수 있음을 이 책을 통해 입증하고 싶다. 역설이지만 우리는 이 책의 전망이 어긋나길 바란다. 이명박 정권이 이 책을 읽고 대책을 세운다면, 그래서 우리의 전망이 빗나간다면, 그것은 새사연이 이 책을 내는 또 다른 의도일 수 있다. 신자유주의와 분단체제를 넘어서는 새로운 사회를 구현해 갈 모든 분과 함께 이 책의 절망과 희망을 나누고 싶다.

2008년 2월 25일

새사연 원장 손석춘

CONTENTS
바뀐 5년의 전망, 이명박 시대의 대한민국

PART 02 분야별 주요 의제를 전망하다

나라 안팎의 주요 의제를 전망하다

지 보 의

의 교훈

미국의

난 메커

근원

시대

전망

전망

미관계

지난 20여 년간 유지된 '반독재 민주주의' 전선의 역사적 소임이 17대 대선을 기점으로 끝났다. 이제 변화된 시대에 맞는 새로운 전선으로서 '반신자유주의 전선'을 새롭게 구축해야 할 때다.

지난 2007년 8월 본격화된 미국 발 서브프라임 모기지 충격은 연말에 들어서면서 실업률을 4년 만에 상승시키는 등 그동안 내수를 지탱해온 고용에도 영향을 주고 있다. 무엇보다 가장 큰 교훈은 지속가능한 성장을 위해서는 경제적 불안정성과 불확실성을 제거할 수 있는 금융 제도와 규제가 반드시 필요하다는 사실이다.

17대 대선_
그 표심으로부터 찾는 **진보**의 **희망**

김병권_새사연 연구센터장

지난 17대 대선은 지난 20여 년간 유지된 '반독재 민주주의' 전선의 역사적 소임이 끝났다는 사실을 분명하게 말해준다. 이제 변화된 시대에 맞는 새로운 전선으로서 '반신자유주의 전선'을 새롭게 구축해야 할 때다.

또 이번 대선은 대학생이 보수화되었다는 세간의 평가에 의문을 던져주기도 했다. 20대는 어느 세대보다 진보적인 투표 성향을 보여주었기 때문이다.

끝으로 이번 대선 결과를 두고 우리 사회의 보수화를 지적하는 것은 옳지 않다. 오히려 국민의 진보적 지향과 기대를 진보세력이 쫓아가지 못했기 때문임을 직시하고 객관적 현실에 기반을 두고 스스로를 역동적으로 변화시켜야 한다.

지난 17대 대통령선거는 보수세력의 압도적 승리로 끝났다. 유례를 찾아보기 힘들 정도의 결과다. 전체 유권자 3765만 명 가운데 1396만 명(전체 유권자의 37퍼센트)은 투표에 참여하지 않았다. 1149만 명(전체 유권자의 30.5퍼센트)은 야당의 이명박 후보에 투표했고, 고작 617만 명(전체 유권자의 16퍼센트)만이 여당의 정동영 후보에게 투표했다.

중소기업 부흥과 비정규직 해소를 공약으로 내걸고 정치무대에 뛰어든 문국현 후보는 137만 표(유효 득표의 5.8퍼센트)를 얻는 데 그쳤다. 전통적인 진보세력으로 자임해온 민주노동당은 2002년 대선 당시의 97만 표(유효 득표의 3.9퍼센트)에도 미치지 못하는 71만 표(유효 득표의 3.0퍼센트)에 머물렀다. 26만 표나 줄어든 것이다.

결국 전체 유권자의 37퍼센트가 투표에 참여하지 않았고, 유효 투표의 63.8퍼센트(이명박+이회창)에 이르는 유권자들이 보수세력에 표를 던졌으며, 34.9퍼센트(정동영+문국현+권영길)만이 반反보수세력에게 표를 준 것이 이번 대통령선거의 최종 결과다.

'민주 vs 수구' 구도가 약화되다

사실 이번 선거 결과는 우리 국민에게 이변이 아니다. 2004년 총선 이후 이어지는 보궐선거와 지방선거에서 열린우리당과 민주노동당은 참패를 면치 못했다. 반면, 한나라당 지지율은 언제나 1위였다. 이명박 대통령은 후보로 부상한 이후, 박근혜 후보와의 당내 경선을 치르던 몇 달을 제외하면 지지율이 40퍼센트 밑으로 떨어진 적이 없었다.

그럼에도 불구하고 범여권은 선거 국면이 가까워 오면 '반한나라당 세력'이 결집할 것이고 박빙의 승부가 재연될 것이라는 근거 없는 기대와 희망만을 키워왔다. 그러나 끝내 반한나라당 전선은 형성되지 않았다. 오히려 '반노무현 정권 전선'만이 더욱 확고해져갔을 뿐이다. 우리 국민은 "한나라당 집권으로 그나마 이룬 민주화의 결실을 잃으려는가?" 식의 과거 민주화세력이 던진 협박성(?) 호소를 철저히 외면하며, "신자유주의 10년으로 빚어진 사회 양극화와 경제생활의 어려움을 더 이상 지탱할 수 없다"는 자신들의 절박한 요구를 '노무현 정권 심판'으로 표현했다. 잃어버릴지 모르는 작은 민주화 성과를 지키는 것보다 이미 잃어버린 경제적 풍요를 되찾고자 하는 욕구가 더 컸던 것이다.

결국, 지난 20여 년 동안 한국 정치를 관통해온 강력한 추진력이었던 반독재(반수구) 민주주의라는 동력은 17대 대통령 선거를 분기점으로 역사적 소임을 다했다. 더 이상 민주 대 독재, 민주 대 수구라는 구도는 한국 정치에서 다수의 단결을 위한 추진력이 될 수 없다는 사실이 입증되었다. 시대가 바뀐 것이다.

반독재에서 반신자유주의로 전환하다

결국 반독재 민주주의 시대를 뛰어넘어 새로운 시대적 요구와 국민적 욕구를 수렴하는 정치구도를 창출하는 것이 필요하다는 메시지가 이번 대선에서 다수 국민이 말하고자 했던 지점이다.

그렇다면 대선이 끝난 현재 시점에서 진보는 민주화 세력의 계승자가 아니라 신자유주의의 단절자로 거듭나야 한다. 이미 사라져가는 '반수구 민주화 전선'이 아닌 '반신자유주의 진보 전선'을 새롭게 만들어내야 한다.

지금 한국에 펼쳐진 신자유주의 시대야말로 보수의 시대가 아니라 역설적으로 진보의 시대다. 지금 남미에서 펼쳐지고 있는 진보 정권의 득세가 그것을 똑똑히 보여주고 있다. 지난 10여 년 동안 기세등등하던 신자유주의가 종주국인 미국을 필두로 금융 불안 국면에 휩싸이고 경기침체에 들어서는 등 그 어느 때보다도 불안정한 모습을 보이고 있는 데서도 이러한 사실은 여실히 드러난다.

이명박 대통령의 당선으로 위장된 신자유주의(=좌파 신자유주의)가 아니라 진짜 신자유주의 정권 시대가 문을 열었다. 진짜 신자유주의 정권 시대는 진짜 보수의 시대이면서 동시에 진짜 진보의 시대로 될 것이다.

영원한 진보의 잠재력, 청년세대

'수구 대 민주'의 정치 지형이 약화되고 경제 문제를 축으로 하는 '신자유주의 대 반신자유주의'로 정치 구도로 중심이 옮겨가고 있는 시점에서 진보는 어떤 사회적 힘에 근거하여 거듭날 수 있을까.

역사적으로 젊은 청년세대는 그 진취성과 활동력으로 인해 대체로 진보적 지향성을 강하게 보여온 집단이다. 그런데 최근 2,30대의 보수화를 우려하는 목소리가 작지 않다. 20대 젊은층이 경제이기주

의화하고 보수화하여 이명박 후보에게 몰표를 준 것이 한나라당 압
승의 직접적인 원인이라는 주장이 그것이다. 그런데 이러한 주장이
확실한 근거를 갖고 있는지 짚어볼 필요가 있다.

과거의 대선들과 평면적으로 비교하면 2,30대가 지난 17대 대선
에서 한나라당 후보에게 매우 많은 표를 몰아준 것만은 분명하다.
15대 대선(1997년)과 16대 대선(2002년) 당시 한나라당 이회창 후보에
게 30퍼센트 수준의 지지를 표시한 젊은 세대는 2007년 대선에서는
이명박, 이회창 양 후보에게 과반이 훌쩍 넘는 56.3퍼센트의 지지를
보냈다. 보수정당에게 압도적인 지지를 보냈다고 해석할 여지가 충
분하다. 그러나 현상만을 두고 결론을 내리기에는 몇 가지 문제점이
있다.

우선, 다른 세대와 달리 유독 20대 또는 30대만 한나라당 지지로
쏠리고 있는가 하는 점이다. 또 하나는 과연 범여권이 지난 10년 동
안 변함없이 국민에게 '개혁진보세력'으로 인식되고 있는가 하는 점
이다.

이번 대선에서 세대별 투표 성향을 가장 근접하게 알 수 있는 자
료는 출구조사다. 방송사들이 진행한 출구조사가 크게 오차가 나지
않으므로 출구조사를 1차 자료로 활용하여 분석해보자.[1]

젊은 세대, 민주 *vs* 수구의 낡은 틀을 벗다

첫째, 어느 연령대보다도 2,30대의 이명박 후보에 대한 지지율이
낮았다는 점이 가장 큰 특징이다. 이명박 지지율에서 20대의 42.5퍼

센트나 30대의 40.4퍼센트는 흔히 진보적인 세대로 여겨지는 386세대(현 40대)보다 무려 10퍼센트나 낮은 수치다. 이명박과 이회창을 합쳐도 마찬가지 결과가 나온다. 2,30대의 지지율은 40대의 그것보다 훨씬 낮다. 결국 젊은층이 이명박을 지지해서 이명박이 압승했다는 얘기는 완전히 오도된 주장임을 분명하게 알 수 있다. 오히려 2,30대가 다른 세대만큼 보수적인 투표를 하지 않았기 때문에 이명박 대통령이 과반 득표에 실패했다고 보는 것이 타당하다.

실상 대통령 선거를 앞둔 몇 달 동안 2,30대의 이명박 이탈 경향은 다른 어느 세대보다 두드러졌으며 일단 이탈된 표심은 돌아오지 않았다. 선거 2개월 전인 2007년 10월, 이명박의 전체 지지율은 50~60퍼센트 수준에 달했다. 그러나 BBK 사건이 이슈가 되면서 2,30대의 이탈은 빠른 속도로 확대되었고, 실제 투표 결과 40대 이상의 유권자층은 다시금 50퍼센트 이상의 지지를 보냈지만 2,30대의 지지율은 40퍼센트 초반 수준에 그쳤다. 투표를 앞두고 실시한 설문조사 결과 대학생의 16퍼센트 가량이 최근 한 달 사이에 지지 후보를 바꿨으며, 그 중 63퍼센트가 애초 이명박을 지지했던 것으로 나타났다. "까도 까도 끝없이 나오는 양파 같은 비리사건에 실망했다"는 것이 이유였다.[2] 이명박 후보의 비리와 거짓말에 대해 가장 정당하게 대응한 것도 결국 20대와 30대였던 셈이다.[3]

두 번째 특징은 20대가 정동영에게도 가장 낮은 지지를 보냈다는 점이다. 정동영에게 가장 높은 지지를 보낸 세대는 40대와 30대였다. 이는 20대가 노무현 정권의 경제 실정에 대해 가장 가혹한 비판을 했다는 것을 의미한다. 반면 40대 그리고 이에 영향을 받고 있는 30대는 여전히 과거의 낡은 민주 대 반민주(수구)의 틀에 가장 단단히 갇혀 있다는 것을 의미하기도 한다.

세 번째 특징은 2,30대가 반신자유주의적 개혁진보에게 가장 높은 지지를 보냈다는 점이다. 20대는 문국현에게 전체 평균 지지율의 3배에 이르는 15.9퍼센트라는 매우 높은 지지를 보냈고, 권영길에게도 역시 평균 이상의 지지를 보냈다. 30대도 권영길에게 평균지지율의 2배에 이르는 6.1퍼센트의 지지를 보냈고, 문국현에게도 9.9퍼센

[도표 1-1] 출구조사 연령별 현황(SBS)

기호 **1** **정동영** 후보(대통합민주신당)

20대	30대	40대	50대	60대 이상
20.7%	28.3%	27.1%	23.5%	24.8%

기호 **2** **이명박** 후보(한나라당)

20대	30대	40대	50대	60대 이상
42.5%	40.4%	50.6%	58.5%	58.8%

기호 **3** **권영길** 후보(민주노동당)

20대	30대	40대	50대	60대 이상
3.5%	6.1%	3.3%	1.7%	1.1%

기호 **6** **문국현** 후보(창조한국당)

20대	30대	40대	50대	60대 이상
16.9%	9.9%	4.8%	2.1%	1.1%

무소속 기호 **12** **이회창** 후보(무소속)

20대	30대	40대	50대	60대 이상
15.7%	14.0%	13.3%	13.4%	13.1%

트의 높은 지지를 보냈다. 이는 386세대인 40대와 확연히 구분된다. 다만 20대와 30대를 비교하면, 30대는 다소 이념지향적인 측면을 보인 반면, 20대는 경제 마인드와 참신성에 높은 점수를 주었다는 점에서 다소 차이가 있다.

젊은 세대에게 반신자유주의 진보 개척을 희망한다

그렇다면 17대 대통령 선거를 통해서 나타난 20대의 '의지'는 어떻게 읽어야 할까?

종합적으로 판단해볼 때, 이전 선거에 비해 20대가 보수 정치세력에게 투표하는 경향이 늘어났다는 사실만큼은 부인할 수 없다. 그러나 이는 단지 20대에서만 나타나는 현상이 아니라 전 세대에서 동일하게 나타나는 현상임을 놓치지 말아야 한다. 따라서 우리가 주목해야할 점은 20대가 보수화되고 있다는 측면이 아니라 오히려 보수화 정도가 어느 연령대보다 낮은 수준에서 진행되고 있다는 지점이어야 마땅하다.

또 중요한 시사점은 민주 대 수구의 낡은 틀에 갇혀 있는 386세대보다는 20대가 반신자유주의 민주화 전선에 앞장설 가능성이 가장 높다는 것이다. 치솟는 대학 등록금에 더해 평균 취업 사교육비가 200만 원을 넘어섰고, 대학 졸업 후 취직까지 평균 10개월을 허비해야 겨우 취업이 가능한 것이 현재 20대의 현실이다. 청년 실업률은 평균 실업률의 2배를 넘어 20대 후반의 백수가 무려 100만 명에 이르고 있다고도 한다. 20대는 그야말로 신자유주의 경제구조 아래 성인식을 치르기 무섭게 생활의 고통을 당하면서 살아온 것이다.

이들 20대에게 이러한 고통은 자칭 '민주화 세력' '개혁진보세력'이라고 하는 신자유주의 개혁정부가 가져다준 것이지 신자유주의 보수세력인 한나라당이 강제한 것이 아니다. 그들은 한나라당 통치를 겪어보지도 못했기 때문이다. 한나라당이 그들의 삶을 더욱 팍팍하게 할 원조 신자유주의 세력이라고 기성세대가 아무리 얘기해봐야 20대는 믿지 않는다. 기성세대를 신뢰하지 않기 때문이다. 이것이 신자유주의 개혁세력이라고 할 수 있는 대통합민주신당에 대한 20대의 지지율이 가장 낮게 나온 이유다. 이들이 유일하게 경험한 집권 정치세력에 대한 불만이 그 어느 세대보다 높은 것이다. 대신 그들은 비정규직 해소와 중소기업 부흥, 사람중심 진짜경제를 구호로 신자유주의 경제정책과 일정한 선을 그은 '새로운 인물' 문국현에게 높은 점수를 주었다.

대한민국의 20대, 그들은 17대 대통령 선거에서 어느 세대보다 진보적이었다. 어느 세대보다 앞서 낡은 구조를 깨고 새로운 시대적 지향을 터득해가고 있으며, 따라서 2008년 반신자유주의 민주화의 새로운 길을 앞장서 개척할 가능성을 가지고 있는 세대다.

우리 국민은 신자유주의적 경제를 원하는가

그렇다면 2,30대를 넘어 일반 우리 국민은 과연 강력한 신자유주의 정책의 가속화를 원했던 것일까, 아니면 대안 없는 진보보다 이명박이 가진 실전 경제에 대한 경륜과 추진력을 더 신뢰했던 것일까?

《한겨레》는 대선 직후인 2007년 12월 26일 리서치플러스에 의뢰해 전국 성인 1000명을 대상으로 국민 의식에 대한 여론조사를 실시했다. 다음 5개 도표는 여론조사 데이터 가운데 몇 가지 관심 항목을 추출하여 재구성한 것이다. 편의적이지만 쉬운 이해를 위해 진한 색 그래프를 진보적 분포로, 옅은 색 곡선을 보수적 분포로 간주하고 살펴본다.

성장인가 분배인가, 시장경제에서 국가의 역할은 무엇인가, 대기업과 재벌 규제를 완화할 것인가 강화할 것인가, 고용과 해고를 자유로이 할 것인가 등의 질문들은 이명박 정부의 경제정책과도 긴밀히 연관된다. 동시에 경제생활 측면에서 '전통적 의미'의 보수와 진보를 가르는 기준이기도 하다.[4]

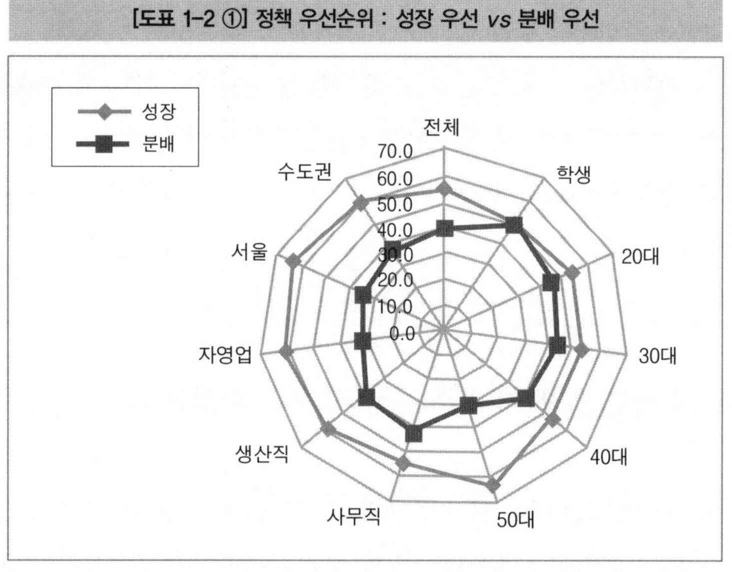

[도표 1-2 ②] 시장경제에서 국가의 역할 : 역할 축소 vs 역할 유지 · 확대

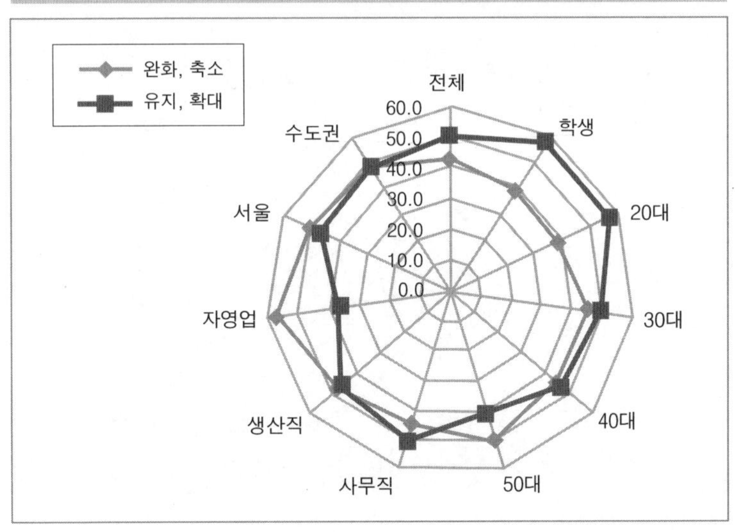
완화, 축소
유지, 확대
전체
학생
수도권
60.0
50.0
40.0
30.0
20.0
10.0
0.0
20대
서울
30대
자영업
40대
생산직
사무직
50대

[도표 1-2 ③] 대기업 및 재벌 규제 : 규제 완화 vs 규제 강화

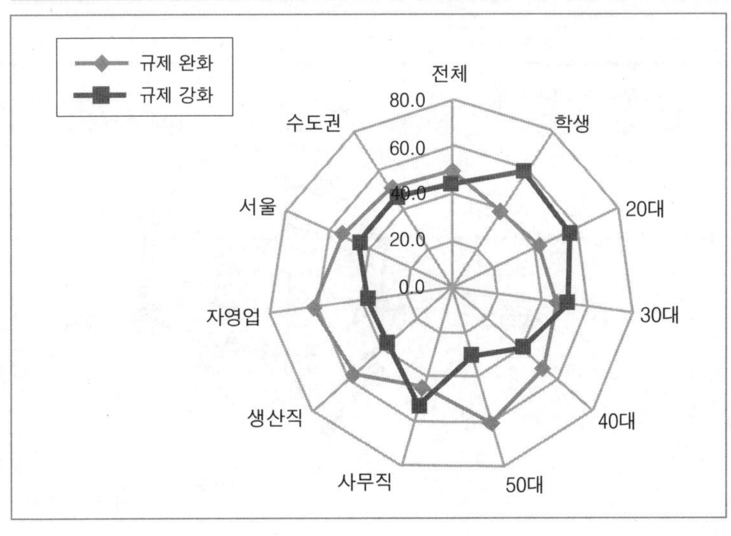
규제 완화
규제 강화
전체
수도권
학생
80.0
60.0
40.0
20.0
0.0
서울
20대
자영업
30대
생산직
40대
사무직
50대

[도표 1-2 ④] 고용과 해고 : 자유 vs 규제

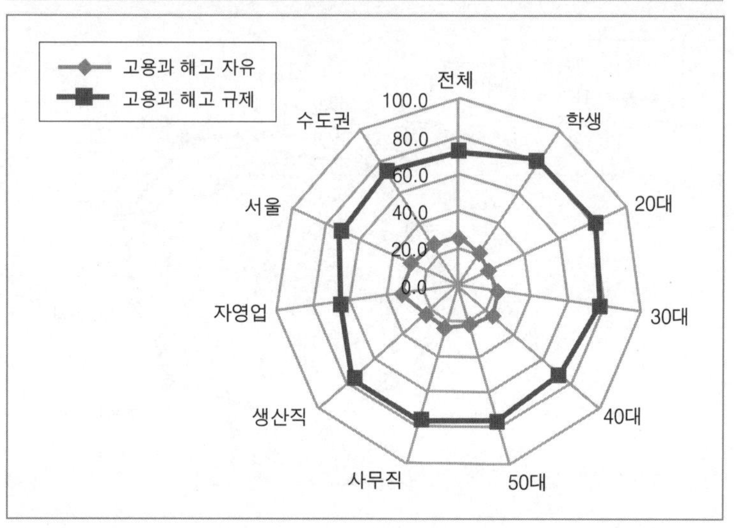

[도표 1-2 ⑤] 사회 발전에 기여할 정당 : 보수정당 vs 중도정당 vs 진보정당

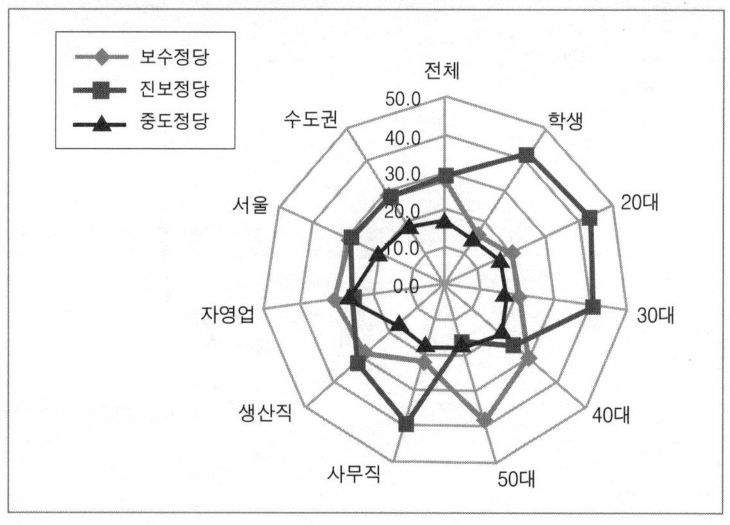

여론조사 결과를 종합해볼 때 5개 질문에 대한 우리 국민의 의식 구조가 모두 유사한 형태를 띠고 있으며, 우리 국민이 특별히 보수화되었다고 할 만한 징후는 발견되지 않음을 알 수 있다. 특히 젊은 세대로 갈수록, 노동자일수록 진보적인 성향이 뚜렷하게 나타나고 있다. 전통적 기준에서 보아도 우리 국민이 급격히 보수화되었다고 볼 만한 이유는 없는 것이다.

오히려 마지막 표가 보여주듯 향후 진보적 성격의 정당이 우리 사회를 바람직한 방향으로 이끌고 갈 것이라는 응답자가 2,30대와 노동자층에서 많이 나왔다는 사실은 우리 국민은 여전히 미래의 희망을 보수세력보다는 진보세력에게서 찾고 있다는 사실을 보여준다.

특히 신자유주의 아젠다에 가까운 시장에서의 국가의 역할 축소에 대한 지지도는 훨씬 낮아지고 있으며, 신자유주의의 대표적인 경제 기조라고 할 수 있는 고용유연화에 대해서도 압도적으로 많은 국민이 반대 입장을 취하고 있는 것을 볼 수 있다. 반신자유주의라는 잣대를 엄격히 적용하여 진보의 기준을 삼는다면 진보적 성향은 더욱 확대될 것이라는 예견이 가능한 대목이다.

진보의 혁신,
객관적 사회경제 현실과 국민의 요구로부터

위의 여론조사 결과로 볼 때, 진보에 대한 우리 국민의 믿음과 기대는 여전하다고 판단할 수 있다. 결국 지난 17대 대선 결과는 진보적 정치세력과 사회운동이, 우리 국민이 바라는 진보적 지향과 기대를 수렴하지 못하고 '변화하지 못하는 진보'로 비쳤기 때문일 것이다. 그렇다면 진보운동은 어디서부터 새롭게 출발해야 국민의 기대에 부응하는 존재로 거듭날 수 있을 것인가?

진보가 준거해야 할 일차적 기준은 우리 국민의 삶을 규정하는 객관적인 사회경제 현실이다. 특정 개인이나 집단의 주관적인 욕구로부터 독립되어 객관적 현실의 변화에 근거할 때 진보는 생명력을 얻는다. 역사의 현실은 언제나 변화해왔으며, 특히 지난 세기말부터는 속도의 시대라고 할 만큼 빠른 변화를 보이고 있다.

변화를 두려워하면서 빠르게 변하는 현실을 구체적으로 분석하지 않는 진보는 국민의 미래를 열어갈 수 없음은 물론, 존재할 수도 없다. 지금 한국은 반독재 민주화의 87년 체제를 넘어 신자유주의가 전면화된 97년 체제로 전환된 지 오래다. 신자유주의 이식과 확장, 심화 정도도 계속 변하고 있다. 변화에 둔감한 채로 과거의 낡은 틀에 갇혀 한줌도 안 되는 기득권을 다투는 데 몰두하는 그 순간 진보는 더 이상 진보가 아닐 뿐더러 척결의 대상으로 전락하고 만다. 그러나 안타깝게도 근래 진보 내부에서 나타나는, 대선 결과를 둘러싼 논쟁 가운데 적잖은 부분이 이런 모습에 가깝다. 이제부터라도 신자유주의자들을 능가하는 역동적 변화를 진보적 방향에서 모색해야 할 때다.

진보가 서 있어야 할 또 하나의 지점은 다수 민중의 요구와 지향이다. 지난 수년간 개혁적인 참여정부와 최초의 원내 진보정당인 민주노동당, 진보적 사회운동, 시민운동이 이룬 성과에 대해 국민이 종합적으로 평가한 것이 지난 17대 대선이었다고 할 수 있다. 진보는 자신들이 정한 기준과 희망에 따라 국민이 행동하고 투표하지 않았다고 하여 "국민이 보수화되었다"고 자의적으로 판단해서는 안 된다. 그것은 '국민의 기준'이 아닌 '자신의 기준'에 따라 국민의 상태를 임의적으로 해석하는 것에 불과하다. 진보는 지금 자기의 주관적 기준 자체가 잘못된 것은 아닌지 돌아보아야 하며, 국민의 기준에 따라 스스로의 지점을 다시 확인할 필요가 있다.

특히 21세기는 진보나 보수를 막론하고 엘리트주의가 통할 만큼 국민들이 우매하거나 못 배운 시대가 아니다. 지금 시대는 국민의 의지, 국민의 참여가 기본이 되지 않는 그 어떤 진보운동도 진보일 수 없다. 바야흐로 '민중을 위해서'라고 하는 계몽적 엘리트주의가 아니라 '민중에 의거해서'라고 하는 민중적 입장을 세울 때다. 민중과 함께, 민족과 함께 미래를 개척하려는 진보의 확고한 원칙을 잃지 않으면서도 객관적 사회경제구조와 국민의 지향에 대한 구체적이고 현실적인 이해를 통해 다수 국민 참여의 역동적인 길을 열어나가야 한다.

'다수의 이익을 위한' 원칙을 지키면서 끊임없이 변화·발전하는 현실과 국민으로부터 배우며 진보의 생명력을 키워나갈 수 있는 잠재력은 아직 존재한다. 더 나은 삶을 추구하고자 하는 국민의 지향과 미래는 진보에게 있다. 이명박 정권의 등장으로 새로운 저항의 시대가 왔다. 그러나 그것은 1970~80년대의 저항이 아니다. 2008년, 국민이 열어갈 '2008년형 저항'을 기대해보자.

주석

1   여기서는 연령대별로 집계한 SBS 출구조사를 활용하였다. SBS 출구조사 결과
    는 이명박 51.3퍼센트, 정동영 25.0퍼센트, 권영길 3.0퍼센트, 문국현 5.8퍼센
    트, 이회창 13.8퍼센트로 실제 결과와 근접했다.

2   《한겨레》, 2007년 12월 13일자.

3   물론 2,30대에서 이회창 후보에 대한 지지율이 다른 세대보다 미약하나마 다소
    높게 나타난 결과도 눈에 띈다. 그러나 이는 인터넷에 민감한 젊은 세대가 막판
    에 BBK 관련 동영상 파문의 영향을 받아 이명박 후보로부터 이탈해 이회창 후
    보에게 쏠린 것으로 해석하는 것이 타당하다. 단순히 지지율만을 두고서 젊은
    세대가 극우보수에 더 관심이 있다는 식으로 해석하는 것은 무리다.

4   사실 질문 내용들이 지금의 시대를 정확히 반영하는 보수와 진보를 묻는 질문
    이라고 보기 어렵다. 그러나 과거적(?) 기준의 보수와 진보를 가르는 기준으로
    사용될 수는 있다.

미국 경제_
서브프라임 모기지 사태의 교훈

여경 훈_새사연 연구원

지난 2007년 8월 본격화된 미국 발 서브프라임 모기지 충격은 연말에 들어서면서 실업률을 4년 만에 5퍼센트로 상승시키는 등 그동안 내수를 지탱해온 고용에도 영향을 주고 있다. 이는 이미 경기침체가 시작되었거나 최소한 그 전조가 터져나오는 것으로 봐야 한다.

서브프라임 사태는 두 가지 역설을 보여주고 있다. 자본주의 금융혁신과 탈규제가 자본주의의 불안정성과 불확실성을 증폭시켰다는 점과 위험을 감소하고 분산시키기 위해 개발한 첨단 금융기법이 오히려 위험을 전체 금융시장으로 확대하여 전파시킨 주범이라는 점이 그것이다.

무엇보다 가장 큰 교훈은 지속가능한 성장을 위해서는 경제적 불안정성과 불확실성을 제거할 수 있는 금융 제도와 규제가 반드시 필요하다는 사실이다. 요약

서브프라임 충격, 12월 미국의 고용지표로 파급

실업률, 5퍼센트대로 상승

2007년 12월 현재 미국 정부에 등록된 실업자는 760만 명을 넘어 실업률 5퍼센트대에 들어섰다. 전달과 비교해 0.3퍼센트가 증가한 것이며 1년 전과 비교하면 0.6퍼센트(약 90만 명)가 늘어난 수치다. 이는 2005년 11월 이후 가장 높은 수치이며 2000년 나스닥 붕괴로 촉발된 경기침체 이후 2003년부터 하락국면으로 전환한 실업률이 4년 만에 본격적인 상승국면으로 전환되었음을 의미한다.

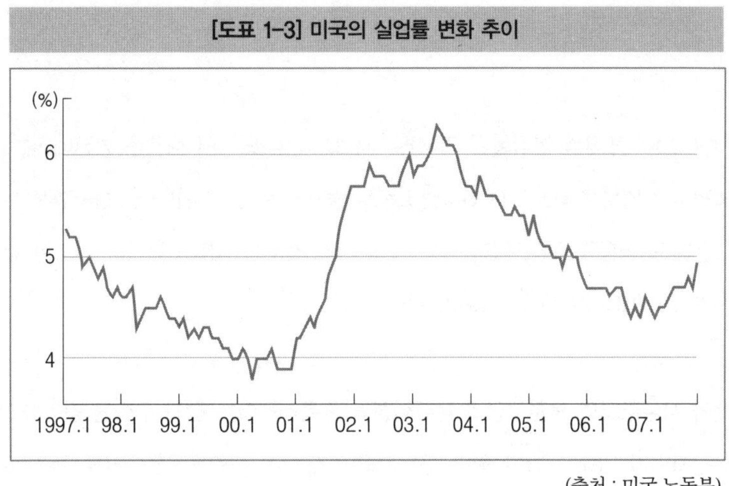

[도표 1-3] 미국의 실업률 변화 추이

(출처 : 미국 노동부)

실업률 증가는 연령, 성, 인종에 관계없이 모든 계층에 해당하는 것으로 전월 대비 0.3퍼센트나 상승한 것은 역사적으로 보건대 이미 경기침체가 시작되었거나 이를 경고하는 전조가 터져나오는 것으로 볼 수 있다.

고용률은 1년 전에 비해 0.7퍼센트 하락

미국에서 2007년 12월 비농업 부문에서 늘어난 일자리는 1만 8000개로 2007년 한 해의 월별 증가분 중 가장 낮은 수치다. 더욱이 정부 부문을 제외하면 오히려 1만 3000개 감소한 것으로 2003년 8월 이후 최악의 성적표다. 12월 고용률은 전달에 비해 0.3퍼센트 하락한 62.7퍼센트로 1년 전과 비교해 −0.7퍼센트라는 기록적인 하락세를 보였다. 5월까지는 월평균 14만 7000개의 신규고용이 창출되는 등 양호한 성장세를 보였으나, 6월부터 이러한 추세가 둔화되어 월평균 8만 4000개가 증가하는 데 그쳤다. 2007년 전체로 보면 130만 개의 고용이 창출되어 1퍼센트 증가에 그친 것으로 2006년 고용 증가분인 230만 개(1.7퍼센트)에 비하면 큰 폭으로 감소한 것이다. 또 실업률 계산에서 빠지는 비경제활동인구는 1년 전에 비해 190여 만 명이 증가했으며, 시간제 노동자는 420만 명에서 466만 명으로 증가하여 고용 상황이 악화되고 있음을 여실히 보여주고 있다.

[도표 1-4] 미국의 주요 고용 지표(단위 : 1000명, 괄호 안은 %)

구분	2006.12	2007.8	9	10	11	12	연간변화량
경제활동인구	152,709	152,886	153,506	153,306	153,828	153,886	+1,177
취업자 (고용률)	145,949 (63.4)	145,753 (62.8)	146,260 (62.9)	146,016 (62.7)	146,647 (63)	146,211 (62.7)	+262 (-0.7)
비농업 취업자	137,167	138,159	138,203	138,362	138,477	138,495	+1,328
실업자 (실업률)	6,760 (4.4)	7,133 (4.7)	7,246 (4.7)	7,291 (4.8)	7,181 (4.7)	7,655 (5.0)	+895 (-0.6)
비경제활동인구	77,399	79,325	78,955	79,409	79,111	79,290	+1,891

(출처 : 미국 노동부)

건설, 제조업 부문 고용 하락

주택가격 하락에 따른 미국 건설경기 침체로 건설업 부문에서 2007년 12월에만 5만여 개의 고용이 줄어들었으며 연간 기준으로는 약 20만 개가 감소하였다. 같은 기간 제조업 부문도 3만 개 이상의 고용이 감소했으며, 한 해 전체로는 20만 개 이상의 고용이 감소하였다. 제조업 분야에서는 특히 자동차 부문의 하락이 두드러져 연간 7만 4000개의 고용이 줄어들었다. 특히 달러가치 하락에 따른 제조업 부문의 수출 증가가 여전히 고용 증가로 이어지고 있지 않은 것이 특징적인 현상이다.

[도표 1-5] 미국의 주요 산업별 고용 현황(단위 : 1000명)

구분	2006.12	2007.8	9	10	11	12	연간변화량
비농업 전체	137,167	138,159	138,203	138,362	138,477	138,495	+18(+1,328)
민간부문 전체	115,053	115,886	115,923	116,033	116,120	116,107	-13(+1,054)
건설업	7,684	7,620	7,595	7,575	7,538	7,489	-49(-195)
제조업	14,131	14,001	13,986	13,963	13,950	13,919	-31(-212)
금융업	8,438	8,463	8,439	8,437	8,421	8,417	-4(-21)

(출처 : 미국 노동부)

실질소득 하락

2007년 전체로 볼 때, 인플레이션을 고려하지 않은 시간당 수입은 3.7퍼센트 증가에 그쳐 2006년의 4.3퍼센트에 비해 하락하였고, 주당 수입도 3.4퍼센트 증가에 그쳐 2006년의 4.6퍼센트에 비해 크게 줄어들었다. 현재 소비자물가지수가 유가 상승으로 4퍼센트대에 있는 것을 감안하면 노동자의 실질임금은 하락한 셈이다. 따라서 주택 가격 하락과 가계의 만성적인 초과 지출이 지속되는 상태에서 실질소득의 하락은 미국 GDP의 70퍼센트를 차지하는 소비지출의 전망도 어둡게 하고 있다.

결국 고용시장 상황만 놓고 보면 서브프라임 모기지 충격이 점차 실물 부문으로 확산되고 있다는 사실은 의심할 여지가 없으며, 이는 금융시장을 실물시장과 독립적으로 바라보거나 금융 불안이 실물 경제의 침체로 이어지지 않는다는 주류경제학의 신념이 오류였음을 여실히 입증하고 있다.

부동산 버블 붕괴와 경기침체

금융부문이 주도한 경제성장

2000년 4월 나스닥 폭락 이후 미국 경제가 침체에 빠져 있던 2001년의 성장률은 0.8퍼센트에 그쳤는데, 그 중 금융업이 성장률에 기여한 비중은 무려 95퍼센트에 달하였다. 또 부동산 붐이 발생한 2002년 이후 금융업이 성장률에 기여한 부분은 10~30퍼센트에 달하며 그 중에서도 부동산금융이 차지하는 비중은 20퍼센트 수준을 꾸준히 유지하였다. 따라서 금융업, 특히 부동산금융 부문의 하락이 경제에 미치는 충격은 적지 않을 것으로 보인다.

고용 및 소비의 하락이 부른 경기침체

미국의 민간소비지출은 GDP의 70퍼센트로 취약한 미국 경제를 지탱하는 주요 버팀목이다. 지난 12월 미국의 소매지출은 0.4퍼센트

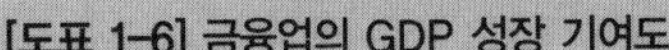

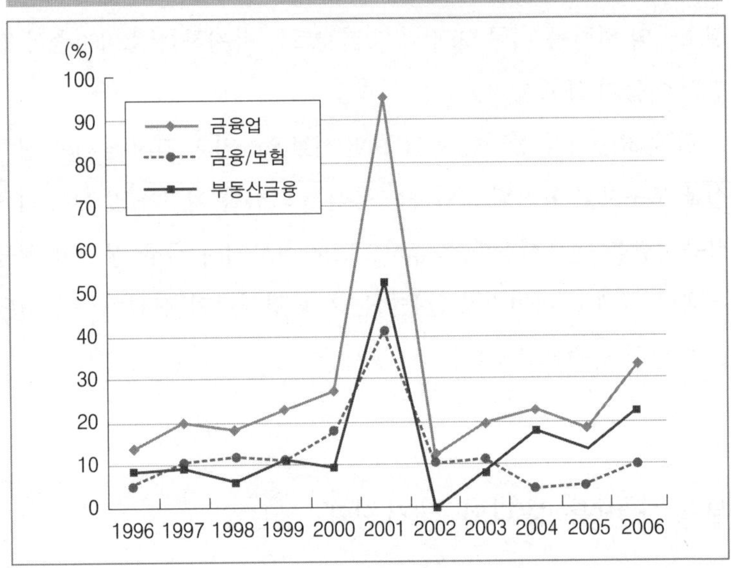

(출처 : 미국 상무부 경제분석국)

의 감소세를 보였는데 이는 2002년 이후 최악의 수준으로 고용뿐 아

니라 소비부문에도 경기침체가 본격화되고 있음을 보여주고 있다.

2006년 기준 소비지출이 성장률에 기여한 부분은 74퍼센트로 매우

[도표 1-7] 총수요 각 부문의 성장 기여도(단위 : %)

구분		2006.1	2사분기	3사분기	4사분기	2007.1	2사분기	3사분기
GDP 성장률		4.8	2.4	1.1	2.1	0.6	3.8	4.9
민간소비증가율		4.4	2.4	2.8	3.9	3.7	1.4	2.8
성장 기여도	민간소비	3.0	1.63	1.88	2.68	2.56	1.00	2.01
	민간투자	0.78	0.13	-0.7	-2.5	-1.36	0.71	0.77
	순수출	0.13	0.49	-0.25	1.25	-0.51	1.32	1.38
	정부지출	0.92	0.18	0.14	0.66	-0.09	0.79	0.74

(출처 : 미국 상무부 경제분석국)

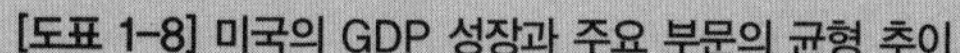

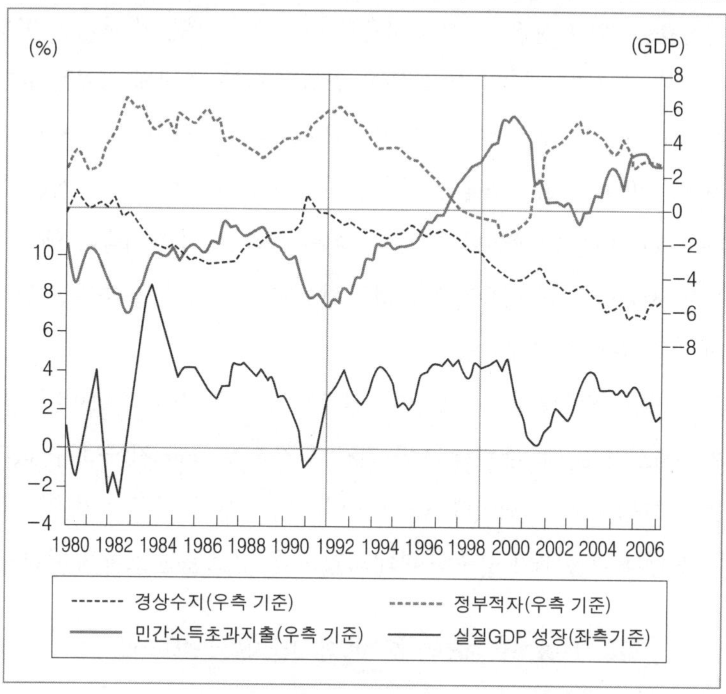

(인용 : Godley, W. 외, 2007, p. 3.)

높기 때문에 2007년 3분기 달러가치 하락에 따른 수출 증가(19퍼센트)가 이를 상쇄할 가능성은 높지 않아 보인다.

미국의 경제 상태를 이해하기 위해 케인즈 거시경제 모형[1]을 이용하면 다음과 같다. 실질국민소득을 Y=G(정부지출)+X(수출)−M(수입)+PX(민간지출)로 정의한 후, 양변에서 T(세금)를 빼면, Y−T−PX=[G−T]+[X−M] 또는 0=[G−T]+[X−M]−PNS가 된다. 따라서 민간순저축PNS은 민간가처분소득에서 민간지출을 제외한 것이 되고, 민간순저축은 정부적자와 경상수지흑자의 합과 항상 같게 된다.

[도표 1-8]의 아래 부분은 1980년부터 2007년 2/4분기까지 GDP 성장률을, 위 부분은 GDP의 비율로 나타낸 각 부문의 분기별 변화 추이를 나타내고 있다. 각 부문의 추세 변화는 경제에 미치는 효과를 나타낸 것으로, 세 번의 경기침체(82년, 91년, 2001년)와 1990년대 경제호황의 시작(첫 번째 수직선)은 민간지출(검은 실선)과 밀접한 상관관계가 있음을 확인할 수 있다. 이와 반대로, 정부지출과 해외부문은 1992년 이후 지속적으로 하락했으며 이는 소득을 초과한 민간의 지출 증가로 상쇄되었다.

그러나 역사상 처음으로 1997년부터 민간 순저축이 마이너스를 기록하고 있는데, 부채를 통한 민간의 지출 증가가 지속될 수 없다는 경고의 토대가 되었다. 곧 1990년대 후반부터 미국의 가계는 적자 상태(부채 증가)가 꾸준히 확대되었는데, 정보통신 호황에 따른 주

[도표 1-9] 미국의 개인 지출과 기업 지출의 변화 추이

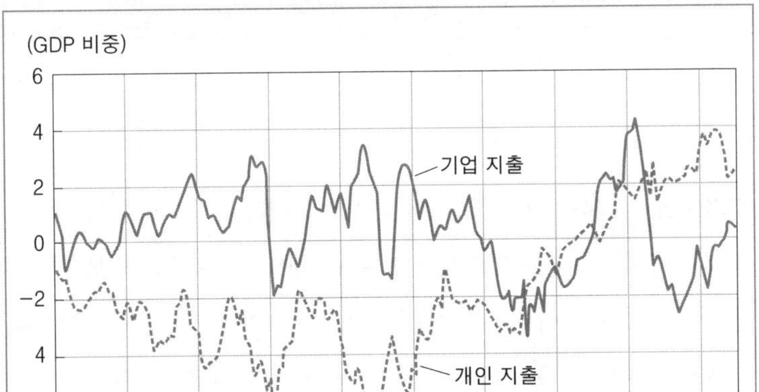

(인용 : Godley, W. 외, 2007, p. 4.)

가 상승은 금융소득 증가로 이어졌고 자본이득을 통한 차입 증가는 가계의 적자구조를 유지시킬 수 있었던 기반이 되었다.

특히 민간지출을 개인 부문과 기업 부문으로 구분하면(도표 1-9), 2001년 경기침체는 기업 부문의 지출(투자) 하락에 기인한 것임을 확인할 수 있다. 이후 경기회복은 개인 부문의 지출(소비)에 의존하였고, 이는 주택시장의 붐에 주로 기인하였다. 이미 2000년 나스닥 붕괴는 7조 달러에 달하는 금융자산 손실을 초래한 바 있으며, 이번 서브프라임 사태는 가계의 부채 부담을 더욱 가중시켜 가계의 소비 하락으로 이어질 것임은 의심할 여지가 없다.

서브프라임 손실 규모와 전망

전체 모기지 대출에서 서브프라임이 차지하는 비중은 최근 꾸준히 증가하여 이미 20퍼센트(2006년 기준)를 넘어섰다. 특히 [도표 1-10]에서 보는 것처럼 서브프라임을 담보로 한 채권 비중은 80퍼센트를 넘어선 것으로 추정되고 있다.

[도표 1-10] 서브프라임 대출액 변화 추이(단위 : 10억 달러)

구분	모기지 신규대출액(A)	서브프라임 신규대출액(B)	비중 (B/A)	서브프라임 담보부채권(C)	비중 (C/B)
2001	2,215	190	8.6	95	50.4
2002	2,885	231	8.0	121	52.7
2003	3,945	335	8.5	202	60.5
2004	2,920	540	18.5	401	74.3
2005	3,120	625	20.0	507	81.2
2006	2,980	600	20.1	483	80.5

(인용 : Join Economic Committee, *The Subprime Lending Crisis*, 2007, p. 18.)

미국 양원 합동경제위원회의 추정에 따르면, 전체 모기지 대출에서 서브프라임이 차지하는 비중은 2001년 2.6퍼센트에서 2007년 2/4분기에는 14퍼센트로 증가하였다. 또 《월스트리트 저널》[2]에 따르면 주택가격이 정점을 형성한 2004년부터 2006년까지 2500여 개의 금융기관이 총 1조 5000억 달러에 달하는 고금리 대출을 실시했으며, 신규대출액 중 고금리 대출이 차지하는 비중은 2004년 16퍼센트에서 지난 해 29퍼센트로 증가하였다.

무엇보다 서브프라임 대출 중에서 ARM(금리조정부 대출)과 같은 약탈적 대출행위의 비중이 압도적으로 높으며, 조기상환에 따른 위약금을 부과하는 상품의 비중도 70퍼센트를 초과하였다. 이에 따라 대출 연체율과 주택압류 비중은 갈수록 높아지고 있는데, ARM 대출의 경우 연체율은 이미 17퍼센트를 넘어섰으며 주택압류 비중도 8퍼센트를 초과한 상태다. 합동경제위원회 추정에 따르면 2007년 3/4분기부터 2009년 2/4분기까지 주택가격이 6.9퍼센트 하락할 것이라는 무디스의 예측 결과를 가정할 경우, 2009년 말까지 압류 비중은 18퍼센트에 달할 것으로 추정되며 이때 가계의 재산가치 손실만 무려 1000억 달러를 넘어서게 될 것이다.

특히 모기지 채권을 담보로 하는 부채담보부채권CDO은 현재 모기지, 은행, 보험, 지방채, 회사채 시장 등 모든 금융영역으로 확산되어 있는 상태다. 또 가계부채 증대는 신용카드 손실[3]로까지 이어져, 미국 경제는 고용과 소비 하락이 자산매각을 강제하고 이것이 다시 자산가치 하락을 초래하는 '부채 디플레이션'에 빠질 가능성이 매우 높다.

Godley, W. 외(2007)에 따르면 미국 경제가 경착륙할 경우 민간지

[도표 1-11] 서브프라임 대출의 약정 기준 변화(단위 : %)

구분	ARM 비중	IO[4] 비중	Low-No 문서 비중	부채상환/소득	대출/담보가치
2001	73.8	0.0	28.5	39.7	84.04
2002	80.0	2.3	38.6	40.1	84.42
2003	80.1	8.6	42.8	40.5	86.09
2004	89.4	27.2	45.2	41.2	84.86
2005	93.3	37.8	50.7	41.8	83.24
2006	91.3	22.8	50.8	42.4	83.35

(인용 : Join Economic Committee, 2007, p. 21.)

출 하락폭이 너무 커서 2008년 3분기 연속 마이너스 성장을 기록할 것으로 추정되며, 연착륙의 경우도 1퍼센트 이하의 성장률은 불가피할 것으로 전망하고 있다. 따라서 현재의 금융위기가 진행되는 상황에 비추어, 특단의 재정정책이 동반되지 않는다면 2009년까지 경착륙 가능성이 더 높을 것으로 예상된다.

서브프라임 사태의 교훈

서브프라임 사태의 두 가지 역설

지난해 12월 발표한 미국 양원 합동경제위원회의 연간 보고서[5]는 "신용시장과 은행체계의 혼란을 초래한 서브프라임 모기지 위기는 금융시장을 효과적으로 감독하지 못한 결과"라고 결론을 내렸다. 보고서는 또 주택 가격 하락과 더불어 발생한 신용과 은행 부문의 위기는 총수요를 감소시켜 전반적 경기하향 국면으로 위협하고 있으며, 경기확장기에도 실질적 이득을 보지 못한 대다수 미국인들은 경제

침체기에 더 큰 피해를 볼 것을 우려할 수밖에 없다고 지적하였다.

신용위기의 가장 큰 역설은 금융당국의 감독과 규제가 완화되고, 금융기관이 '이윤'과 '수익성'만 추구하는 기업으로 변모하여 새롭고 복잡한 금융파생상품을 개발함에 따라, 위기가 한계에 도달하기 전까지는 실제로 위험과 손실을 누가 얼마만큼 지니고 있는지 누구도 알 수 없다는 사실이다. 즉 자본주의 금융혁신과 탈규제가 자본주의의 불안정성과 불확실성을 증폭시켰다는 역설이다.

신용위기의 또 다른 역설은 위험을 분산하기 위해 고안한 금융 증권화securitization 과정이 오히려 자본시장의 도덕적 해이를 초래하고 신용위기를 확산시켰다는 사실이다. 곧 위험을 감소하고 분산시키기 위해 개발한 도구가 위험을 전체 금융시장으로 확대하여 전파시킨 주범이 되었다는 역설이다.

금융부문의 탈규제가 초래한 후과

1980년대 레이건 정부 시절 금융부문의 탈규제 정책과 1999년 은행개혁법안(Gramm-Leach-Bliley Act)은 금융시장의 구조적 변화를 초래한 제도적·법률적 동인임을 주목해야 한다. 1929년 대공황 이후 상업은행과 투자은행의 분리를 핵심으로 하는 뉴딜 규제(1933 Glass-Steagall 개혁법안) 체제는 1980년대 중반에 시작한 레이건 정부의 탈규제로 점차 부식되기 시작하였다.

상업은행은 예금(저축대부조합 등)과 대출(회사채 등) 양 방면에서 경쟁격화에 직면하여 이들 은행의 금융자산 비중은 1950년대 50퍼센트에서 1990년대 25퍼센트로 급격히 하락하였다. 또 투자펀드 등의 수익성 활동을 제한한 글래스–스티걸Glass-Steagall 법안 20조의 규제를 완화하여 1987년부터 자회사 설립을 허용하였다. 이러한 탈규제의 완결판이 바로 1999년의 은행 개혁 법안으로, 상업은행의 자회사 설립을 완전히 허용하고 1956년 제정된 금융지주회사법을 수정하여 상업은행의 지주회사가 모든 형태의 금융 활동을 할 수 있도록 했다. 아울러 투자은행과 상업은행의 영역 분리도 완전히 철폐하여 사실상 완전한 금융자유화를 실시하였다.

이러한 변화에 따라 은행간 인수합병 붐이 일어나고, 은행은 자회사나 이른바 특별목적단위Special Purpose Entity를 설립하여 전통적인 대출확대에 따른 이자 수입에 의존하기보다 채권이나 증권 등 자기자본에 대한 투자, 곧 부외거래off balance sheet engagement 활동을 증가시켜 금융당국의 규제를 교묘히 회피하면서 수익을 늘려나갔다.

또 은행의 가계 및 기업 대출 규모는 현저히 줄어들고 대부분 신용카드, 자동차대출, 부동산대출 등 소비대출 비중을 증가시켜 '소비 또는 부채가 주도하는 성장' '금융업이 소비를 부추기는 성장'을 초래하였다.

무엇보다 과거 은행이 담당했던 관계 금융을 통한 신용평가 기능은 신용평가회사로 이전되었으며 신용평가회사간 경쟁격화와 이윤극대화는 신용에 대한 고평가와 위험에 대한 저평가를 구조적으로 부추기게 되었다.

금융부문의 규제는 필수적

미국은 신용위기에 대처하기 위해 의회를 중심으로 경기부양과 금융규제 강화 방안을 집중적 논의할 것으로 보이며, 경기침체는 2008년 미국 대선의 최대 이슈가 될 것으로 전망된다. 또 금융부문의 탈규제가 초래한 최악의 경제위기는 그 뼈대인 신자유주의 철학과 정책에도 근본적인 비판과 논쟁을 촉발시키는 계기가 될 것으로 보인다.

우리나라에서 2000년에 제정된 금융지주회사법과 지난해 국회에서 통과되어 2009년부터 시행하기로 예정된 자본시장통합법은 사실상 미국의 1999년 그람-리치-블라일리Gramm-Leach-Bliley 법안을 모태로 하는 것으로 서브프라임 모기지 사건에 비추어볼 때 전면적인 재검토가 필요한 시점이다.

1990년대 초반 김영삼 정부의 금융자유화 조치가 임기 말 IMF 환란을 초래했던 것처럼 시장의 자기 감독 기능의 환상에 빠져 있는 이명박 정부의 금융부문 민영화, 자율화 추진 계획은 끊임없는 금융 불안과 외환 위기를 초래할 것으로 우려된다.

서브프라임 사태의 가장 큰 교훈은 지속가능한 성장을 위해서는 경제적 불안정성과 불확실성을 제약할 수 있는 금융 제도와 규제가 반드시 필요하다는 것이다. 왜냐하면 실물부문의 가격은 생산비용을 기준으로 설정되지만, 금융부문의 가격은 투기적 심리와 미래행위에 대한 주관적 추측에 주로 의존하여 변동성과 경제전체에 미치는 충격이 매우 크기 때문이다.

주석

1 후기 케인즈학파들로 구성된 미국 레비연구소 거시모형 팀은 1999년부터 '전략적 분석'을 통해 거시경제 상황 진단. Godley, W. 외, 'The U.S. Economy: Is there a way out of the woods?', Strategic Analysis, 2007.

2 Brooks, R. & Ford, M., 'The United States of Subprime', *The Wall Street Journal*, 2007. 10. 11. 고금리 대출이란 재무부 채권금리보다 3p 이상 높은 대출을 말하며, 지난 해 고금리 대출의 평균금리는 5.6p 높은 것으로 분석.

3 뱅크오브아메리카의 경우 개인파산 증대에 따라 신용카드 부문에서만 20억 달러의 손실을 입었으며, JP모건은 주요 은행의 CDO에 따른 손실액이 2600억 달러에 달하는 것으로 추정. Wray, L., *The Lesson from the Subprime Crisis*, 2008, p. 35.

4 ARM은 처음 2~3년 동안은 미끼 형식으로 낮은 이자로 유혹하지만, 일정 시점이 지나면 고금리로 전환되는 상품을 말함. 예를 들어 40만 달러의 대출을 받았다면 초기 이자(6.5퍼센트 가정)만 지불하는 기간에 매월 2200달러만 부담하면 되지만, 이자율이 12퍼센트로 변동하게 되면 매월 4000달러의 이자에 원금까지 지불해야 함. IO(Interest-Only)란 원금 상환 없이 이자만 지불하는 상품으로 재대출을 필요로 하며, 조기상환에 따른 위약금은 서브프라임 대출금리가 12퍼센트라고 가정할 경우 위약금은 최초 대출금액의 5퍼센트에 달함.

5 Joint Economic Committee, *JEC Annual Report*, 2007. 12. 20.

달러_ 기축통화로서의 역할 약화와 **미국의 위상** 추락[1]

김병권_새사연 연구센터장

최근 세계 경제의 가장 주목할 현상은 달러 약세가 장기화되면서 기축통화로서의 지위가 흔들리고 있다는 점이다. 현재 미국 경제와 세계 경제의 침체는 2차 세계대전 이후 4~10년 간격으로 찾아왔던 주기적인 위기들과 닮았으면서도, 다른 한편으로 기축통화로서 미국 달러에 기초한 신용 확장시대에 종지부를 찍는다는 의미에서 근본적인 차이가 있다는 것이다.

달러 약세 현상과는 반대로 유가와 곡물가, 금값은 연일 급등하는 추세를 보이고 있어 경기 침체를 우려하는 미국과 달리, 유럽과 중국 등지에서는 인플레이션을 걱정하는 목소리가 크다. 경기침체와 인플레이션이 동시에 발생하는 스태그플레이션 가능성이 제기되는 것도 동일한 맥락이다.

"우리는 현재 미국 달러 중심 체제의 쇠퇴를 목격하고 있다."

— 조지프 스티글리츠 | 2001년 노벨경제학상 수상자

"달러가 헤게모니를 일부 상실하면서 유로가 치고 올라오는 국면이 완연하다."

— 앨런 그린스펀 | 전 FRB 의장

"(미국의) 현재 위기는 주택 붐에 뒤이은 파열일 뿐 아니라 기본적으로 세계 기축통화인 달러화를 바탕으로 지속적으로 신용팽창을 해 온 지난 60년의 시대가 끝났음을 뜻한다."

— 조지 소로스 | 소로스 펀드 매니지먼트 회장

미국 발 세계 경제의 침체와 금융 불안, 이와 연동된 달러 약세라는 최근 경제 현상에 대해 세계적인 경제 전문가들이 언급한 내용들이다.

신용 경색과 금융 불안을 축으로 미국 경제 침체가 예상을 뛰어넘는 수준으로 나타나고 있는 지금, 45년 이후 60여 년간, 특히 최근 10여 년간 미국이 세계 경제의 단일한 중심으로서 확고한 패권을 행사할 수 있었던 하나의 기반인 세계 기축통화로서의 달러체제가 흔들리고 있는 것만은 분명하다.

이 글에서는 장기화되는 달러 약세 현상의 원인이 무엇인지, 그리고 그것이 미국 중심의 세계 경제 질서를 어떻게 바꾸어 놓을지를 주로 검토해보려 한다.

달러 기축통화체제의 역사

　기축통화vehicle currency란, 국제적 거래의 기본적인 결재 수단으로 사용되는 화폐를 말한다. 1차 세계대전 이전까지만 해도 기축통화의 역할은 금과 영국의 파운드화가 수행했다. 그러나 1차 세계대전 이후 영국의 경제적 지위가 흔들리면서 다국 통화체제로 전환되었다.

　다시 2차 세계대전 종전과 함께 미국의 지위가 현저히 높아지자 달러의 지위도 급부상한다. 그 결과 1944년 브레튼우즈Bretton Woods 체제가 출범하게 되는데, 그 요지는 금 1온스 당 35달러를 기준으로 달러를 금과 일정 비율로 교환하게 하는 '금-달러 본위제'를 채택하는 한편, 다른 나라의 통화는 달러에 대해 일정 비율로 고정시키는 '고정환율제'를 실시하는 것이었다. 이는 종전 후 미국 경제와 달러에 대한 절대적 우위를 전제로 한 국제경제 시스템이라고 할 수 있다. 이른바 팍스 달러리움Pax-Dollarium 체제의 등장인데 이는 전후 팍스 아메리카나의 경제적 기초가 되었다.

　달러를 기축통화로 하는 브레튼우즈 체제는 20여 년을 지속해오다가 1971년 붕괴된다. 베트남전쟁으로 재정적 출혈을 감당하지 못한 미국이 달러화에 대한 금태환을 정지시킨 시점이다. 이와 함께 국제통화체제는 고정환율체제에서 변동환율체제로 이행한다. 그러나 달러 기축통화체제 자체가 무너진 것은 아니었다.

　두 번째 달러 체제의 위기는 1985년에 발생한다. 1980년대 미국 경제의 쌍둥이 적자가 심각한 상황에 이르자 1985년 9월 선진국 G5 재무장관들이 뉴욕 플라자 호텔에 모여 달러 강세 현상의 문제점을 시정하기 위해 엔화와 마르크화를 대폭 절상하는 합의를 한다. 이른바 플라자 합의Plaza Agreement다. 이 합의로 2년 사이 미국 달러화 가치는 30퍼센트 이상 떨어진다. 플라자 합의로 탈출구를 찾은 미국 경제는 1990년대 '신경제 현상'으로 불리는 고성장을 지속했다.

그러나 2000년 벤처 버블이 꺼지고 2002년 이후 다시금 지속되어 온 미국의 경상수지 적자와 재정 적자가 누적되자 새롭게 달러 체제의 위기가 형성되고 있으며 최근 미국 발 서브프라임 모기지 사태는 이를 증폭시키게 되었다.

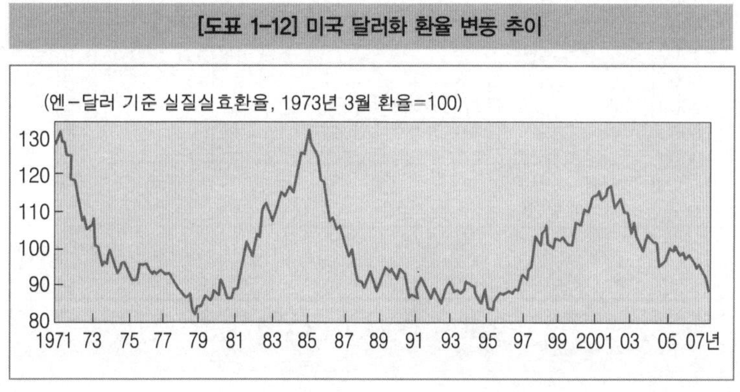

[도표 1-12] 미국 달러화 환율 변동 추이

(출처 : 국제금융센터)

달러 약세의 근본 원인, 미국 쌍둥이 적자 구조화

2000년대 이후 달러가 약세를 면치 못하는 근본 원인은 재정 적자와 경상수지 적자 누적으로 세계 경제에 대한 미국의 주도력이 약화되고 있는 데 있다. 미국 경상수지 적자 증가는 플라자 합의 이후 잠시 주춤하다가 1990년대 이래 다시 확대되었고, 신경제가 붕괴된 2000년 벤처 버블 이후 가속화되었다. 특히 2006년 미국의 경상수지 적자는 GDP 대비 6.5퍼센트라는 기록적인 수치를 보인 바 있는데,

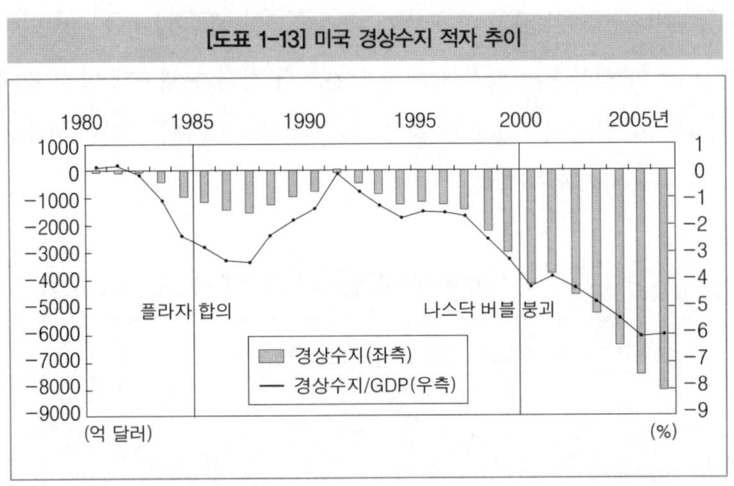

[도표 1-13] 미국 경상수지 적자 추이

(출처 : 미국 상무부 BEA)

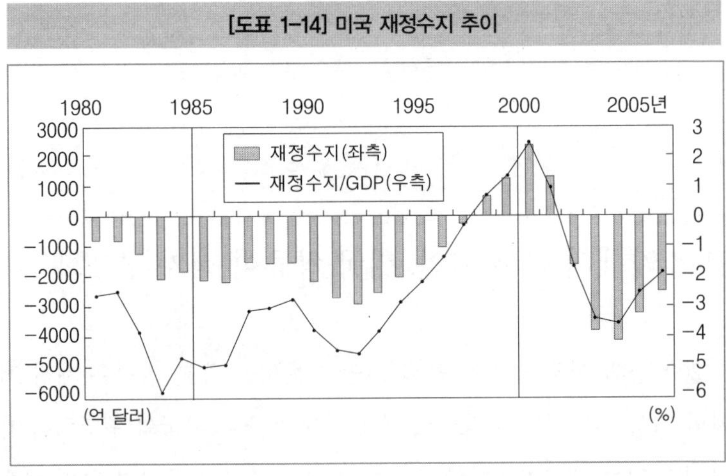

[도표 1-14] 미국 재정수지 추이

(출처 : 미국 상무부 BEA & CBO)

GDP 대비 6퍼센트 기조가 상당기간 지속될 것이라는 전망이 우세하다.[2] 당분간 미국 경제와 달러 체제 약세의 반전이 어려울 것이라는 뜻이다.

또 1990년대 신경제의 영향으로 흑자로 돌아섰던 재정수지 역시 나스닥 버블이 꺼지고 미국의 이라크 전쟁 개입이 본격화되면서 적자로 돌아섰다. 다시금 쌍둥이 적자 체제가 현실화된 것이다. 더욱이 2008년 들어 미국은 급격한 경기침체를 막기 위해 잇따라 경기부양책을 발표하고 있다. 부시 행정부는 지난 1월에 납세자에 한해 800억~1600억 달러 규모의 세금을 환급해 주는 방안을 제시하기도 했는데 이는 재정 적자 폭을 더욱 키울 것으로 보인다. 일부에서는 올해 미국 재정 적자가 전년 대비 34퍼센트 이상 증가한 2190억 달러에 이를 것이라고 주장하고 있다.

이 같은 미국 경제의 체질 약화는 세계 경제에서 차지하는 미국 경제의 위상을 지속적으로 약화시키고 있다. 국제통화기금IMF에 따르면 세계 경제 성장률과 미국 경제 성장률간 상관계수는 지난 2000~2003년 0.97에서 2004~2007년 0.68로 떨어졌다. 세계 경제가 미국 경제 의존도에서 벗어나고 있다는 징표다. 이를 반영하듯 최근 세계 경제가 3퍼센트 수준의 성장세를 보이고 있는 데 반해 미국 경제는 2007년 2.2퍼센트 수준으로 추락했다. 2008년에는 이보다 훨씬 떨어진 1퍼센트 전후가 될 것이란 예측마저 나오고 있는 형편이다.[3]

미국 경제의 약세는 곧 달러의 약세로 이어지고 있으며 달러로 표시된 자산 구매력의 약화를 불러일으키고 있다. 우선 지금까지도 자국 통화를 달러화 가치에 고정시켜왔던 중동 산유국들이 페그제[4]를 폐지하려는 움직임을 보이고 있다. 쿠웨이트, 시리아, 사우디아라비아, 아랍에미리트, 카타르 등 중동 국가들이 달러 페그제 폐지를 검토하고 있고 홍콩에서도 동일한 논란이 일고 있다.

2008년 1월 다보스 포럼에 참석한 사우디 통화청의 무하마드 알자세르 부총재는 "달러 가치가 심각하게 떨어져 우리의 수출입에 타격을 주는 상황이 되면 통화 재평가를 검토할 것"이라고 주장하기도 했다. 실상 달러의 기축통화 지위는 석유결제대금으로 달러가 통용되는 데 크게 힘입고 있어 최대 산유국인 사우디가 달러화 정책을 재고할 경우 큰 충격을 주게 될 것이다. 이러한 달러 약세가 세계 경제의 혼란을 초래할 것을 우려한 선진국들은 2007년 10월 19일 G7 재무장관 회담에서 달러 약세에 대한 공동 대응 방안을 모색했지만 실패했다. 유럽 측이 달러 약세를 막자고 주장한 반면 미국이 받아들이지 않았기 때문이다. 헨리 폴슨 미 재무장관은 "강한 달러는 미국의 이익에 부합하지만 환율은 시장에서 자율적으로 결정되어야 한다"고 주장했다. 미국의 입장에서 강한 달러는 수출 여건을 악화시켜 가뜩이나 심각한 경상수지 적자를 더욱 확대시키기 때문에 달러 약세를 방치하는 것이 오히려 실익이 된다. 시장의 자율 결정에 맡겨야 한다는 논리는 핑계인 셈이다.

달러 자산 투자 이탈, 실물에 투자하다

이와 같은 달러 약세에 기름을 부은 것은 미국 발 서브프라임 모기지(비우량 주택담보대출) 부실 사태다. 서브프라임 모기지 부실이 미국 주택시장은 물론 금융시장 전반의 금융경색을 초래하자 최근

6개월 동안 5회에 걸쳐 연방정책 금리를 무려 2.25퍼센트 인하했고 이것이 미국 달러 약세를 가속화시키고 있다. 특히 1월 22일의 0.75 퍼센트 금리 인하는 20년만의 최대 폭이다.

- 2007.9.18 → 0.5%p 인하
- 2007.10.31 → 0.25%p 인하
- 2007.12.11 → 0.25%p 인하
- 2008.1.22 → 0.75%p 인하
- 2008.1.30 → 0.5%p 인하(현재 3.0%)

문제는 서브프라임 모기지 부실이 끝이 아니라는 데 있다. 서브프라임 대출의 변동금리부 전환이 집중되는 2008년에 문제가 더욱 크게 폭발할 것으로 보여 달러 약세가 지속될 것이라는 전망에 힘을 실어주고 있다(서브프라임 모기지 부실 파장 메커니즘은 이 글의 보론에서 자세히 다룰 것이다).

달러 약세가 지속되면서 글로벌 투자가들이 달러화나 달러 표시 자산의 매각을 이어가고 있고 달러화 자산 투자자금이 급속히 비非 달러 자산으로 이동하고 있다. 최근 미국 재무부는 서브프라임 모기지 충격이 전세계를 강타했던 지난 2007년 8월 한 달 동안에만 1630억 달러의 자본이 미국에서 탈출했다고 밝힌 바 있다. 달러 자산의 이탈은 반대급부로 비달러 자산, 곧 원유, 곡물, 금 등으로의 금융자본 이동을 촉진해 이들 가격의 급등을 부추기고 있다.

국제 유가는 2007년 90달러를 넘어서더니 2008년 새해부터 100 달러 수준을 넘나들면서 고공행진을 이어가고 있고, 금값도 지난해 하반기 온스당 800달러를 넘어섰고 올해에는 900달러를 돌파했다. 가까운 시일 안에 1000달러에 이를 것이라는 전망마저 나오고 있다.

곡물가격도 마찬가지다. 기후변화나 바이오연료 개발 등의 요인들이 겹쳐 있기는 하지만 최근 1년 사이 밀 가격이 무려 2배 이상 오르는 등 곡물 가격의 급등도 달러 자산의 이동성에 기인한 바가 크다. 바야흐로 유가 100달러, 금값 1000달러 시대가 오고 있는 것이다.

물론 유가, 곡물가, 금값이 달러 약세로 인해 달러화 표시 금액이 상승하는 요인도 있지만, 그보다는 국제 금융자본이 달러화 자산을 대신할 새로운 투자자산으로 이들을 선택하면서 가격이 급증하고 있다는 견해가 유력하다. 이를 테면 석유업계의 자본이 아닌 금융자본이 시세차익을 노리고 석유에 투자하는 금액이 전체 투자분의 18.3퍼센트에 이르고 있다. '석유의 금융상품적 성격이 갈수록 커지고 있는 것'이다. 이로 인해 석유가격이 더욱 폭등하는 것은 말할 나

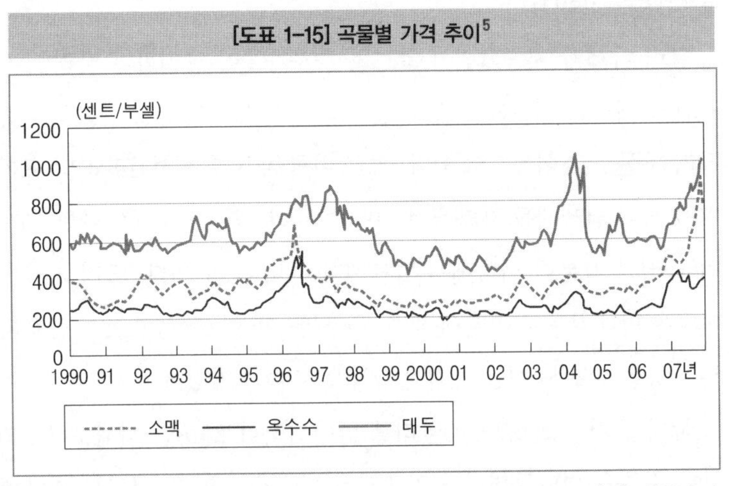

[도표 1-15] 곡물별 가격 추이[5]

(출처 : 블룸버그)

위도 없다. 유가 상승분 가운데 20달러 정도는 실수요가 아닌 투기 요인으로 생긴 거품이라는 얘기가 가능해진다.

한마디로 금융자본의 투자 패턴이 위험도와 변동성이 높아진 주식, 채권, 파생상품 등의 금융상품에서 실물상품으로 이동하고 있는 것이다. 전통적인 부동산 펀드뿐 아니라 금 투자 펀드, 에너지 펀드, 원자재 펀드, 한발 더 나아가 커피, 한우, 미술품, 쓰레기, 고철 펀드까지 생기고 있는 것이 오늘의 현실이다.

오일머니와 아시아 국부펀드의 등장

달러 헤게모니 붕괴는 미국 경제 헤게모니의 붕괴를 의미하며 기축통화로서 달러의 지위가 흔들리고 있음을 뜻한다. 우선 달러를 대신하여 유로화 강세가 두드러진다. 2007년 10월 31일 현재 유로화의 환율은 달러당 1.4504유로까지 치솟는 등 1999년 세계무대에 유로화가 등장한 이후 처음으로 유로당 1.4달러를 돌파하는 사상 최고치를 갱신하고 있다. 이를 반영하여 1999년 전세계 외환보유액의 약 71퍼센트가 달러 자산이었던 데 반해 2007년 2/4분기에는 64퍼센트로 줄어들었고 대신 유로화가 25.62퍼센트로 늘어났다. 유로화가 달러화를 대체할 수준은 아니지만 기축통화의 보완체제로서 기능하는 수준에까지 이른 것이다.

또 전세계 금융자산의 탈미 현상도 동시에 나타나고 있다. 금융 세계화에 따라 등장한 새로운 금융 플레이어인 PEF(사모펀드), 헤지 펀드에 이어 오일머니Oil Money와 아시아 국가 중앙은행들의 외환보

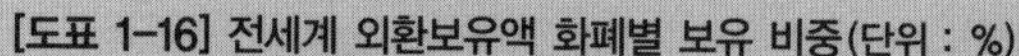

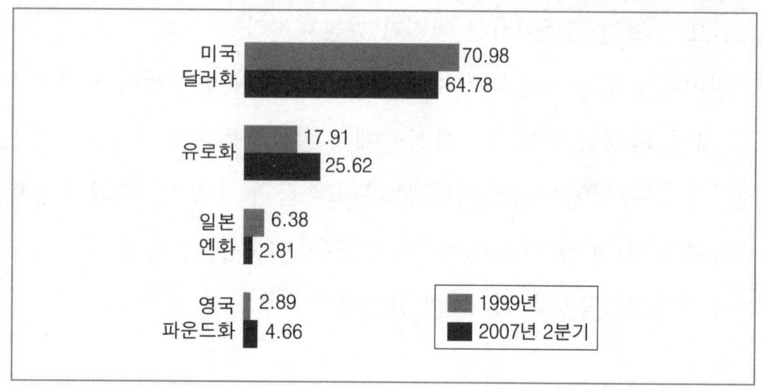

(출처 : 국제통화기금)

유고가 금융시장의 강자로 등장하고 있는 것이다.[6] 고유가에 따른 산유국들의 자본 축적과 아시아 국가들의 무역수지 흑자 확대로 인한 외환보유고 증대의 결과다.

2006년 말 현재 오일머니에 기초한 투자자산은 3조 4000억~3조 8000억 달러로 추정된다.[7] 또한 아시아 국가들의 외환보유고도 2007년 6월 말 현재 3조 3000억 달러로 전세계 외환보유고의 61퍼센트를 차지할 정도다. 이들 외환보유고는 국부펀드Sovereign Wealth Fund라 부르는 국가 주도의 대외투자용 펀드로 전환되어 투자시장에 뛰어들고 있어 주목된다. 중국의 CIC(중국투자공사), 싱가포르의 테마섹Temasek이 대표적이며 우리나라도 KIC(한국투자공사)를 설립한 바 있다. 2007년 현재 전세계 헤지펀드가 2조 달러가 안 되는 규모라는 점을 감안하면 엄청난 자본이 오일머니와 국부펀드로 조성되고 있는 것이다. 더욱이 2012년에는 오일머니에 기초한 투자자산 규모는 6~7조 달러, 아시아 중앙은행의 투자자산 규모는 5~7조 달러에 이를 것이라는 전망까지 나오고 있다.

이들 규모가 커지자 2007년 10월 취임한 신임 IMF 총재도 "IMF가 금융 세계화 시대의 뉴 플레이어로 급부상한 헤지펀드와 '국부펀드' 및 사모펀드의 도전에 큰 관심을 가져야 할 것"(미니크 스트로스-칸 신임 총재의 2007년 11월 2일 발언)이라고 말한 바 있다.

실제로 이들 국부펀드의 막강한 힘은 2007년 11월부터 씨티그룹을 포함한 세계 유력 금융회사들의 서브프라임 모기지 부실에 따른 손실 규모가 밝혀지면서 영향력을 발휘하기 시작한다. 손실을 메우기 위해 월가의 금융회사들이 국부펀드에 손을 벌렸던 것이다.

미국 최대 은행인 씨티그룹이 아랍에미리트 국부펀드 ADIA로부터 75억 달러(지분율 4.9퍼센트)를 수혈받은 바 있으며, 모건스탠리도 중국 국부펀드 CIC로부터 50억 달러(지분율 9.9퍼센트)를 투자받을 것이라고 발표했다. 스위스 최대은행인 UBS 역시 싱가포르 국부펀드 GIC에게 지분의 9퍼센트를 넘겼다.

그런데 막상 자신들의 손실 자금을 충당하기 위해 국부펀드에 구원을 요청한 월가의 금융자본들은 국부펀드의 영향력이 확대되는 것을 우려하여 '투명성'을 구실로 이들을 통제하자는 주장을 하고 있다. 2008년 1월 열린 다보스 포럼에서는 "투명성에 전혀 문제가 없다"는 아시아 국가들과 "투명성을 더욱 강화해야 한다"는 월가의 입장이 팽팽하게 맞섰다. 그러나 "국부펀드의 투명성만 문제 삼지 말고 모든 자본을 대상으로 투명성을 담보할 '포괄적 투자윤리 규정'을 만드는 것이 필요"하다는 주장이 오히려 문제의 핵심에 접근한 것으로 보인다.[8]

미국의 헤게모니여, 안녕?

"온 나라 가정의 식탁에서 국민들이 미국 경제의 앞날에 대해 우려하고 있다." 이것은 미국 부시 대통령이 2008년 마지막 국정 연설에서 한 말이다. 이 연설에서 이라크 침공 당시 기세등등하던 부시 대통령의 모습은 찾아보기 힘들었다.

서브프라임 모기지 부실이 기폭제가 되어 미국 경제는 예측 불가능한 침체국면으로 접어들고 있는 것이 2008년의 현실이다. 예측 불가능성은 "현재의 서브프라임 모기지는 어둠 속에서 코끼리를 만지는 것과 같다" "부실 크기를 측정하기 힘들 정도로 금융 시스템의 허약성을 드러내고 있다"(제임스 울펀슨 전세계은행 총재)는 말에 잘 드러나 있다.

한마디로 얽히고설킨 최첨단 금융 시스템을 기반으로 고도성장을 구가하던 미국이 바로 그 첨단 금융기법에서 오류가 발생하자 그 여파를 알 수 없게 되었다는 얘기다.

"미국 발 서브프라임 모기지 부실 사태는 첨단 기법만을 좇던 금융시장의 혁신이 오히려 부작용을 낳은 결과다. 국제 금융시장에 새로운 금융 위기가 발생했다는 점을 직시해야 한다." 매일경제-한미 경제학회 포럼에 참석한 박윤식 조지 워싱턴 대학 교수의 주장도 같은 맥락이다.

이로 인해 미국 중심의 일극적 경제체제, 미국의 헤게모니가 근본적으로 흔들리고 있다는 지적들이 나오고 있다. "불과 몇 년 전까지만 해도 미국의 글로벌 파워 주도권은 흔들리지 않을 것처럼 보였으나 미국이 이라크에 빠져 있는 동안 많은 것이 변했다"는 지적이 그

것이다.[9] 1990년 이후 탈냉전 시대의 평화의 과실은 미국이 이끄는 글로벌 자유주의 질서로 전환되지 못했고 미국은 이제 세계를 좌우하기보다는 유럽연합과 중국이라고 하는 세계의 다른 슈퍼 파워와 지정학적 시장을 놓고 경쟁하는 구도로 돌입할 것이라는 예상이다.

달러 체제의 약화와 함께 오기 시작한 미국 일극 체제의 약화, 그리고 다극적 세계 경제 질서의 도래는 곧 미국식 신자유주의 경제 체제의 글로벌화 실패이기도 하다. 그러나 이렇듯 급변하고 있는 세계 경제구도에서도 한국은 여전히 신자유주의화, 금융화, 개방화, 한미 FTA 추진에 더욱 고삐를 죄고자 하는 역사의 역진현상이 벌어지고 있다. 새롭게 등장하고 있는 세계적 추세와, 신자유주의 가속화를 추진하려는 한국 경제정책 사이의 간극을 어떻게 조정해야 할까.

서브프라임 모기지 부실 확산 메커니즘 이해

신자유주의 배후에 국제적 금융자본과 금융세계화가 자리잡고 있다는 사실은 더 이상 비밀이 아니다. 2007년 7, 8월 미국 발 서브프라임 모기지(비우량 주택담보대출) 부실이 전세계로 확산되고 한국도 그 영향을 받아 주가가 하루 만에 무려 126포인트나 폭락(8월 16일)했던 기록적인 사건을 통해서도 이는 입증된다. 그런데 도대체 전체 모기지 대출도 아닌 서브프라임 모기지의 부실 대출, 그것도 미국의 부실 대출이 어떤 구조와 경로를 통해 전세계 경제를 위기에 빠뜨리고 신용경색을 초래할 수 있었는지 그 실체를 밝히는 것은 쉽지 않다. 왜냐하면 당사자들도 알기 어려운 복잡한 금융공학과 금융기법이 동원된 각종 파생상품이 개입되어 있기 때문이다.

프랑스 경제학자 프레데릭 로르동은 프랑스 월간지《르몽드 디플로마티크》(2007년 10월호)에 게재한 〈전 세계를 대상으로 한 금융자본의 인질극〉이라는 글을 통해, 미국 서브프라임 부실이 어떤 메커니즘으로 세계 경제를 뒤흔들었는지를 명쾌하게 짚어내고 있다. 프레데릭 로르동의 논지를 압축해서 이해한다면 서브프라임 모기지 부실이 최첨단 금융상품의 연쇄반응을 타고 세계 금융위기로 전이되는 경로와 구조를 알 수 있기에 여기에 요지를 소개한다.

금융자유화 이후 끊임없는 혼란 이어져

저자는 금융자유화가 전면화 된 1980년대 이후 금융 불안 없이 3년을 보낸 적이 없다고 지적한다. "1987년 주식시장 대폭락, 1990년 정크본드 사태와 미국의 저축대부조합 위기, 1994년 미국 채권시장 폭락, 1997년 태국·한국·홍콩을 강타한 1차 국제 금융 위기, 1998년 러시아와 브라질을 덮친 2차 국제 금융 위기, 2001~2003년 인터넷 버블 붕괴" 등이 그것이다. 이 사건들은 "거의 매번 경제사에 기록될 만큼 중요한 사건"이라고 그는 말한다.

또 그는 올해 서브프라임 모기지 부실로 시작된 대출시장 위기 역시 "제한 없는 투기거래의 불가피한 연쇄효과"의 전형적인 모습이라고 평가하면서 여기에서 나타나는 7가지 특성을 잘 짚어주고 있다.

미국 부동산 구매자 → 은행의 부동산 담보대출 → 1차 파생상품(부동산담보대출채권) → 2차 파생상품(부채담보부채권) → 헤지펀드로 이어지는 금융버블의 형성과 붕괴 과정 그리고 다시 사모펀드 위기 → 재차 은행신용경색 → 중앙은행 개입 → 금리인하의 연쇄과정을 매우 잘 설명해주고 있다. 이 글은 현대의 복잡한 금융 시스템의 사슬 구조와 그 취약성을 잘 이해할 수 있게 한다.

금융 버블의 구조 - '펀지' 게임

저자는 1920년대 엄청난 수익을 미끼로 순진한 사람들을 끌어들여 그들의 저축을 거덜낸 투기꾼 찰스 펀지의 실패담을 사례로 든 경제학자 민스키를 인용하면서 금융 버블이 어떻게 시작되는지를 분석한다.

"찰스 펀지는 투자가들에게 약속한 수익을 제공할 실제 자산이 전무했고, 있지도 않은 배당금을 고객에게 지급할 수는 없으니 최초 고객들의 투자금에 대한 이자를 나중에 투자한 고객들의 자금으로 지불했고, 또 이를 지탱하기 위해 새로운 자금을 계속 유입시키지 않을 수 없게 되었다."

현재 금융부문에서 일어나고 있는 미국 부동산담보대출 버블들도 찰스 펀지가 한 행위와 다르지 않다는 것이다. 미국 부동산 시장의 성장세를 유지하려면 점점 더 많은 가계가 담보대출시장으로 몰려야 했고, 건전한 채무자 부대가 더 이상 없을 경우에도 시장이 절대적으로 유지되어야 했기 때문에 부동산 대출 중개인들은 신용도가 낮은 사람들, 상환능력이 없는 사람들까지도 대출시장에 끌어들인다는 것이다.

"시장의 끝없는 성장에 대한 믿음을 기초로, 이제 모든 참여자들이 적격 판정을 받은 이상, 대출의 수문이 대대적으로 개방되고, 이렇게 지탱된 투기적 상승은 모두가 옳다고 인정하는 것처럼 보인다. 바로 이런 식으로 후세에 전해질 서브프라임모기지 카테고리가 출현한 것이다."

위험도는 파생상품으로 전이

그런데 버블은 여기에서 끝나지 않는다. 이른바 파생상품의 출현은 버블의 층위와 단계를 한층 증폭시키게 된다.

"1990년대 초에 놀라운 발상이 등장했으니 바로 다수의 대출을 하나로 묶어 양도 가능한 채권의 형태로 전환시키는 것이다. '자산 유동화'라고 불리는 이 거래의 이점은, 그렇게 제작된 유가증권(주택담보대출채권)들을 작은 단위로 나누어 시장에서 다양한 (기관) 투자가들에게 매도할 수 있다는 점이다. 이런 방식으로 신용등급이 낮은 대출이 은행의 회계장부에서 빠져나가는 것이다."

곧 은행은 신용이 낮거나 상환능력이 부족한 고객에게까지 주택담보대출을 확대하고, 이에 대한 부실을 피하고자 주택담보대출을 채권(RMBS)으로 잘게 나누어 팔고, 이를 구매한 투자가들에게 위험을 넘기며 자신은 빠져나온다. 투자가들이 구입한 대출증권은 여러 보유자에게 분산되기 때문에 위험도는 낮은 것처럼 보이는 반면, 고위험에 따른 고수익을 보장하는 경향이 있어 헤지펀드 등이 이를 적극적으로 구입한다는 것이다.

이런 식의 자산유동화와 파생상품 탄생이 끝이 아니다. "주택담보대출채권을 기반으로 새로운 종류의 유가 증권을 발행하는데 이

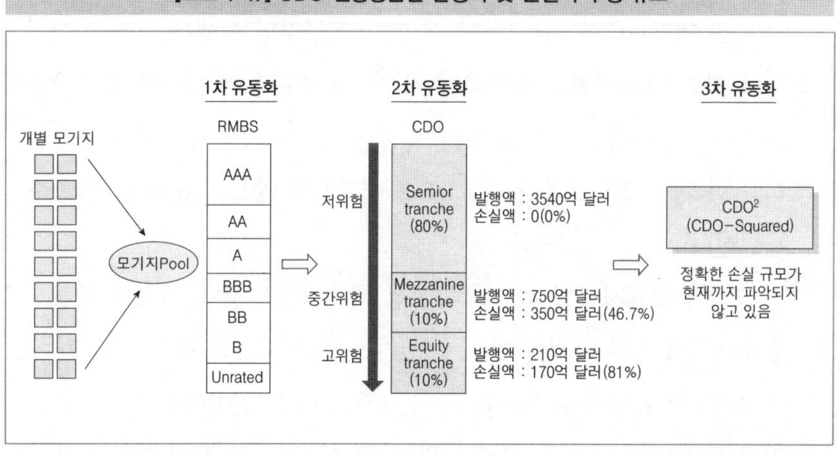

[도표 1-17] CDO 신용등급별 발행액 및 손실액 추정 규모

(출처 : 삼성경제연구소, 〈서브프라임 파장과 세계경제 불안〉, 20008.1.)

주 : CDO 등급별 발행액 및 손실액 추정 규모는 2006년 발행된 서브프라임 모기지 기준

것이 바로 CDO(부채담보부채권)"이며, 파생상품의 파생상품이 만들어지는 것이고 이에 따라 금융자본은 끊임없이 시장에 몰려들게 되면서 최초 위험성은 전이되고 분산된다.

"비교적 낮은 금리로 자금을 조성할 수 있는 헤지펀드들은 고위험 유가증권에 투자한다. 이 유가증권들은 시장의 유동성이 보장되는 한 임의로 되팔 수 있는 자산이다. 따라서 많은 수익을 낼 수 있는 자산으로 인식된다. 수익 마진은 엄청나며, '유동성 폐기물'이 황금으로 간주되고 골든 보이들은 축제를 연다. 어마어마한 이윤이 객관적 위험을 은폐한다. 누구도 위험을 보려고 하지 않는다. 가능한 최대한 오랫동안 시장의 상승세가 유지되어야 하기 때문이다. 물론 그러는 동안에도 부동산 중개인들은 계속 새로운 시장 참여자들을 대대적으로 모집한다."

구조적 취약성에서 파산까지

이런 메커니즘에 따라 "부동산 대출 제공자인 은행은 심지어 가장 위험한 대출채권도 유동화가 가능하다면 대출을 제공하면 제공할수록 유리하다고 생각할 것이며, 헤지펀드는 시장 유동성이 보장되는 한 가장 위험도가 높은 CDO를 매입하지 않을 이유가 없다"고 판단한다.

그러나 금융시장의 이러한 위험성 전이 구조는 매우 사소한 환경 변수에도 심각한 타격을 입을 수 있다는 것이 저자의 지적이다. "미국 연방준비은행이 금리를 0.25p 인상했을 때 그 인상폭은 그야말로 작아보였다"는 것이다. 그러나 위험곡선의 다른 쪽 끝에 있는 가계에서는 부동산 대출금리가 6.3퍼센트에서 11.25퍼센트로 급등하는 상황이 발생했고 급기야 원리금 상환을 할 수 없어 올해 1/4분기에 미국 서브프라임 채무자들의 14퍼센트가 파산하게 된다.

이는 곧 부동산 시장 참여자가 증가세에서 일시에 감소세로 반전되는 결과를 낳았고 부동산 가격은 하락하게 된다. 서브프라임 부실 사태는 베어스턴스 은행과 아메리칸 홈 모기지 인베스트먼트라는 두 금융기관의 부실과 파산으로 이어졌고 "바로 이 순간 이 기관의 실패를 목도한 시장 참여자들은 깊은 충격을 받게 되고 상황이 역전된다"는 것이 그의 설명이다.

위험평가의 갑작스런 반전

이런 상황에서 투자자들은 유동화채권 가운데 심지어 AAA나 AA 등급을 받은 우량채권조차도 위험하지 않을까 의심하는 상황까지 간다. 더욱이 이들 채권을 평가하는 신용평가기관들이 엄정하고 객관적인 평가를 하는 것도 아니다.

왜냐하면 신용평가기관들은 바로 이들 유가증권을 발행하는 금융기관들을 주 고객으로 수입을 얻기 때문이다. 세계적 신용평가 회사인 무디스의 경우 2006년 수입의 40퍼센트는 주택담보대출채권이나 부채담보부채권과 같은 상품을 평가하는 업무에서 발생했다고 한다. 때문에 신용평가기관들이 자신의 고객을 잃을 각오를 하면서까지 정확한 평가를 할 리가 없다는 것이 저자의 지적이다. 오히려 위험의 막바지에서도 신용평가기관들이 '투자적격' 판정을 한 사례들은 최근 역사에서도 수없이 많다.

또 저자는 "금융의 세계화와 함께 금융부문 오류도 세계화된다"고 지적하고 있다.

"담보시장이 붕괴한 곳은 분명히 미국이다. 그러나 미국 담보대출의 유동화 증권들은 전세계의 투기펀드에게 매도되었다. 심지어 지루하고 엄격하며 투자은행보다는 상업은행을 선호하는 독일인들조차도 21세기를 맞아 '모던'해지기로 결심하고 더욱 적극적으로 시장 활동에 뛰어들었다."

전 금융시장으로의 금융경색 확산

이렇게 해서 전세계 금융시장이 서로 연쇄작용을 일으킨다.

"파생상품의 불안한 균형은 아무도 그것을 요구하지 않는 한, 곧 모두가 시장의 유동성이 보장되고 있다고 믿는 한 유지된다. 그러나 시장 참여자들 중 한명이 큰 손해를 보고 자신이 보유하고 있는 CDO를 매도하여 시장에서 벗어나려고 하는 순간, 잠재되어 있었던 두려움이 수면 위로 부상하면서 구매자들이 모두 사라진다. 유동성은 증발하고 '공식적으로' 양도 가능한 자산들은 '실제로는' 전혀 거래되지 않는다."

지난 2007년 8월 초 미국 서브프라임 모기지 부실 여파로 프랑스의 BNP-파리바 은행이 급히 세 개의 펀드를 폐쇄했던 이유가 바로 여기에 있다.

이어 주택담보대출 관련 유동화 증권시장의 위기는 겉으로는 이와 전혀 관련이 없는 자산시장으로까지 확산된다. 그 대표적인 사례가 사모펀드라는 것이다. 최근 금융부문의 슈퍼스타로 떠오른 사모펀드는 "거래 자금을 주로 대출을 통해 조달한다. 자기자본은 극히 일부만 투자될 뿐이다. 더구나 사모펀드의 대출원리금은 사모펀드가 인수한 기업이 지불한다. 따라서 이런 방식의 거래를 통해 사모펀드는 그야말로 엄청난 수익을 얻는데, 수익이 너무도 어마어마한 나머지 은행들은 너도나도 사모펀드에게 자금을 조달해주고 있다"는 것이다.

그러나 어제의 동지였던 은행들이 갑자기 신중해지면서 사모펀드는 자금조달에 어려움을 겪고 있다. 저자는 이것을 "금융의 어떤 부문에서 갑작스럽게 출현한 위험이 다른 부문에까지 영향을 미치는 전형적인 금융혼돈 효과"라고 지적한다.

은행으로 되돌아오는 금융위기

최초에 부실 고객에 대한 은행의 주택담보대출 위험성을 전이하기 위해 시작한 자산유동화 게임, 곧 파생상품의 출현이 만든 위기는 결국 여러 루트를 통해 부메랑이 되어 은행 자신에게 돌아온다.

"은행은 은행이 운영하고 있는 펀드를 통해 파생상품을 취급한다. 따라서 정문으로 내보냈던 담보대출 위험이 창문으로 돌아오는 것과 마찬가지 상황이 발생한다."

특히 은행은 이 같은 금융 불안 국면에서 손실이 발생할 상황에 대비하기 위해 손실 예상분에 해당하는 준비금을 확충해야 하는데 이는 다시 신용경색을 발생시킬 수밖에 없다는 것이다. 그런데 "은행의 신용 수축은 특정 분야 대출자뿐 아니라 모든 유형의 대출자들에게 공히 해당되기 때문에 신용경색이 발생하고 결국 언제나처럼 그로 인한 피해는 이 모든 투기거래와는 전혀 상관없는 실물경제의 행위주체들인 기업과 임금노동자가 떠안게 된다"는 것이 그의 설명이다.

중앙은행에 대한 구조 요청

저자는 시장이 상승국면일 때는 그렇게 오만했던 금융플레이어들이 일단 위기가 발생하면 모두들 '엄마'를 외치며 중앙은행이라는 '국가적 어머니' 의 품으로 뛰어든다고 말한다. '시장 외부'에 존재하는 공적 기관인 중앙은행은 이윤이 폭포수처럼 쏟아질 때는 증오의 대상이지만, 상황이 악화되는 순간 그 중앙은행에게 애타게 도움을 요청한다는 것이다. 이것이 지난 2007년 9월 미국 연방준비은행이 결국 전격적으로 금리 인하를 단행한 이유라는 것이 저자의 시각이다.

그는 "만약 여러 금융기관의 실패가 응축되어 도미노 효과를 통해 시스템 리스크로 확대될 경우, 곧 시스템 전체가 붕괴할 경우 중앙은행이 대대적으로 개입하는 것 말고는 다른 선택의 여지가 없다"고 결론 내린다.

"이것이야 말로 금융의 폐해 중 가장 참을 수 없는 것이다. 문제가 발생했을 때 중앙은행이 내버려둘 수 없는 수준까지 금융의 규모가 커지면서 결국 중앙은행이 어쩔 수 없이 개입할 수밖에 없기 때문이다. 그야말로 모든 사람들을 인질로 잡고 금융은 인질극을 벌이고 있는 것이다."

서브프라임 모기지 부실의 근원
-신종 금융자본주의로 전환된 세계 경제

서브프라임 모기지 부실로 촉발된 세계 금융시장의 불안과 신용 경색은 근본적으로 자본주의가 1970년대 이후 규제 없는 금융자본 주의로 빠르게 전환하면서 발생한 현상이다. 따라서 최근에 불거진 세계적인 금융 불안의 근본적 원인을 정확히 짚어내려면 도대체 자본주의가 언제부터, 어떤 양상으로 신종 금융자본주의로 전환되었는지를 이해할 필요가 있다. 《파이낸셜타임스》는 2007년 6월 18일, 세계 자본주의가 새로운 유형의 금융자본주의로 가는 구조적인 변화과정을 겪고 있다는 내용의 분석 기사를 실었다. 기사를 쓴 마틴 울프Martin Wolf는 《파이낸셜타임스》 수석 경제해설가다.

그는 현재의 금융자본주의가 금융에 대한 일정한 조절기능이 작동했던 20세기 중반까지의 자본주의와는 완전히 다른 모습으로 변해왔다고 주장한다. 이러한 변화는 경제에서 금융이 차지하는 비중이 폭발적으로 증대했을 뿐 아니라 사모펀드나 헤지펀드와 같은 새로운 금융주체들이 팽창한 데서도 알 수 있다는 것이다. 이들 금융자본은 기업과의 장기적 관계를 추구하던 전통적인 금융기관의 방식에서 벗어나 단기수익과 투기성을 추구한다는 점을 특징으로 하고 있다. 대형 기업조차도 이들 금융자본의 인수합병 거래로부터 자유로울 수 없다고 한다.

결국 "세계경제가 신종 금융자본주의로 전환된다"는 표현은 신자유주의화 또는 주주자본주의화의 다른 이름이라고 볼 수 있다. 주주자본주의의 핵심 주체가 바로 세계적인 초국적 금융자본이기 때문이다. 최근 신자유주의와 주주자본주의의 전형인 미국과 영국에서도 헤지펀드에 대한 규제의 목소리가 커지고 있으며 세계적으로 양극화 심화 현상을 우려하는 목소리가 나오고 있는 가운데, 이 글이 현대 자본주의의 특성을 비교적 잘 정리해주고 있어 요약 소개한다.

✤ 마틴 울프의 '자본주의 구조 변화' 분석 기사

공산주의자 레온 트로츠키가 말한 "영구혁명permanent revolution"이 공산주의가 아닌 자본주의에 의해 만들어지고 있다. 그것은 오직 경제 시스템에서만 맞는 말이다. 슘페터는 그것을 "창조적 파괴creative destruction"라고 했다. 자본주의의 적수가 사라진 지금 또 다른 혁명적 시기가 오고 있다. 자본주의가 다시 한 번 변화하고 있는 것이다.

20년 전의 제도적인 모습들의 대부분—각 나라의 서로 다른 비지니스 엘리트, 기업에 대한 안정된 관리통제, 금융기관들과의 장기적인 관계—은 역사 속으로 사라지고 있다. 관리자를 넘어선 투기꾼과 생산자를 넘어선 금융가들이 부상하고 있는 것이다. 우리는 20세기 중반의 관리 통제가 가능하던 자본주의가 세계적 금융자본주의로 전환하는 모습을 목도하고 있다.

무엇보다 1930년 대공황 이후 족쇄가 채워졌던 금융부문이 다시 풀리고 있으며 이러한 경향은 대부분 미국에서 시작되고 있다. 또 그 어느 때보다도 세계적 범위에서 진행되고 있으며 새로운 경제활동과 경제적 재부에서 뿐 아니라 사회적·정치적 영역에서도 발생하고 있다.

첫째, 금융이 폭발적으로 팽창하고 있다.

맥킨지 글로벌 연구소에 따르면, 연간 전세계 산업생산 대비 금융자산 비율은 1980년 109퍼센트에서 2005년 316퍼센트로 뛰어올랐다. 2005년 전세계 핵심 금융자산 보유는 140조 달러에 이른다.

금융 분야에서 나타나는 이러한 증가세는 특히 유럽에서 두드러진다. 산업총생산에서 금융자산 비율은 1995년에 180퍼센트였던 것이 2005년에는 303퍼센트로 증가했다. 같은 기간 영국에서는 287퍼센트에서 359퍼센트로, 미국은 303퍼센트에서 405퍼센트로 증가했다.

둘째, 금융이 훨씬 더 거래지향적transactions-oriented이 되었다.

1980년에 은행예금은 전체 유가증권 대비 42퍼센트를 차지했다. 2005년에 이것은 27퍼센트까지 떨어졌다. 자본시장이 은행 시스템의 자금 중개기능을 지속적으로 대체해오고 있는 것이다. 결국 이런 식이라면 고객에 대한 장기대출과 지속적 고객관계를 추구해온 상업은행으로부터 투자은행으로의 이동이 일어날 것이다.

셋째, 전통적인 채권, 주식, 상품, 외환으로부터 복잡한 금융상품들이 새롭게 파생되고 있다.

그래서 '파생상품derivatives'이 생겨났는데 옵션, 선물, 스왑이 대표적이다. 국제 스왑 파생상품협회에 따르면 2006년 말 기준 이자율 스왑, 통화 스왑, 이자율 옵션의 평가금액이 286조 달러에 달했는데 이는 세계 국내총생산의 6배에 해당하는 규모다. 1990년만 해도 3조 4500억 달러에 불과한 규모였다.

넷째, 새로운 플레이어들이 나타나고 있다.

헤지펀드[10]와 사모펀드Private Equity Funds[11]가 그것이다. 헤지펀드의 수는 1990년 610개에서 2007년 1/4분기 기준 9575개로 성장한 것으로 추정되고 있다. 이들이 운영하고 있는 자금은 약 1조 6000억 달러에 이른다. 주식과 채권에 투자하는 뮤추얼 펀드와 같은 전통적인 장기펀드와는 대조적으로 헤지펀드는 투기적이며 단기차액을 노린다. 사모펀드도 2006년에 기록적인 수준에 도달했다.

다섯째, 새로운 자본주의는 그 어느 때보다 세계적이다.

선진국이 소유한 전세계 금융자산과 부채의 총합은 1970년 GDP 총합의 50퍼센트, 1980년대 중반 100퍼센트, 2004년에 330퍼센트로 높아졌다.

금융자본주의의 세계화는 이들 보유량뿐 아니라 플레이어들에게서도 잘 드러난다. 대형 은행들이 세계적 규모로 움직이면서 사모펀드와 헤지펀드도 마찬가지로 움직인다. 예를 들어 2005년 북미는 세계 사모펀드 투자액의 40퍼센트(2000년 68퍼센트에서 감소)를 차지하고 펀드 수의 52퍼센트(2000년 69퍼센트에서 감소)를 차지한다. 그동안 2000년에서 2005년 사이 유럽의 투자금액은 17퍼센트에서 43퍼센트로 증가하고 펀드 수는 17퍼센트에서 38퍼센트로 증가한다. 같은 기간 아시아·태평양 지역은 투자금액이 6퍼센트에서 11퍼센트로 증가한다.

금융 중개와 금융부문 활동에서의 이러한 성장은 무엇을 말해주는가? 이것은 자유화나 기술적 진보와 같은 경제활동의 세계화 이상의 것을 의미한다.

20세기 중반까지도 금융부문은 모든 곳에서 높은 수준으로 조절되고 있었다. 미국에서 글래스 스티글법[12]은 상업은행과 투자은행[13]

을 분리하도록 했다. 거의 모든 나라에서 외환의 외국인 소유를 엄격히 통제했고 외국자산에 대한 소유도 제한되어 있었다. 채권자가 매길 수 있는 이자율에 상한선을 두는 것도 일반적이었다.

그러나 지난 수십 년 동안 이들 조절 기능의 거의 대부분이 사라졌다. 상업은행과 투자은행의 진입장벽은 사라졌다. 외환통제도 선진국들에서 사라지고 대부분의 발전도상국들에서도 점차적으로 또는 완전히 외환이 자유화되었다. 1999년 유로화의 탄생은 유럽지역에서 금융시장의 통합을 가속시켰으며, 세계에서 두 번째 거대 경제권을 만들었다. 오늘날 세계 금융시장의 대부분은 1세기 이전, 곧 1차 세계대전 이전 수준으로 자유화되었다.

무시할 수 없는 또 하나의 문제가 정보통신기술 혁명이다. 이들 기술의 발전은 파생상품과 같은 복잡한 금융거래를 만들어낼 수 있게 했다. 그리고 거대한 규모의 금융자산을 24시간 거래할 수 있도록 했다. 컴퓨터 기반의 새로운 위험관리 모델은 많은 금융부문에 도입되었다. 오늘날 금융부문은 정보기술 혁명의 가장 강력한 자식child이다.

장기적으로 살펴볼 두 가지 요인은 무슨 일이 일어났는지를 설명하는 데 도움을 줄 것이다. 첫째로 금융경제에서 발생한 혁명 곧 마이런 숄즈Myron Scholes와 피셔 블랙Fischer Black에 의해 1970년대 초에 개발된 옵션의 발견인데 이것은 오늘날 거대한 옵션 시장의 기술적 기초를 제공해주었다.

둘째로, 중앙은행들이 세계경제와 세계 금융 시스템을 위해 후선에서 안정적인 통화를 공급하는 데 성공했다는 것이다. 각국 통화들은 지난 25년간 잘 작동하고 있고, 복잡한 금융 시스템이 항상 의존할 수밖에 없는 통화 안정적 환경을 제공했다.

그럼에도 불구하고 최근 금융의 폭발적 성장을 설명해줄 단기적인 요인도 있는데, 오늘날 세계적인 자금과 유동성 과잉현상이 그것이다. 낮은 이자율과 유동자산의 축적은 금융 작동기제를 자극했다. 최근 금융 시스템의 급격한 성장은 바로 상대적으로 단기적인 이들 요인들 때문이다. 그렇다면 세계적인 범위에서 벌어지고 있는 금융 활동의 거대한 팽창의 결과는 어떻게 될 것인가.

이 결과로 가계는 보다 다양한 방법으로 자산을 관리하고, 쉽게 대출을 받을 수 있고, 소비 여력을 높여나갈 수 있다. 1994년에서 2005년 사이 영국 가계의 부채는 GDP 대비 108퍼센트에서 159퍼센트로, 미국은 92퍼센트에서 135퍼센트로 늘어났다. 보수적인 이탈리아조차 부채가 32퍼센트에서 59퍼센트로 늘어났다.

기업들도 다른 회사를 인수하거나 인수 당하기가 훨씬 쉬워질 것이다.

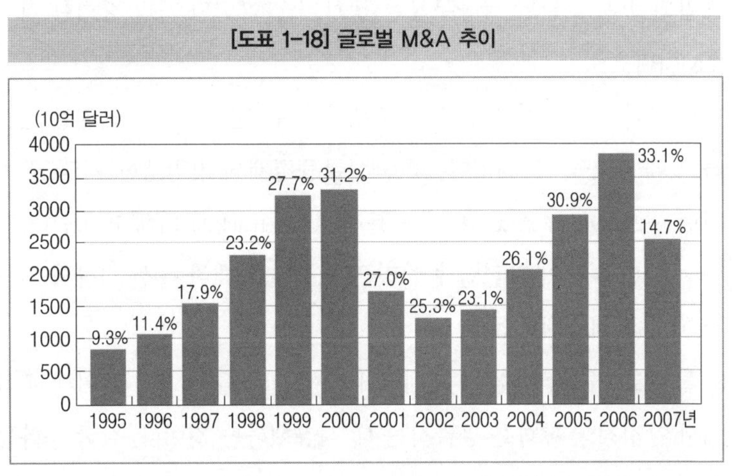

[도표 1-18] 글로벌 M&A 추이

(출처 : Dealogic)

세계적으로 2006년 인수합병 전체 금액은 3조 8610억 달러로 사상 최고 기록을 세웠는데 3만 3141건의 거래가 있었다. 1995년에는 단지 8500억 달러 규모였고 거래도 9251건에 불과했다.

새로운 금융자본주의는 장기적인 생산자들에 대한 자산거래자들의 승리를 의미한다. 헤지펀드는 투기적이고 단기차액 추구의 완벽한 사례이다. 사모펀드는 금융적 이익의 관점에서 기업을 거래하는 조직이다. 이들에게 장기적 관계는 수익창출을 위한 새로운 기회를 약화시킬 뿐이다. 따라서 전후 일본 자본주의의 교차보유나 전후 독일에서 은행이 지배하는 소유구조가 사라진 것은 전혀 놀라운 일이 아니다.

더욱이, 항상 자신의 소유권을 행사할 준비가 되어있고 국가의 사회적·정치적 규제를 전혀 받지 않는 다수의 외국인 주식 보유자들이 기업경영 방식을 전환시키고 있다.

또 다른 결과는 런던과 뉴욕이라는 두 지배적인 국제 금융센터의 출현이다. 이들이 금융자본주의의 오랜 역사를 가진 영어권 국가들이라는 것은 우연이 아니다. 일본이 세계 최대의 채권국가임에도 불구하고 도쿄가 아닌 홍콩이 아시아에서 국제금융센터가 된 것도 우연이 아니다. 영어권 국가들의 법적 전통과 태도는 금융센터 구실을 하는 데 큰 자산이 된 것 같다.

그렇다면 자본주의의 이러한 최신의 변화를 어떻게 평가해야 할까. 이러한 변화는 바람직한 일인가? 긍정적으로 보는 강력한 주장이 있을 수 있다. "행동적인 금융투자자는 자금의 비효율적 운영을 신속히 파악하고 대처한다. 그렇게 함으로써 모든 곳에서 자본의 효율성을 증대시킨다. 그들은 경영자들에게 시장의 규율을 부과한다.

그들은 비효율적인 낡은 경영자 대신 자본을 더욱 잘 활용할 수 있는 사람들에게 자금을 댄다. 그들은 위험도를 극복할 더 나은 세계적인 능력을 만들어낸다. 그들은 세계의 어느 곳에서든지 그 자본이 가장 잘 활용될 곳에 투자한다. 그리고 그 과정에서 그들은 일반시민들이 자신의 금융자산을 더욱 성공적으로 관리할 능력을 제공해준다"는 등의 주장이 그것이다.

그러나 그와 동일한 수준에서 새로운 금융자본주의의 출현은 거대한 새로운 제약과 사회적·정치적 도전을 만들어낼 것이라는 것도 명백하다.

낙관주의자들은 새로운 금융 시스템이 유례 없는 수준으로 효율성과 안정성을 결합시킬 것이라고 주장할 수 있다. 공적으로 보증되는 은행은 전보다 거의 위험도도 없을 뿐 아니라 훨씬 더 잘 경영되고 있다는 것이다. 낙관주의자들은 세계 금융 시스템이 2000년 세계 주식시장 버블 위기나 2001년 테러 공격에 대처하기에 용이한 시스템이라는 점을 지적할 수 있다. 그들은 최근 10년 동안 세계 금융 위기 빈도가 감소해왔다는 점도 지적할 수 있다.

비관주의자들은 그것이 통화 상태가 오랫동안 안정된 상태로 있었기 때문이며, 시스템 내부에 정의되지 않고 통제되지도 않는 거대한 문제점이 축적되고 있다고 주장하고 있다. 또 새로운 세계 금융 자본주의는 아직 검증되지 않았다고 주장할 수도 있다.

(금융자유화에 대한) 조절 과제는 상당한 규모로 진행되어야 하고 일회적이서도 안 된다. '시장사회market society'에 대한 라이오넬 조세핀의 적대감은 광범위하게 공유되고 있다. 새로운 플레이어와 시장의 충격에 대처하려는 강력한 정치적 연대가 형성되고 있다. 노

동조합, 경영자, 각국의 정치인들, 수억의 일반시민들은 수익추구 기제에 대해 위협을 느끼고 있다.

전세계적으로 노동으로부터 자본에로 소득 이동이 있었다. 금융 투기자본은 한 해에만 수십억 달러를 벌어들이고 있다. 그와 같은 수익은 거의 대부분의 사회에서 정치적 문제를 발생시켰다. 미국에서 그것은 참을 수 있는 정도인 것처럼 보인다. 그러나 다른 나라들에서는 그렇지 않다. 다수에게 권력을 주는 민주적 정치는 부와 수익의 새로운 집중에 대항하여 반응할 것이 확실하다.

많은 나라들에서는 금융자본주의의 자유로운 활동을 계속 주장할 것이다. 그러나 일부 국가들에서는 강력한 국내적 이익에 부합하도록 금융자본이 제어할 것이다. 대부분의 나라들은 그 결과를 제어할 방법을 찾게 될 것이다. 모두 극도의 불안정한 상황이 일어날 수 있는 가능성을 문제로 갖게 될 것이다.

우리의 용감한 새로운 자본주의 세계는 1900년대 초와 많은 유사성이 있다. 그러나 많은 면에서 그것은 그때를 훨씬 뛰어넘고 있다. 그것은 자극적인 기회를 가져다주지만, 동시에 제대로 검증되지 않았다. 그것은 새로운 엘리트를 만들어내고 있다. 이러한 자본주의의 현대적인 돌연변이는 열렬한 지지자들과 격렬한 적을 가지고 있다. 그러나 양쪽 모두 금융자본주의의 출현이 우리 시대의 가장 중요한 사건이라는 데는 동의할 수 있다.

주석

1 이 글은 새사연 사이트 www.epl.or.kr에 게재된 〈기울어가는 달러화 위상, 미국의 위상〉(2007. 11. 6)을 수정 보완한 것이다.

2 한국금융연구원, 〈불안정한 글로벌 미 달러화 약세〉, 2007. 10. 13.

3 2008년 미국 경제 성장 전망치는 하루가 다르게 떨어지고 있다. 2007년 10월까지만 해도 2.5퍼센트 정도의 성장을 전망했지만, 11월 초에는 1.9퍼센트 수준으로 하향조정한다. 그러나 2008년 들어서면서 골드만삭스와 메릴린치 같은 투자회사들은 전망치를 0.8퍼센트 수준으로 대폭 하향조정한다. 이 정도는 아니지만 1월 29일 IMF도 미국 경제성장률을 1.5퍼센트로 하향조정하기도 했다. 이는 미국 경기침체 정도의 심각성을 누구도 확실하게 예측하지 못하고 있다는 것을 반증한다.

4 달러 등 기축통화에 대한 자국 화폐의 교환비율을 정해놓고 이를 고시한 다음 이 비율로 무한정으로 교환해주기로 약속하는 제도

5 한국은행, 〈세계 곡물시장 동향과 전망〉, 2007. 12.

6 금융연구원, 〈금융시장의 새로운 주체인 아시아 국가들〉, 2007. 10. 23.

7 삼성경제연구소, 〈팍스 달러리움의 미래 : 진단과 전망〉, 2007. 10. 15.

8 새사연, 〈2008 다보스 포럼, 세계경제가 변하고 있다〉, 2008. 1. 28.

9 파라그 카나 신미국재단 미국 전략 프로그램 연구원이 2008년 3월 발표할 저서 《제2세계: 신세계 질서하의 제국들과 영향력》을 소개한 《뉴욕타임스》

10 국제증권 및 외환시장에 투자해 단기이익을 올리는 민간 투자기금. 100명 미만의 투자가들로부터 개별적으로 자금을 모아 파트너십partnership을 결성하여 자금을 운영하는 투자신탁이다. 헤지펀드는 파생금융상품을 교묘하게 조합해서 도박성이 큰 신종상품을 개발하는데, 이것이 국제금융시장을 교란시키는 하나의 요인으로 지적된다.

11 소수의 투자자로부터 모은 자금을 주식, 채권 등에 운용하는 펀드. 투자신
  탁업법에서는 100인 이하의 투자자, 증권투자회사법(뮤추얼펀드)에서는 50
  인 이하의 투자자를 대상으로 모집하는 펀드를 말한다. 공모펀드의 반대 개
  념으로 비공개로 투자자들을 모집한다. 자산가치가 저평가된 기업에 자본
  참여를 하게 하여 기업가치를 높인 다음 기업주식을 되파는 전략을 취한다.

12 미국에서 1933년에 제정된 상업은행에 관한 법률. 1929년의 주가 대폭락과
  그에 이은 경제대공황의 배경 가운데 하나로 상업은행의 방만한 경영과 이
  에 대한 규제 장치가 없다는 점이 지적되면서 은행들이 위험도가 높은 증
  권 거래를 하지 못하도록 하기 위해서 마련됐다. 이후 미국의 금융권은 투
  자은행과 상업은행으로 분리되었다.

13 투자은행이란 자금을 필요로 하는 기업들과 투자주체를 연결시켜주는 역
  할을 주로 하는 회사로 예금 대출을 담당하는 상업은행Commercial bank과
  대비되는 개념이다. 기업은 자금조달을 위한 컨설팅, 유가증권 발행, 기업
  공개 등을 투자은행에 맡기고 일정액의 수수료만 지급하면 된다. 은행으로
  서는 부실 위험성이 있는 여신(대출) 수익이 아닌 중계수수료 수익에 의존
  하기 때문에 수익원이 안정적이다. JP모건, 모건스탠리 딘위터, 메릴린치,
  골드만삭스, 워버그 딜런 리드 등이 전형적인 투자은행이다.

이상동_새사연 연구원

유가_
금융자본이 주도하는 **고유가** 시대

전문가들은 대체로 유가 급등의 요인을 만성적인 공급부족과 산유국 정세의 불안정성에서 찾고 있고 국내 언론들은 이를 그대로 전하고 있다. IEA(국제에너지기구)는 중국과 인도 등 고속 성장하는 신흥 시장이 에너지 수요 확대를 주도하고 있다고 분석한다.

그러나 여기에 더해 금융 불안, 달러화 약세, 투기자금 등 외부 교란 요인에 의해 유발되고 있는 측면도 주목할 필요가 있다. 달러화 가치가 지속적으로 하락하고 외환시장과 금융, 부동산시장의 불안전성이 높아지자 국제 금융시장의 투기자금들이 보다 확실한 이익실현의 수단으로 석유와 원자재, 곡물 등 상품시장을 택하고 있다. 따라서 유가 변화를 단순히 물가 문제로만 바라볼 것이 아니라 보다 거시적인 관점에서 분석하고 대처해야 한다. 8월

고유가 현상을 바라보는 시각,
수급불안 *vs* 투기자본

유가 급등, 100달러 시대가 열릴 것인가

미국에서 국제 유가가 연초부터 100달러를 넘나들고 있다. 우리나라 원유 수입량의 60퍼센트 이상을 차지하는 두바이유 가격도 90달러(종가 기준)를 돌파하면서 올해 물가관리에 빨간불이 켜졌다. 사태가 급박하게 돌아가자 2005년 3월 골드만삭스가 제기했던 '유가 100달러'[1] 주장이 힘을 얻고 있다. 당시 WTI(서부텍사스산중질유) 가격이 배럴당 47달러에 불과한 상황에서 골드만삭스는 가까운 시일에 배럴당 105달러까지 상승할 것이라고 예측한 바 있다.

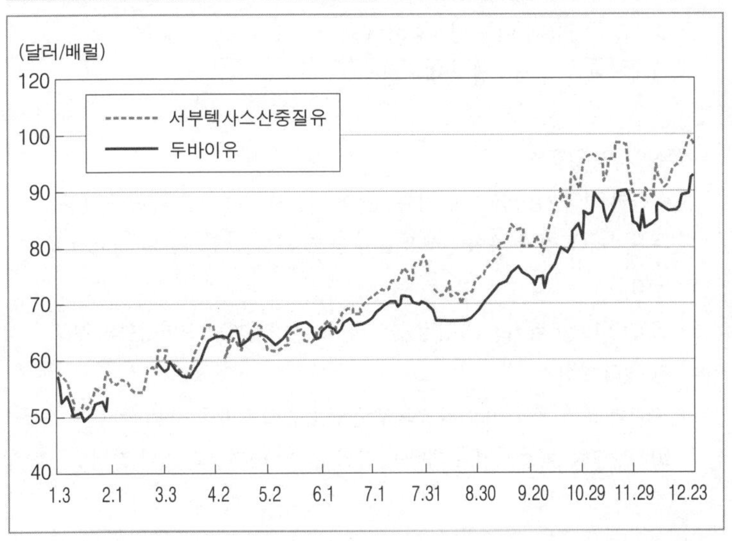

[도표 1-19] 국제 유가 상승 추세(2007년 1월 3일~12월 23일)

(출처 : 에너지경제연구원)

유가 급등 요인 1 : 수급 불안

석유 소비국의 입장에 서 있는 전문가와 각종 언론매체들이 언제나 첫 머리에 꼽는 유가 급등 요인은 만성적인 공급 부족과 산유국 정세의 불안정이다. 대표적인 기관인 IEA(국제에너지기구)는 중국과 인도 등 고속 성장하는 신흥시장이 에너지 수요 확대를 주도하면서 공급 부족을 심화시키는 이른바 '친디아 발 유가 대란'이 일어날 수 있다고 오래 전부터 경고해오고 있다.

[도표 1-20] 고유가의 원인 : 수급 불안 요인

〈수급의 구조적 문제〉
• 신흥시장의 석유 중심 성장
• 비 OPEC 산유국들의 공급증가량 감소
• OPEC 국가들의 생산 쿼터 준수
• OPEC 국가들의 여유 생산능력 감소
• OECD 국가들의 여유 정제능력 부족
• 세계적인 정제 시스템의 병목현상

〈주요 지역 갈등〉
• 이란과 미국 사이의 갈등 지속 : 핵의 이용과 무기화를 둘러싼 갈등
• 나이지리아 정정 불안 : 석유도시 포트 하코트에 대한 무장세력의 공격
• 2007년 12월. 파키스탄 정정 불안(산유국 인접지) : 친미성향의 부토 전 총리 암살
• 2007년 10월. 터키의 이라크북부 침공 : 쿠르드 반군 소탕 작전
• 2006년 7월. 이스라엘의 레바논 전면 공격 : 헤즈볼라 소탕 작전

유가 급등 요인 2 : 달러화 약세와 투기자본

최근 유가 급등은 기본적인 수급상황 이외에도 금융 불안, 달러화 약세, 투기자금 등 외부 교란 요인에 의해 유발되고 있음에 주목해야 한다. 지난해 1유로당 1.4달러를 사상 최초로 갱신하는 등 글로벌 달러화 가치가 지속적으로 하락하는 추세가 계속되자 국제 투기자본들이 달러시장에서 대체 투자상품 쪽으로 이동하고 있는 것이다.

투기자본들은 외환시장과 금융시장 그리고 부동산시장의 불안전성이 높아지자 보다 확실한 이익실현의 수단으로 석유와 원자재, 곡물 등 상품시장을 택하고 있다. 투기자금의 움직임은 석유 현물가격이 수개월 내에 상승한다는 가정 아래 선물거래를 통해 사전에 이를 선점하기 위한 것이다. 빡빡한 수요공급 상황, 지정학적 위험의 지속 그리고 1980년대 중반 이후 수십 년 동안 이어져온 원유의 저가 거래 등이 이미 가격 상승 요인으로 잠재돼 있었기 때문이다. 이를 간파한 투기성 자금은 이미 2001년부터 실물시장에 대한 투자 규모를 키워왔다.

석유는 전세계적으로 선물거래가 가장 활발히 일어나는 상품이다. NYMEX(뉴욕상품거래소)의 하루 원유 거래량은 무려 2억 3000만 배럴에 달하고 이는 실제 하루 생산량의 3배에 가까운 양이다. 다시 말해서 원유 한 드럼이 하루에 3번씩 거래되면서 눈에 보이지 않는 거래비용이 몇 번씩 추가되고 있는 것이다. 결국 전세계 원유의 생산량은 크게 증가하지 않음에도 불구하고 석유 선물시장거래 규모는 매년 두 자리 증가율을 기록하면서 더 많은 돈이 몰리고 있으니 원유 가격은 상승할 수밖에 없는 구조를 갖고 있다고 할 수 있다.

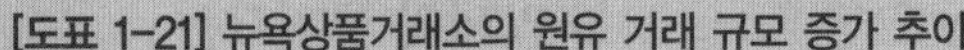

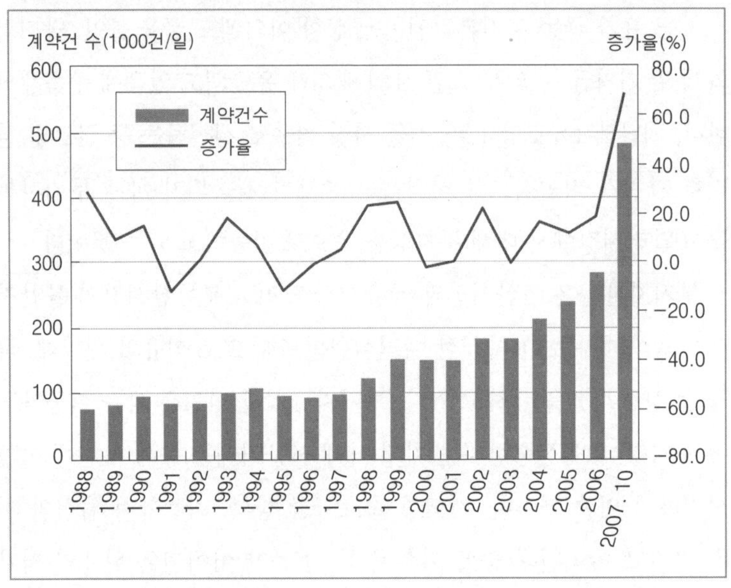

원유가 급등에 대한 지나친 공포심

한편 산유국을 중심으로 유가 100달러가 높은 가격이 아니라는 주장도 참고할 필요가 있다. 실제로 유가가 100달러가 되어도 세계 경제의 충격은 이전보다 크지 않다는 것을 이해하는 출발점이기 때문이다.

1차 석유파동이 일어난 1973년 말 이후 명목유가 11.0달러(1974년 기준)는 물가 및 석유의존도를 반영한 실질실효유가로 환산했을 때, 현재 가격 85달러에 해당한다. 지난해 두바이유의 연중 평균가격이 69달러였다는 것을 상기한다면 아직 연평균 16달러 정도는 더 올라야 1974년 수준에 근접할 수 있는 셈이다.

[도표 1-22]는 2차 세계대전 이후 원유 실질가격을 표시한 것이다.

21세기에 접어들기 전까지 저유가가 지속되었음을 알 수 있다. 1~2차 석유파동이 일어났던 1970년대 후반에서 1980년대 초반을 제외하면 대부분의 기간에 원유의 실질가격은 20달러(2006년 기준) 아래에 위치해 있었다.

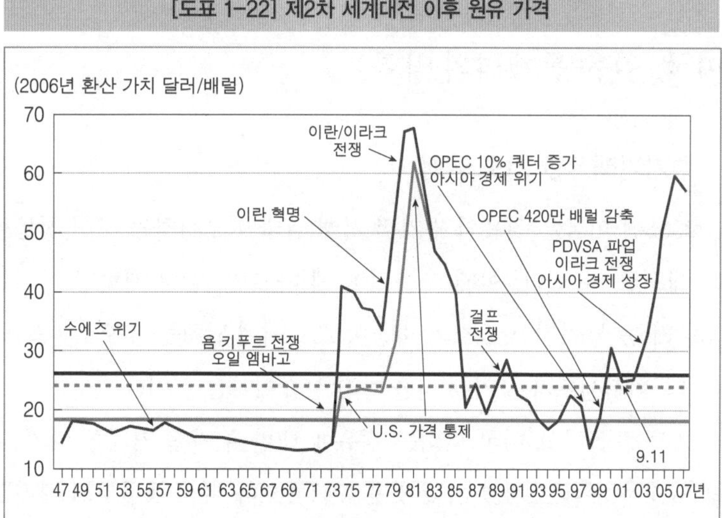

(출처 : WTRG Economics)

주 1) 옅은색 그래프 : 미국 가격 통제 정책 시기의 최초 구입 가격(유정에서의 가격)
　　2) 짙은색 그래프 : 세계 시장 가격
　　3) 두꺼운 검정 실선 : 1947~2006년 미국에서의 평균 원유 가격 24.20달러
　　4) 두꺼운 회색 점선 : 1947~2006년 세계 시장에서의 평균 원유 가격 26.16달러
　　5) 두꺼운 회색 실선 : 1947~2006년 미국과 세계 시장의 원유 가격 중앙값 18.53달러

게다가 현재의 유가 급등은 예전의 석유 파동과는 달리 수요 측면에 있는 국가들이 촉발시킨 경향이 크다. 1~2차 석유 파동은 원유공급국들이 가격을 대폭 인상하고 공급량을 통제함으로써 일어났으나 최근의 경향은 다르다. 최근 고유가는 원유수입국들이 (현물

시장의 공급이 아니라) 선물시장 등 파생금융상품시장을 통해 장기간에 걸쳐 서서히 인상시킨 것이다. 다시 말해서 수요측 국가들의 금융시장과 선물시장에서 투기성 거래를 막는다면 원유가격은 안정될 여지가 있는 것이다.

미국, 원유 통제력의 약화

투기거래제한 시도 실패

2006년 미국은 원유의 투기적 거래 실태를 조사하는 상원 청문회를 개최한 바 있다. 이때 조사된 바에 따르면, 당시 배럴당 가격인 70달러 중 투기적인 요소의 비중이 20달러에 달하는 것으로 나타났다. 약 30퍼센트가 투기에 의한 가격 상승이라는 것이다.

조사가 끝나고 미국 의회는 원유에 대한 투기적 거래를 막기 위해 일정한 제한 조치를 취할 것을 모색했으나 부시 행정부의 애매모호한 태도로 흐지부지 되고 말았다. 강력한 로비력을 가진 투기자본으로부터 미국의 의회와 행정부가 자유로울 수 없음을 보여 준 사례라 할 수 있다.

지금까지는 약弱달러로 인해 활성화된 투기 거래가 유가의 상승을 낳았지만 앞으로는 이렇게 형성된 고유가가 오히려 약달러 현상을 더욱 심화시킬 것으로 보인다. 미국은 세계 최대의 원유 수입국으로서 유가가 상승할 경우 무역적자가 확대되며, 무역적자를 메우기 위해 또다시 약달러 정책을 지속할 수밖에 없기 때문이다. 왜냐하면 약달러는 한편으로는 수출경쟁력을 높여주고 다른 한편으로

는 적자의 실제 가치를 하락시켜 주기 때문에 단기적으로 무역적자
를 감소시키는 효과가 있기 때문이다.

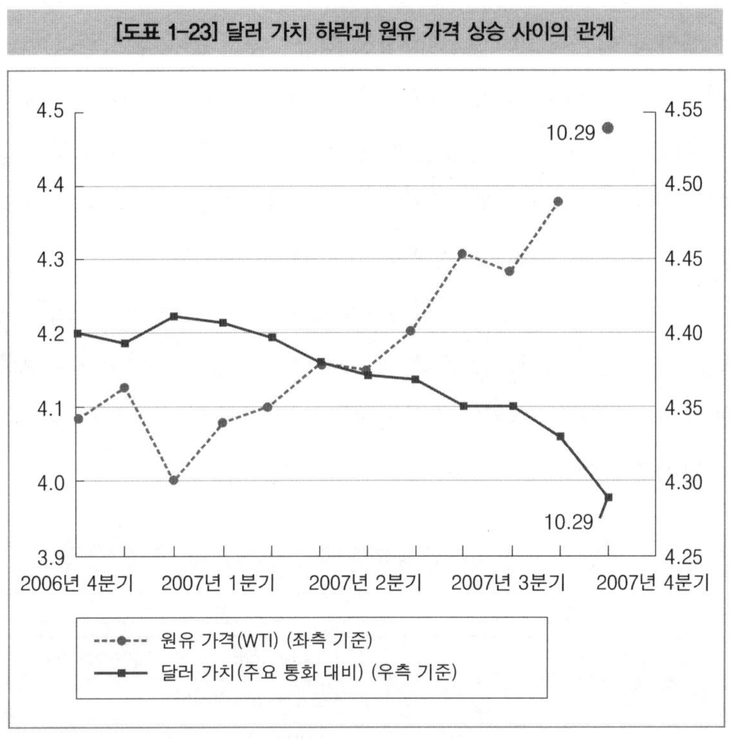

(출처 : St. Louis Fed FRED II, http://www.econbrowser.com 에서 재인용.)

다국적 거대 석유회사의 영향력 약화

제2차 세계대전 이후 국제 원유 가격은 안정적으로 저가에 관리
되어 왔다. 여기에는 세계 최대의 에너지 수입국인 미국과 원유 수
급을 좌지우지해왔던 이른바 '일곱 자매seven sisters'[2]가 결정적인 역
할을 해왔다. 1947년에서 2006년 사이의 60년 동안 배럴당 18.53달

러(2006년 가치환산)를 넘는 기간이 50퍼센트에 불과했던 것은 이들의 독자적 지배력이 작동한 결과다.

이런 판도에 변화의 조짐이 분명하게 나타나고 있다. 최근 베네수엘라와 이란이 미국의 직접적인 영향력에서 벗어나고 중국과 러시아 등이 에너지 강자로 등장하면서 '신新 일곱 자매'가 등장한 것이다(도표 1-24). 이들 신 일곱 자매의 특징은 자국 정부의 강력한 영향력 아래 있는 국영석유회사라는 점이다. 구舊 일곱 자매가 개별 국가의 통제에서 벗어나 자체 자본의 논리로 움직였던 것과 대비된다. 구 일곱 자매가 원유의 탐사에서 발굴, 정제와 수송에 이르는 상하류 전 부문을 포괄함으로써 국가의 경계를 넘는 독점력을 확보해왔다면, 신 일곱 자매는 '자원민족주의'를 배경으로 정부의 강력한 지원에 힘입어 영향력을 확대하고 있는 것이다.

[도표 1-24] 석유기업의 세력 재편 : 신구新舊 일곱 자매	
구 일곱 자매	신 일곱 자매
• ExxonMobil	• Saudi Aramco (사우디아라비아)
• Chevron	• Gazprom (러시아)
• BP	• CNPC (중국)
• Shell	• NIOC (이란)
※ 1990년대 4개 회사로 합병함	• PdVSA (베네수엘라)
	• Petrobas (브라질)
	• Petronas (말레이시아)
• 전세계 석유, 가스 생산의 약 10퍼센트 담당 • 전세계 석유, 가스 매장량의 3퍼센트 보유	• 전세계 석유, 가스 생산의 1/3 지배 • 전세계 석유, 가스 매장량의 1/3 이상 보유

미국 경제 하락과 연계된 고유가

우리나라 국책·민간 연구소들은 최근 5년 동안 계속해서 유가를 낮게 전망하는 실책을 범해왔다. 이런 잘못된 전망이 계속 제출되어 온 이유는 첫째로는 투기성 자금과 금융 불안이 유가에 미치는 영향을 과소평가했고, 둘째로는 원유수입국의 시각에 서 있는 국제에너지기구, 미국 에너지국의 자료에 지나치게 의존했으며, 마지막으로 지정학적 위기를 불러일으키는 주요 행위자 중 미국을 아예 제외했기 때문이다.

특히 최근의 고유가 현상은 미국 경제의 하락, 그리고 여기에 동조화를 보이는 세계 경제의 변화와 깊이 관련되어 있다. 이른바 '달러 리사이클링'(미국의 무역적자로 인해 풀린 달러가 다시 미국으로 유입되는 과정), 금융과 부동산 거품으로 1990년대 이후 경제 활황을 이어오던 미국이 위기에 봉착하자 이미 커질 대로 커진 투기자본이 석유시장으로 이동한 것이다.

덩달아 막대한 부를 쌓은 중동의 오일머니와 아시아 국부펀드가 미국 자산 매입을 늘리고 있는 것은 흥미로운 현상이다. 혹자는 성급하게 이들 중동 자본이 새로운 '달러 리사이클' 구조를 만들 것이라고 전망하기도 한다.

고유가 현상을 단순한 물가 문제로 볼 것이 아니라 미국 경제의 약화와 금융자본의 이동 그리고 신흥세력의 성장 등이 얽힌 거대한 세계 정치경제 질서의 재편이라는 시각에서 보아야 할 것이다.

1 이른바 '슈퍼 스파이크super-spike' 국면. 골드만삭스의 2005년 글로벌 투자 연구보고서는 석유시장이 1970년대식(1차 석유파동)의 가격 폭등 국면에 들어갔다고 주장. 미국과 중국 그리고 인도의 수요량이 견고한 상황임에도 불구하고 여유 공급 능력이 만만치 않고 공급을 늘리는 데 시간이 필요하다는 점을 감안하면 유가는 105달러까지 급등할 수 있다는 것. 에너지 가격이 폭등하면 세계 경제가 불경기recession에 접어들고 석유 수요는 다시 감소할 것이라 봄.

2 이른바 세븐 시스터즈seven sisters. 이탈리아 출신의 석유사업가 엔니코 마티Enrico Mattei는 2차 세계대전 이후 중동의 석유를 지배하는 앵글로-색슨 계열의 회사들을 이렇게 표현했음. 그는 7개 거대 회사들이 비밀스런 카르텔을 형성하고 그 밖의 기업들을 배제하고 있다고 분노했음.

한국 경제_
2008년 **국민경제** 동향과 전망

이상동_새사연 연구원

2008년 고용 사정은 답보하거나 다소 개선될 것으로 예상된다. 또 한국 국민 경제가 세계 경제의 불안전성에 더욱 깊이 연관됨에 따라 고용을 유연화해 부담을 줄이려는 개별 기업들의 행태는 여전할 것으로 보인다. 알다시피 이명박 정부가 경제운용 정책의 최우선 순위로 놓고 있는 것은 기업 활동 여건 개선에 있기 때문에 고용과 노동의 안전성은 더 심각하게 희생될 가능성이 높다.

2008년 우리나라 GDP 성장률은 지난해 4.9퍼센트 수준인 4.7~5.0퍼센트 정도로 예상된다. 이런 가운데 올해 한국 경제의 가장 큰 근심거리는 물가가 될 것이다. 이 밖에도 미국 서브프라임 부실 문제가 여전히 잠복해 있고 세계 경제의 리커플링 현상에 따른 미국 발 경기침체와 중국 발 인플레이션의 파급도 예상된다.

민간소비와 고용

올해 민간소비 회복기조 유지

민간소비는 2007년 3분기 들어 증가폭이 확대되며 회복세가 지속되어왔다. 소비자심리지수는 이미 2006년 4분기 이후 연속 상승하고 있어 최근 가계의 체감경기가 개선되고 있음을 반영하고 있다.

지난해에는 소득과 소비가 동반상승하는 모습을 보인 것이 무엇보다 중요한 특징이었다. 실질소득이 증가하면서 다소의 소비여력이 생긴 탓이다. 민간연구소들은 실질소득보다는 자산가치(주식 및 주택가격) 상승에 따른 자산효과wealth effect를 강조해왔다. 그러나 올

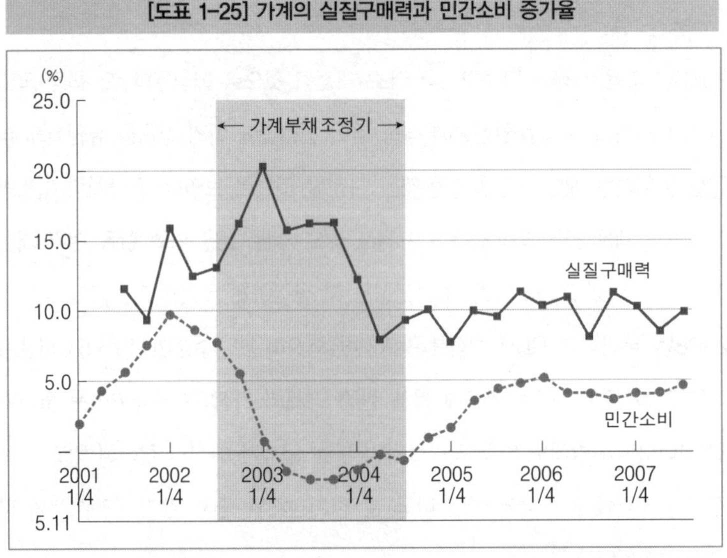

[도표 1-25] 가계의 실질구매력과 민간소비 증가율

(출처 : 노동통계 http://laborstat.molab.go.kr/ 한국은행 http://ecos.bok.or.kr/)

주 1) 전년 동기 대비, 2005년=100
　　2) 가계의 실질구매력 = 실질임금(명목임금/소비자물가지수) × 취업자수
　　3) 민간소비: 실질, 원계열

초에 지난해 4분기 소비자심리지수가 다섯 분기 만에 하락했다는 한국은행 발표가 나오자 이런 주장들이 무색해지고 있다. 소비 양태가 자산효과보다는 대외여건과 물가에 더 크게 반응하고 있음이 증명되었기 때문이다.

한편 민간소비의 증가는 가계의 실질구매력과 강한 상관관계를 갖고 있다. 2003년경 과도한 주택자금 대출 규모가 조정되자 가계의 실질구매력과 민간소비의 증가세는 급락한 바 있다. 이후 답보 상태에 있던 실질구매력이 2008년에는 다소 나아질 것으로 예측된다.

고용 개선이 민간소비 확대

2008년에는 취업자 창출 효과가 2007년의 분기당 29만 명보다 소폭 늘어난 30~32만 명으로 예상된다. 내수 회복세 등에 힘입어 고용흡수력이 높은 서비스업을 중심으로 증가세가 안정적으로 유지되는 경우를 상정한 것이다.

신규 취업자가 늘어나면 다시 내수 소비의 확대로 이어질 전망이다. 이런 선순환 구조가 작동한다면 올해 연간 실업률은 작년(3.3퍼센트)보다 소폭 하락한 3.2퍼센트 수준으로 전망된다.

[도표 1-26] 고용 전망(전년 동기 대비, 만 명, %)

	2006년	2007년					2008년e)		
		1/4	2/4	3/4	4/4e)	연간e)	상반	하반	연간
취업자수 증감	29 (1.3)	26 (1.2)	29 (1.2)	30 (1.3)	30 (1.3)	29 (1.2)	31 (1.3)	30 (1.3)	30 (1.3)
실업률(원계열) (S.A.)	3.5 -	3.6 3.2	3.2 3.3	3.1 3.3	3.1 3.2	3.3 -	3.3 3.2	3.1 3.2	3.2 -

주 : ( )내는 취업자 수 증감률(%)　　　　　(출처 : 한국은행, 2008년 경제 전망)

- 총고용 또는 취업 창출의 측면에서 볼 때 올해 고용사정은 지난해에 비해 개선된다는 것이 각종 경제 전망들의 일치된 견해다. 또 2007년 하반기부터 신규 취업자 중에서 상용노동자 수가 임시 및 일용노동자 수보다 많다는 것도 긍정적으로 해석된다.
- 그러나 고용사정의 개선이 장기적으로 유지될 것인가에는 여전히 의문이 남는다. 먼저 지난해 신규 상용노동자 수의 증가는 이른바 '비정규보호법'의 시행으로 인한 착시효과일 가능성이 높기 때문이다. 곧 임시 및 일용 노동자 상태에 있던 사람들이 노동조건 개선 없이 단순히 상용노동자로 외형만 바뀌는 셈이 되기 때문이다.
- IMF 외환위기 이후 비정규 노동자의 수는 지속적으로 증가하고 상대임금은 감소하고 있는 상태에 있다. 한국노동사회연구소 김유선 소장에 따르면, 비정규 노동자(상용 노동자 중 간접 또는 특수고용 노동자 포함)의 수는 2007년 861만 명에 이르며, 상대 임금은 51.1퍼센트 수준에 지나지 않는다. 만약 2006년~2007년 기간의 추이가 그대로 올해까지 이어진다면, 비정규 노동자의 수는 870만 명을 돌파할 것이며, 상대 임금은 50퍼센트대까지 하락할 전망이다.
- 또 구조적인 문제인 청년실업이 개선될 조짐을 보이지 않고 있고, 서비스업에 비해 보다 안정적인 일자리를 제공하는 제조업은 올해에도 고용이 감소할 것이 확실해 보인다.

경기 흐름과 성장 전망

경기 상승국면은 올해 상반기 내에 조정

2007년 1분기에 저점을 통과한 경기가 지속적인 상승을 이어가고 있다. 지난해 1분기에 4.0퍼센트의 GDP 성장률(전기 대비)을 기록

한 이후 3분기에는 5.2퍼센트까지 치솟았다. 이는 2006년 1분기(6.3
퍼센트) 이후 가장 높은 성장세다.

2007년 상반기는 수출과 설비투자가 상승세를 주도했으나 하반
기에는 소비회복이 주도한 것으로 해석된다. 2007년 3분기에 5년 만
에 GNI(국민소득) 증가율이 GDP(국내총생산) 증가율을 추월했는데 그
결과 실질소득이 민간소비로 이어졌을 것으로 분석된다.

그러나 올해 들어 경기상승에 빨간불이 켜졌다. 민간의 소비심리
가 지난해 4분기부터 위축되고 소비회복이 불투명해진 것이다. 그
뿐 아니라 IMF 외환위기 이후 경기 상승국면 주기가 12개월로 짧아
졌다는 사실을 감안하면 2008년 상반기 안에 경기가 고점을 통과할
가능성이 높다. 따라서 연초부터 경기가 조정국면에 들어가 하락기
에 돌입할 것이다.

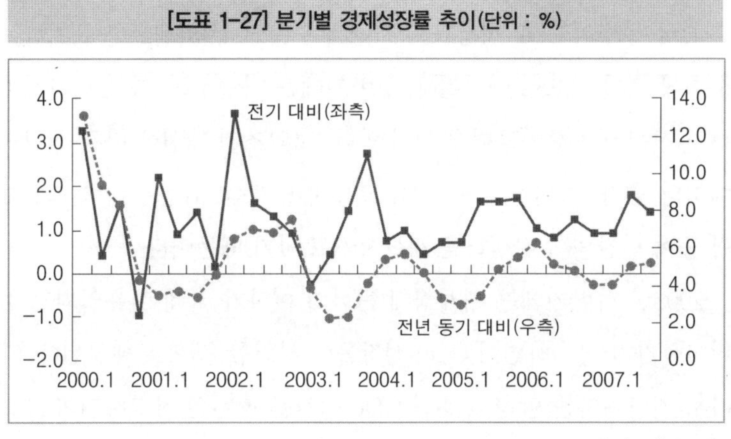

[도표 1-27] 분기별 경제성장률 추이(단위 : %)

(출처 : 한국은행)

2008년에는 내수부문이 수출 둔화 보완

IMF 체제가 들어선 이후 '나홀로 성장'을 계속하던 수출이 다소 둔화되면서 경상수지가 적자로 돌아설 것으로 예상되지만, 올해에는 내수부문이 이를 보완할 것으로 보인다. 뚜렷한 회복세를 보이는 민간소비, 3년간의 마이너스 성장에서 벗어난 건설투자 그리고 꾸준한 설비투자 증가세 모두 내수부문의 성장에 기여하고 있다.

만일 수출이 내수경기와 호응하는 현재의 추세가 오래 지속되기만 한다면 2008년에는 최근 5년 사이의 가장 높은 성장률을 보일 수 있으나 그 가능성은 대단히 낮다고 할 수 있다. 무엇보다 세계 경제가 뚜렷한 둔화 경향을 나타내고 있으며 세계 경제의 불확실성 확대로 경제주체들의 심리도 위축될 것이기 때문이다.

GDP 성장률은 지난 해 수준인 4.7~5.0퍼센트

결국 올해의 GDP 성장률은 지난해 수준인 4.9퍼센트를 유지하는 수준에 그칠 것으로 예상된다. 상반기에는 내수부문, 특히 민간소비를 촉진시키는 요인들이 늘어서 있다. 교역조건 개선에 따른 실질구매력의 증가, 소비심리의 개선, 고용지표 개선, 금융부채비율의 하락 등이 민간의 소비심리를 개선시키고 있기 때문이다.

2008년 하반기에는 세계경제 둔화의 여파가 국내로 유입되고 소비자물가가 상승하면서 GDP 성장률이 하락할 것으로 예상된다. 따라서 지난해와는 달리 2008년 GDP 성장률 패턴은 상고하저의 모습을 보일 것이다.

[도표 1-28] 국책·민간 연구소의 2008년 경제 전망

	GDP	내수부문			수출입		대외여건		주요 지표		
		민간 소비	건설 투자	설비 투자	수출 (통관)	수입 (통관)	두바이 유가	원달러 환율	소비자 물가	실업률	회사채 수익률
2007년	4.8	4.4	1.8	7.6	13.8	14.3	69	928.5	2.5	3.3	5.7
한국은행	4.7	4.3	2.8	6.4	11.6	13.4	81	–	3.3	3.2	–
삼성경제연구소	5.0	4.5	3.1	7.1	11.0	12.8	74.14	910.0	3.0	3.2	6.0
LG경제연구소	4.9	4.4	4.5	6.7	12.9	15.8	–	905	3.2	3.1	6.5
산업연구원	5.0	4.9	3.7	8.0	11.1	12.7	70.6	900대 초반	2.9	–	–
대신증권	5.0	4.7	5.0	6.5	10.53	11.83	–	910	2.8	3.2	–

〈의제 2〉 고유가와 GDP 성장률

- 새해가 시작되자마자 미국에서 원유가격이 한때 배럴당 100달러를 돌파했다는 소식이 들려왔다. 한국이 주로 수입하는 두바이유 가격도 1월 2일 현재 89.29 달러에 거래를 마쳐 지난해 평균가격 69달러에 비해 27.74퍼센트나 상승했다.

- 2005년에 골드만삭스가 제기했던 '유가 100달러 시대'가 2008년에 드디어 현실화되는 것이 아닌가 하는 우려가 높은 상황이다. 그렇다면 원유 도입 가격의 상승은 GDP 성장에 얼마나 영향을 미치는 것일까?

- 민간 경제연구소의 계산에 따르면, 원유 수입 가격이 연평균 10퍼센트 상승할 경우 GDP 성장률은 0.12~0.35퍼센트 감소하는 것으로 나타났다. 유가 상승에 따른 GDP 상승률 하락은 당해연도보다 그 다음해에 특히 크게 나타나는 것이 특징이다. 일단 소비자물가와 수출입물가가 상승하고 이로 인해 소비 둔화와 무역수지 악화, 투자 위축이 일어나면 순차적으로 GDP에 영향을 주게 된다.

- 한국은행은 민간경제연구소에 비해 올해 GDP 성장률을 약 0.3퍼센

트 가량 낮은 4.7퍼센트로 전망했다. 지난해 GDP 성장률 4.9퍼센트를 넘지 못한 것이다. 한국은행은 올해 원유 도입가가 81달러까지 치솟을 것이라고 전제함으로써 GDP 성장률을 낮게 책정한 것이다 (민간 연구소들은 유가를 배럴당 70~74달러로 지나치게 낮게 전망하면서 GDP 성장률을 더 높게 전망함).

• 2001년 이후 유가는 계속해서 연중 최고치 기록을 갱신해왔으나, 그 동안 한국의 에너지/금융당국은 연속해서 유가를 낮게 예상하는 실책을 범해왔다. 다행히 원화가 강세를 보이면서 달러화 표시 유가 상승의 효과를 감소시켜 경제에 큰 부담을 주지는 않았으나 올해에는 어떻게 전개될지 귀추가 주목된다.

점점 더 불안해지는 물가

2008년 소비자물가, 3.3퍼센트 상승 예상

올해 소비자물가는 2004년 이후 처음으로 3퍼센트대 초중반의 상승률을 기록할 전망이다. 2007년에 2.5퍼센트를 기록한 것을 감안할 때 비교적 높은 상승세로 평가할 수 있다. 이 수치는 한국은행의 물가안정 목표인 2.5~3.5퍼센트 범위를 벗어나지 않는 수준이지만, 악재가 겹칠 경우 상반기에는 3.5퍼센트를 초과할 가능성도 배제할 수 없다. 상반기에는 지난해 고유가의 여파로 유류제품과 채소류의 가격이 상승하고 개인서비스 물가가 상승하는 등 물가 상승 요인이 줄줄이 대기하고 있기 때문이다. 그러나 하반기에는 수입물가 상승 폭이 안정화되면서 물가상승률은 다소 하락할 것으로 보인다.

	2006년	2007년					2008년e)		
		1/4	2/4	3/4	4/4e)	연간e)	상반	하반	연간
소비자 물가	2.2 (2.1)	2.1 (1.5)	2.4 (0.5)	2.3 (1.1)	3.3 (0.5)	2.5 (3.5)	3.5 (1.9)	3.1 (1.1)	3.3 (2.9)
근원 인플레이션	31.8 (2.1)	2.3 (1.3)	2.3 (0.4)	2.3 (0.4)	2.4 (0.4)	2.4 (2.4)	2.8 (2.1)	3.0 (0.8)	2.9 (3.0)

주 : ( ) 내는 전기 말월 대비 (출처 : 한국은행, 2008년 경제 전망)

물가 상승의 일차 요인은 수입 확대

소비자 물가의 상승 원인은 수입물가의 상승이 주된 요인이다. 소비재의 약 36퍼센트를 수입하는 중국이 작년 하반기에 6퍼센트 이상의 물가상승률을 기록한 것이 큰 부담으로 작용한다. 중국 발 인플레이션의 여파는 올 상반기 한국 소비자물가에 직접적인 영향을 미칠 전망이다.

지난해 고공행진을 기록한 유가는 올 상반기에도 높은 수준에서 형성될 것으로 보이며 달러화 약세로 인해 원자재 가격이 높게 유지되어 있는 것도 부담이다.

내수 회복에 따른 총수요 압력은 더욱 증대

민간소비의 증가에 따라 총수요가 더욱 증대되는 것도 물가 상승에 영향을 미칠 것으로 보인다. 경제성장에서 내수가 기여하는 비중이 늘어나게 되면 전반적으로 수요가 늘어나서 물가를 상승시키게 된다.

2007년 상반기 소비자물가가 2.2퍼센트까지 안정되었던 것이 기저효과base-effect로 작용하여 올 상반기의 소비자물가 상승폭을 키울 것이다.

상반기에는 공공교통요금 및 광열비와 같은 유가 상승의 영향 아래 놓인 공공서비스 요금의 인상이 예상되고 개인서비스 요금도 인상될 것이다. 그 동안 총수요 압력과 비용인상 압력이 서로 상반된 움직임을 나타내면서 각각의 물가상승 압력을 상쇄하는 방향으로 작용해왔지만 지난해 하반기부터는 동시에 발생하고 있다.

<의제 3> 물가와 금리 정책

- 우리나라에서 물가관리의 최종적인 책임을 지고 있는 기구는 금융통화위원회(금통위)이다. 금통위는 주로 콜금리를 조정해서 물가 조정에 나서게 된다. 물가가 올라가면 콜금리를 높여 통화량을 줄이는 것이 기본적인 대응이다.
- 문제는 올해 금통위의 콜금리 정책이 통화 긴축에 나서기 어려운 요인들이 널려 있다는 점이다. 대외적으로는 미국 서브프라임 모기지 사태의 여파가 아직도 상존하는 상황에서 국내 금융기관들과 기업들이 자금 조달에 어려움을 겪을 전망이기 때문이다.
- 또 금리를 낮출 경우 원화가 절상될 가능성이 높다는 점이 큰 부담이다. 2008년에도 달러화 약세, 글로벌 유동성 축소, 엔캐리 트레이드 청산 등으로 환율변동성이 매우 클 것으로 예상되는 가운데 당국은 이를 최소화하는 데 정책의 초점을 맞출 것으로 보인다.

이상동_새사연 연구원

06

고용_
우리나라 **고용시장**의 현황과 전망

국내 주요 기관들은 올해 실업률이 3.2퍼센트로 호전될 것이라고 전망하지만 실제로 일자리 사정을 제대로 짚어보기 위해서는 실업률이 아닌 고용률을 살펴볼 필요가 있다.

2007년 고용률(15~64세 기준)은 전체적으로는 그 전년도와 변함이 없었다. 그러나 부문별로 변동 사항을 확인한 결과, 여성과 60세 이상의 노년층이 고용률 상승을 주도하고 10대와 20대 청년층이 고용률 급감을 경험하였다. 여성과 노년층은 취약 노동계층이므로 이들이 고용률 상승을 주도했다는 것은 지난해 불안정한 일자리의 상승률이 상대적으로 더 컸음을 의미한다. 한편 청년층 고용률의 감소는 한국 경제의 구조적 문제인 청년실업의 심각성을 다시 한 번 상기시키고 있다. 30대와 40대의 고용률이 상승한 점을 긍정적이라 할 수 있겠으나, 청년층 고용률의 감소를 고려한다면 '고용의 양극화'가 여전한 것으로 이해할 수 있다. 

고용률이 실업률보다 중요한 이유

먼저, 고용률의 정의를 간단히 보기로 하자. 고용률은 전체 인구 중에서 취업자의 비중을 뜻한다. 이 때 전체 인구라 함은 15세 이상을 말하는데, 그 이유는 생산가능인구의 기준을 15세로 정했기 때문이다. 취업자를 생산가능인구로 나누면 고용률이 구해진다. 고용률은 실업률, 경제활동참가율과 함께 가장 대표적인 고용지표로 사용되어왔다.

고용률의 특징은 실업률 지표와의 비교에서 명확히 드러난다. 고용률은 국가경제의 실질적인 고용창출 능력과 전체 일자리 현황을 파악하는 데 유리하다. 경제활동인구만을 선별해 대상으로 삼는 실업률과는 달리 '15세 이상 인구 전체'를 대상으로 하기 때문이다. 고용률에는 구직 단념자가 포함되어 있기 때문에 경제활동인구의 변동 때문에 일어나는 실업률 지표의 과소 추정 문제가 발생하지 않는다는 것도 장점이라 할 수 있다. 구직 단념자는 사실상의 실업자이지만, 공식 실업률에서는 이들을 포함하지 않고 있다. 또 계절적 요인에 영향을 덜 받는다는 장점이 있다. 예를 들어 졸업 시즌에 학생들이 일자리를 찾아 나서게 되면 실업률은 올라가지만(학생은 비경제활동인구로 분류되지만, 구직활동 중인 학생은 경제활동인구에 포함돼 실업률이 상승) 고용률은 변하지 않는다.

고용률이 실업률에 비해서 장점이 있는 것은 사실이지만 그렇다고 고용 현황을 파악하는 완벽한 지표라고 할 수는 없다. 먼저 대상이 너무 크다. 곧 비경제활동인구를 세부적으로 구분하지 않고 모두 포괄해 버린다. 비경제활동인구 중에는 여러 종류의 집단이 있다.

그럼에도 구직단념자의 경우처럼 일자리가 없어서 참여하지 않는 인구와 질환으로 인한 장기 휴직자 등 아예 취업이 불가능한 인구 그리고 예비 취업자인 학생을 구분하지 않는다.

무엇보다 결정적인 단점은 고용 상태의 질적인 변화가 분명히 드러나지 않는다는 데 있다. 예컨대 최근 비정규직이 늘어나고 있지만 고용률 지표로는 이 변화를 잡아낼 수 없다. 이런 문제점들을 해결하기 위해 부가적인 통계 조사가 실시된다. 부가 조사에서는 고용형태, 근속기간, 노동시간, 소득수준 등과 고용이동 등 질적인 변화를 파악한다.

> ※ 참고
>
> - 이 글에서 별다른 설명이 없는 경우 고용률은 15세 이상 전 인구를 대상으로 함. 국제적으로는 경제활동이 가능한 인구를 15~64세로 규정하고 있기 때문에 국제비교에서는 이를 따름.
>
> - 장기적인 비교를 위해 '구직기간 1주'를 기준으로 한 통계조사 데이터를 사용함. 우리나라 통계청은 국제적 비교를 위해 1999년부터 다른 주요 국가들과 마찬가지로 '구직기간 4주'를 기준으로 한 통계조사를 기본으로 사용하고 있음.

우리나라 고용시장의 현황과 특징

고용시장 현황

한국경제의 고용은 1997년 이전까지는 '석유파동으로 인한 세계경제의 불황기'(1980년대 초반)를 제외하면 안정적으로 성장하였으나

1997년을 기점으로 뚜렷한 변화를 겪었다. 신자유주의 금융자본이 경제를 주도하면서 고용의 정체가 일어난 것이다.

신자유주의가 본격 도입된 1998년부터 약 3년간 고용은 크게 후퇴하였는데 특히 IMF 구제금융을 받은 1998년에는 고용률이 무려 15퍼센트 가까이 하락하였다. 급격한 구조조정 와중에 국민들에게 일방적인 희생을 강요하는 고용구조 개편이 진행된 것이다.

경제구조 개편이 일단락된 이후 2002년까지 약 5년 동안 한국경제와 한국 국민들이 여기에 적응하면서 고용률이 다소 상승한다. 그러나 여전히 1997년 이전 수준을 회복하지 못한 채 60퍼센트대(15세 이상 전체인구 기준)를 밑돌고 있다.

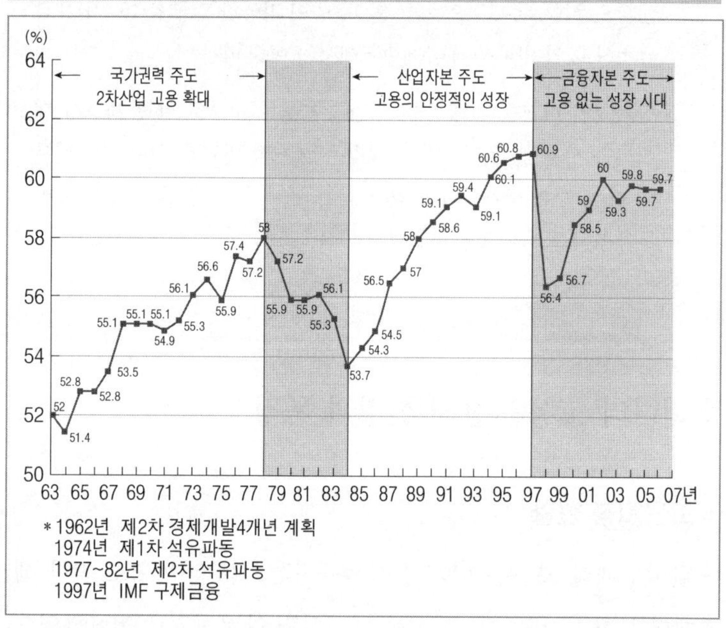

[도표 1-30] 한국 경제 고용률의 장기 시계열

주 : 구직 기간 1주 기준　　　　　　　　　　　　　　　(출처 : 통계청)

성별 고용률의 극심한 차이

우리나라 고용구조의 가장 고질적인 문제는 심각한 성별 고용률 격차다. 2006년 현재 성별 고용률 격차는 약 22퍼센트다. 이는 20년 전인 1986년에 비해 3퍼센트, 10년 전인 1996년에 비해 4퍼센트 줄 어든 것이다. 이런 현상의 이면에는 여성 고용률의 상승이라는 긍정 적인 측면과 남성 고용률의 하락이라는 부정적인 측면이 동시에 존 재한다.

이러한 고용률 변화의 중요한 계기가 된 것은 역시 1997년 외환 위기였다. 널리 알려진 대로 당시 대규모 고용조정이 있었고, 이때 남성 고용률이 급격히 하락했다. 당시 양산된 실업자와 구직 단념자 등의 대부분을 남성이 차지했기 때문이다. 한편, 여성의 경우는 고 용이 안정적으로 성장하던 1997년 이전에는 가사와 육아에 묶여 경

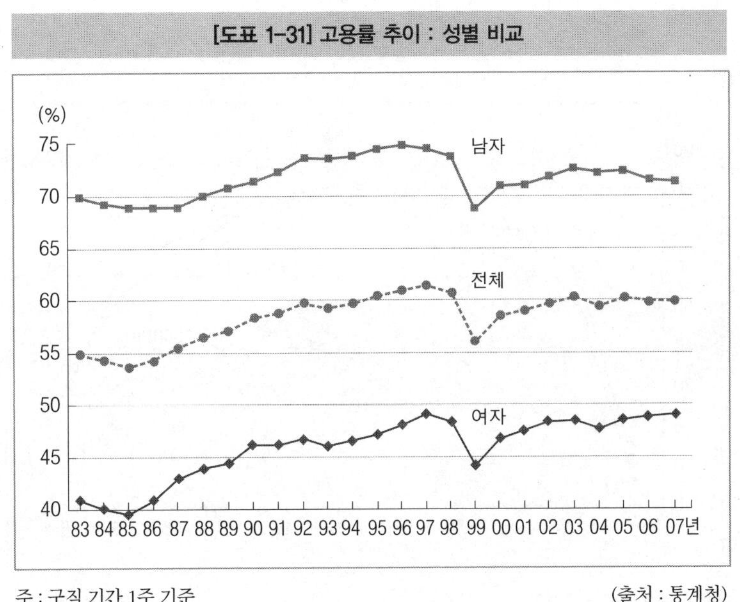

[도표 1-31] 고용률 추이 : 성별 비교

주 : 구직 기간 1주 기준　　　　　　　　　　　　　　　　(출처 : 통계청)

제활동에 나서지 못하다가 외환위기 이후 가계 소득의 보전을 위해 취업전선에 뛰어드는 경향이 늘었다.

연령별 고용률, 전형적인 호리병 모양

한국의 연령별 고용률을 보면 여느 자본주의 국가들처럼 중간 연령층의 고용률이 높다. 35~44세의 고용률이 가장 높고, 저연령층이나 고연령층으로 가면서 고용률이 급속히 떨어지고 있는 것이다.

연령별 고용률 측면에서 우리나라의 가장 큰 특징은 20대 후반의 고용률이 다른 국가에 비해 상대적으로 낮다는 점이다. 의무적인 군복무와 높은 대학원 진학률이 반영된 결과다.

IMF 외환위기는 연령대별 고용특징에도 변화를 가져왔다. [도표 1-32]의 고용률 분포에서 나타난 특징을 정리하면 다음과 같다. 첫

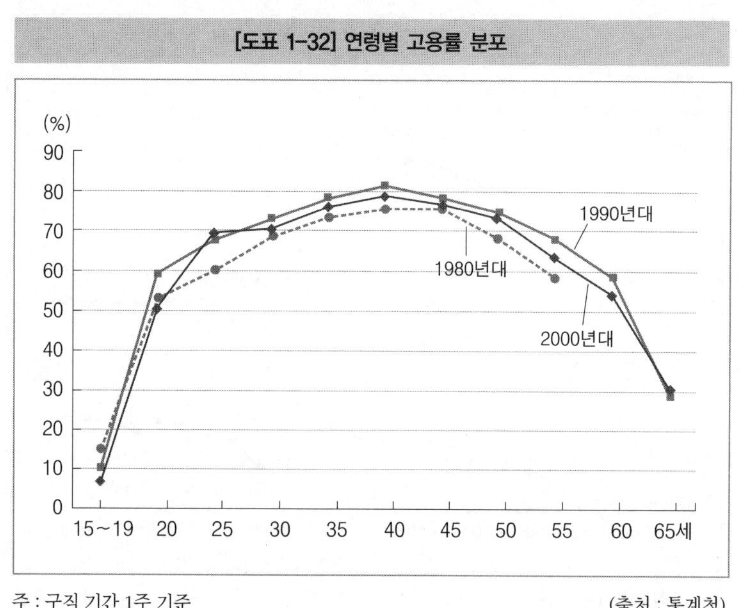

[도표 1-32] 연령별 고용률 분포

주 : 구직 기간 1주 기준　　　　　　　　　　(출처 : 통계청)

째, 10대를 제외하면 전 연령에서 고용률이 상승(1986~96년) 후 하락
(1996~2006년)하였으며, 20대를 제외하면 2006년 현재 1996년 수준
을 회복하고 있지 못하다. 둘째, 10대의 고용률은 지속적으로 하락
하고 있으며, 그 하락 폭이 가장 크다. 셋째, 20대 후반의 사회 진출
(최초 고용) 행태에 변화가 발생하였다. 24~29세 연령대는 외환위기
이전 수준의 고용률을 회복하였으나 이와 동시에 오히려 실업률이
높아지는 특이한 현상이 발생했다. 고용률과 실업률이 동반 상승했
다는 것은 보다 면밀한 분석을 필요로 한다. 넷째, 핵심 고용 계층인
30~40대의 고용률은 외환위기 이전 수준을 회복하고 있지 못하다.
다섯째, 50대의 고용률 하락폭은 10대에 이어 두 번째로 크다. 외환
위기 당시 이들 연령층에서 명예퇴직 등 노동시장에서의 퇴출이 가
장 많이 일어났음을 짐작케 한다.

고용률의 교육수준별 양극화 현상

우리나라 고용구조의 또 하나의 문제는 학력간 고용률 편차에 있
다. 일반적으로 학력이 낮을수록 고용률이 떨어져 초졸과 중졸의 고
용률은 40퍼센트를 갓 넘긴 수준에서 허덕이고 있다. 초졸과 중졸의
고용률이 지속적으로 하락하고 있는 가운데, 고졸은 약 63퍼센트 수
준, 전문대와 대학교 졸업 이상은 약 75퍼센트 수준에 고용률이 형
성되어 있다.

이들 중에서 IMF 외환위기 때 가장 큰 낙폭을 경험한 집단은 전
문대와 대학교 졸업 이상 학력자들이다. 이들 집단의 고용률은 외환
위기 이전 수준을 회복하지 못한 가운데 21세기 들어 75퍼센트 수준
에서 고착화되는 경향이 있다.

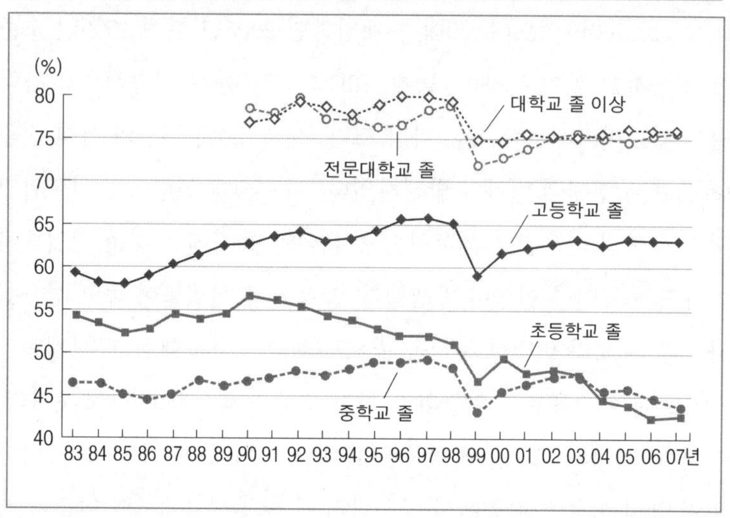

주 : 구직 기간 1주 기준　　　　　　　　　　　　　　　　(출처 : 통계청)

지역별 고용률, IMF 충격의 편차가 드러남

지역별로는 어떤 차이가 있을까? 수도권에 경제력이 집중된 것은 다른 지역의 고용률에 어떤 영향을 미칠까? 광역권별 고용률은 제주권이 가장 높고 강원권이 가장 낮다. 이들 두 지역은 취업이 쉬운 관광업이 활성화되어 있고 1차 산업 종사자의 비율도 높은 편이라는 공통점을 갖고 있는데 이러한 산업구조와 긴밀하게 연관된 결과로 보인다. 한 가지 흥미로운 사실은 제주권과 강원권의 고용률은 외환위기 이전을 능가했다는 점이다. 역시 산업구조와 연관된 결과라 할 수 있다.

다른 지역을 비교해 보면, 수도권, 경상권, 전라권 그리고 충청권의 순으로 고용률이 높게 나타난다. 인구가 적은 제주권을 제외하

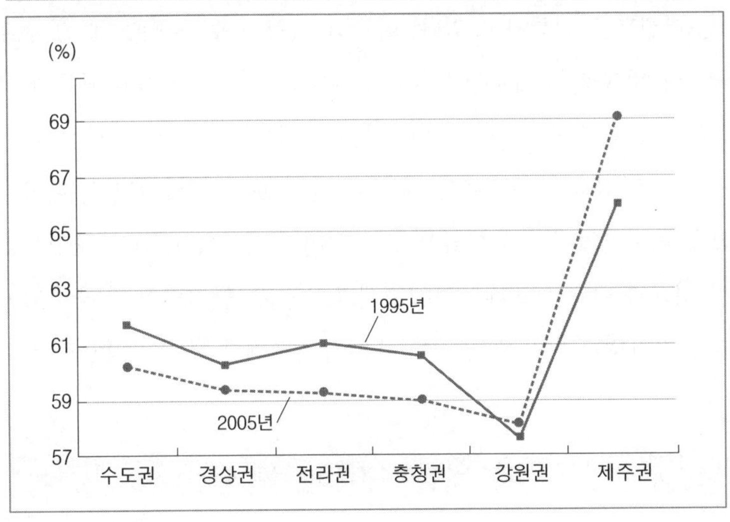

주 : 구직 기간 1주 기준   (출처 : 통계청)

면, 실질적으로는 수도권의 고용률이 가장 높다. 경제력을 갖춘 수
도권에 일자리마저 집중되어 있음을 알 수 있다.

외환위기의 충격은 수도권과 경상권에 비해 전라권과 충청권이
더 컸던 것으로 보인다. [도표 1-34]를 보면 이들 두 지역이 수도권,
경상권에 비해 외환위기 이후의 고용률 하락폭이 훨씬 크기 때문
이다.

고용률 국제 비교

전국 고용률

우리나라의 고용률은 대단히 낮은 편이다. OECD 평균인 66.1퍼

센트와 비교했을 때, 전국 고용률(15~64세 인구)은 여기에 못 미치는 63.8퍼센트를 기록하고 있다. 한국의 실업률(약 3.5퍼센트대)은 주요 국가와 비교했을 때(유럽 약 6~10퍼센트대, 미국 5퍼센트대) 월등히 낮음에도 결코 고용 사정이 낫다고 볼 수 없는 근거가 여기에 있다.

특히 선진국과 비교했을 때 이런 점이 보다 분명해진다. 한국의 고용률은 산업이 고도화되어 있는 영미계 국가(영국, 미국, 캐나다, 호주) 평균과 비교했을 때는 10.2퍼센트, 사회적 안전망이 잘 구축되어 있는 스칸디나비아 국가(노르웨이, 덴마크, 스웨덴, 핀란드) 평균과 비교

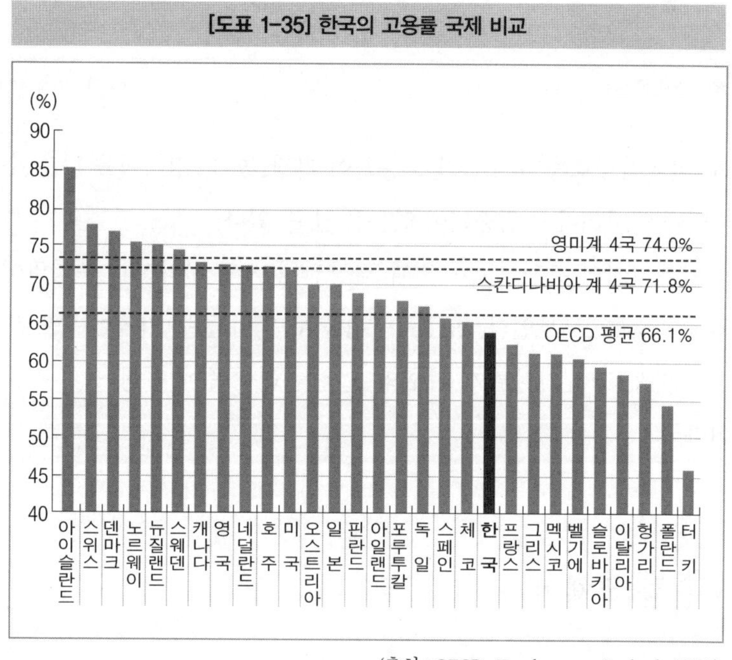

[도표 1-35] 한국의 고용률 국제 비교

(출처 : OECD, *Employment Outlook*, 2007.)

주 1) OECD 고용률은 각 국가에서 원 데이터를 받아 국가간 비교를 위해 다소의 조정을 거침
　　2) 영미계 4국 : 미국, 영국, 캐나다, 호주
　　3) 스칸디나비아계 : 네덜란드, 노르웨이, 덴마크, 핀란드

했을 때는 8퍼센트나 낮다. 이는 우리나라의 경우 구직 단념자와 학
생 등 비경제활동인구가 지나치게 많은 탓이다.

상대 고용률

이제 집단별 고용률을 다른 나라들과 비교해보자. 먼저 여성 고
용률(56.8퍼센트)이 영미계 국가(66.9퍼센트)와 스칸디나비아 국가(71.2
퍼센트)에 비해 크게 떨어짐을 알 수 있다. 한국의 고용률이 낮은 핵
심적인 이유는 바로 낮은 여성 고용률 때문이다.

청년층(15~24세)과 노년층(55~64세)의 낮은 고용률도 이들 국가
와의 고용율 격차를 낳는 요인이다. 청년층의 고용률은 43.3퍼센트
에 머물러 영미계 국가와 스칸디나비아 국가들에 비해 10퍼센트 이

[도표 1-36] 전체 및 상대 고용률의 국제 비교(단위 : %)				
	한국	OECD 평균	영미계 4국	스칸디나비아계
전국 고용률				
15~64세	63.8	66.1	74.0	71.8
상대 고용률				
성별　남성	74.6	75.6	78.0	76.6
여성	56.8	53.1	66.9	71.2
연령				
15~24세	43.3	27.2	58.5	55.3
25~54세	76.5	73.9	80.5	80.5
55~64세	53.0	59.3	57.6	57.4
교육수준				
중졸 이하	56.5	65.9	62.5	57.7
고졸	74.8	70.1	79.3	75.6
대졸 이상	84.1	76.8	86.0	85.1

(출처 : OECD, *Employment Outlook*, 2007.)

주 1) 영미계 4국 : 미국, 영국, 캐나다, 호주
　2) 스칸디나비아계 : 네덜란드, 노르웨이, 덴마크, 핀란드

상 차이가 난다. 노년층의 고용률 53.0퍼센트는 이들 국가에 비해
4.4~4.6퍼센트 낮은 수치다.

2008년 고용 전망

2007년 고용시장의 특징

2007년에는 15~64세 고용률이 64.0퍼센트로 전년과 동일해 고용 사정에 큰 변화가 없었던 것으로 평가된다. 참고로 2006년에는 전년에 비해 0.06퍼센트 상승한 바 있다. 65세 이상의 고용률을 따로 보면, 고용률이 약 1.4퍼센트 상승해서 노년층의 고용이 크게 늘어났음을 알 수 있다. 바로 전 해인 2006년에는 65세 이상의 고용률이 0.25퍼센트 감소했기 때문에 최근 3년 동안 노년층의 고용 변동이 심하게 일어나고 있음이 확인된다. 일반적으로 노년층은 임시 및 일용직 등 불안정한 일자리의 비중이 많아 경기 변동에 따라 고용 변화가 심하다.

그 밖의 연령대를 세부적으로 보면, 지난해에는 50대 노년층 고용률이 상승(0.4퍼센트)했으나, 청년층의 고용률이 큰 폭으로 하락(15~19세 1.2퍼센트, 20대 1퍼센트)한 것으로 나타났다. 30대와 40대 장년층의 고용률이 다소나마 상승한 것은 위로가 되고 있다(30대 0.3퍼센트, 40대 0.6퍼센트 상승).

지역별 고용률의 경우는 수도권이 정체, 경상권이 감소한 가운데 그 외 지역의 증가가 눈에 띈다.

<table>
<tr><td colspan="4">[도표 1-37] 2007년 고용률 변동 현황</td></tr>
<tr><td></td><td>2007년 (A)</td><td>2006년 (B)</td><td>증감 (A-B)</td></tr>
<tr><td>전체 고용률</td><td></td><td></td><td></td></tr>
<tr><td>   전체</td><td>59.92</td><td>59.83</td><td>0.09</td></tr>
<tr><td>   15~64세</td><td>63.98</td><td>63.97</td><td>0.01</td></tr>
<tr><td>상대 고용률</td><td></td><td></td><td></td></tr>
<tr><td>   성별 남자</td><td>71.37</td><td>71.46</td><td>-0.09</td></tr>
<tr><td>   여자</td><td>49.07</td><td>48.81</td><td>0.26</td></tr>
<tr><td>연령</td><td></td><td></td><td></td></tr>
<tr><td>   15~19세</td><td>5.56</td><td>6.83</td><td>-1.27</td></tr>
<tr><td>   20~29세</td><td>59.96</td><td>60.95</td><td>-0.99</td></tr>
<tr><td>   30~39세</td><td>73.38</td><td>73.08</td><td>0.3</td></tr>
<tr><td>   40~49세</td><td>78.23</td><td>77.59</td><td>0.64</td></tr>
<tr><td>   50~59세</td><td>69.14</td><td>68.75</td><td>0.39</td></tr>
<tr><td>   60세 이상</td><td>38.28</td><td>36.71</td><td>1.57</td></tr>
<tr><td>교육수준</td><td></td><td></td><td></td></tr>
<tr><td>   초졸 이하</td><td>42.71</td><td>42.41</td><td>0.3</td></tr>
<tr><td>   중졸</td><td>43.75</td><td>44.71</td><td>-0.96</td></tr>
<tr><td>   고졸</td><td>63.17</td><td>63.23</td><td>-0.06</td></tr>
<tr><td>   대졸 이상</td><td>75.84</td><td>75.80</td><td>0.04</td></tr>
<tr><td>   2년제 졸</td><td>75.87</td><td>75.45</td><td>0.42</td></tr>
<tr><td>   4년제 졸 이상</td><td>75.82</td><td>75.96</td><td>-0.14</td></tr>
<tr><td>지역</td><td></td><td></td><td></td></tr>
<tr><td>   수도권</td><td>60.27</td><td>60.26</td><td>0.01</td></tr>
<tr><td>   경상권</td><td>59.18</td><td>59.37</td><td>-0.19</td></tr>
<tr><td>   전라권</td><td>59.71</td><td>59.28</td><td>0.43</td></tr>
<tr><td>   충청권</td><td>59.65</td><td>59.0</td><td>0.65</td></tr>
<tr><td>   강원권</td><td>58.95</td><td>58.11</td><td>0.84</td></tr>
<tr><td>   제주권</td><td>69.98</td><td>69.14</td><td>0.84</td></tr>
</table>

주 : 구직 기간 1주 기준   (출처 : 통계청)

2008년 고용 전망 : 고용률에 큰 차이 없을 듯

작년 하반기 이후 고용사정이 나아지고 있다는 민간연구소들의 전망들이 있으나, 여러 가지 정황 상 속단하기에는 이르다. 안정적인 일자리가 증가할 것이라는 근거를 찾기가 어렵기 때문이다. 지난해 고용률 상승을 주도한 여성, 노년층 그리고 강원과 제주권은 공히 상대적으로 취약한 일자리가 많았다. 반대로 안정된 일자리를 주도하는 남성, 대졸 이상과 제조업 비중이 높은 수도권, 경상권의 고용률이 하락한 것은 고용사정이 질적으로 나아지지 않았을 가능성을 내포하고 있다. 따라서 올해에도 지난해까지의 추세가 이어진다면 고용률 변동에는 큰 변화가 없을 것으로 보인다.

또 지난해 고용률 상승을 주도한 여성 계층의 경우 (불안정한 일자리일망정) 올해에도 일자리는 늘어날 수 있겠으나 20대의 고용률 감소가 지속되면서 서로 상쇄될 것으로 보인다.

한편 올해 고용사정의 가장 큰 악재는 이른바 '비정규직보호법'의 적용범위 확대라 할 수 있다. 지난해 하반기에 이 법이 시행된 이후 상당수의 임시 및 일용 노동자들이 고용여건 개선 없이 외형만 상용 노동자로 바뀌는 경우가 발생했다. 이런 경우 고용률의 변화는 착시효과일 가능성이 크다.

결국 올해 고용의 관건은 취약 노동계층의 일자리 증가를 계속 유지하면서 다른 한편으로 지난해 크게 하락했던 10대와 20대의 고용률을 회복시키는 데 있다.

통일_ 북한 신년사 해설 및
남북/북미관계 전망

여경훈_새사연 연구원

예년의 기조를 거의 그대로 유지한 북한 대내정책과는 달리, 남북관계에서는 예전의 3대 과업 등 선언적 구호를 제시하지 않은 채 '10.4 선언의 이행'을 강조한 것을 주요한 특징으로 꼽을 수 있다.

작년과 마찬가지로 경제강국 건설을 최우선적 과제로 선정했으며, 최근 인민생활 향상과 과학기술 중시에 대한 국가적 관심이 '인민생활제일주의' '과학기술이 경제강국'이라는 새로운 구호로 등장했음은 주목할 만하다.

남북관계를 보면, 비핵화 2단계가 예정대로 진행되면 이명박 정부의 대북정책은 노무현 정부의 기조를 대체로 유지하겠지만, 북미관계가 난항을 겪게 되면 한미동맹 강화의 기조 속에서 대북압박 정책에 보조를 맞추는 보수적 기조로 정책이 재편될 것으로 보인다.

2008 신년사 키워드는 '10.4 선언 이행'

예년 기조 유지, 전망 목표 설정, 실리적 남북관계 예고

북한은 지난 해 2007년을 "부강조국 건설에서 커다란 전진이 이룩된 자랑찬 승리의 해"로 평가하고, 김일성 탄생 100주년이 되는 2012년에 강성대국 단계[1]에 돌입하겠다는 전망 목표를 제시하면서, 올해 2008년을 '역사적 전환의 해'로 규정하였다.

올해는 11기 최고인민회의가 종결되는 해로서(상반기 11기 6차 회의 예정), 하반기에 대의원 선거를 통해 구성되는 12기 최고인민회의

[도표 1-38] 최근 몇 년간 북한의 신년사 비교 ① : 총체적 목표

	2008	2007	2006	2005
작년 평가	자랑찬 승리의 해, 역사적 전환의 해	위대한 승리의 해, 격동의 해	보람찬 투쟁의 해, 거창한 창조와 변혁의 해	승리의 돌파구를 열어놓은 보람찬 투쟁의 해
올해 좌표	위대한 전환, 민족사적 경사의 해	위대한 변혁	전면적 공세	위대한 전변
핵심 구호	조국청사에 아로새겨질 역사적 전환의 해로 빛내자!	승리의 신심 높이 선군조선의 일대 전성기를 열어가자!	원대한 포부와 신심에 넘쳐 더 높이 비약하자!	일심단결하여 선군의 위력을 더 높이 떨치자!
서술 방향	정치사상― 국방―경제	경제―국방― 정치사상	정치사상― 국방―경제	정치사상― 국방―경제
키워드	경제강국 건설을 위한 총공격전	경제강국 건설을 위한 공격전	전면적 공세의 해	선군혁명 총진군
주요 일정	공화국 창건 60주년	김일성 95회 생일 김정일 65회 생일 인민군 창건 75주년	타도제국주의 동맹 80주년	당 창건 60주년, 조국광복 60주년

에서는 김정일을 국방위원장으로 다시 추대하고 11기부터 진행된 세대교체를 더욱 확대할 것으로 예상된다. 특히 "민족사적인 경사의 해"로 규정한 창건 60주년이 되는 9월 9일을 앞두고 어떠한 '행사'[2]를 보일지도 주목되는 부분이다.

주요한 특징으로는 예년의 기조를 그대로 유지한 대내정책과는 달리, 남북관계에서는 예전의 3대 과업 등 선언적 구호를 제시하지 않은 채, 10.4 선언의 이행을 강조한 것을 꼽을 수 있다.

강성대국 건설의 주공전선을 경제전선으로 설정

경제강국 건설의 기본 방향

경제 분야의 기본 정책 방향은 "인민경제의 주체성 강화와 최신 과학기술에 기초한 현대화를 통하여 자립적 민족경제의 우월성과 생활력을 전면적으로 발양"하는 것으로 설정하였으며 이를 위한 세 가지 원칙으로 현대화, 효율성, 대외경제 확대 등을 내세우고 있다.

1. 현대화 : 경제구조의 특성을 살리면서 인민경제를 기술적으로 개건해 나가는 원칙
2. 효율성 : 최대한의 실리를 보장하면서 인민들이 실질적인 덕을 보게 하는 원칙
3. 대외무역 및 투자유치 강화 : 내부의 원천과 가능성을 남김없이 동원하는 것을 기본으로 하면서 대외관계를 발전시키는 원칙

	2008	2007	2006	2005
[도표 1-39] 최근 몇 년간 북한의 신년사 비교 ② : 경제 분야				
작년 평가	새로운 비약을 이룰 수 있는 전망	새로운 비약의 발판 마련	최근 몇 해 동안 해놓은 일보다 더 큰 성과	최근 년에 볼 수 없었던 생산적 앙양
올해 목표	인민생활에서 실질적인 전환이 일어나는 보람찬 해	부강조국 건설 구상이 더욱 활짝 꽃펴나는 해	경제건설과 인민생활 향상의 결정적 전환	경제건설과 인민생활 향상의 결정적 전환
우선 순위	기간-농업-경공업	농업-경공업-기간	농업-기간-경공업	농업-기간-경공업
중요 과업	인민생활 실질적 전환	인민생활 향상 경제 현대화	경제의 개건, 현대화	농업에 총집중
키워드	인민생활제일주의	지식	새 출발, 혁신	농업

인민경제 선행 부문을 최우선순위로 설정

북한은 제3차 경제개발 7개년 계획(1987~93년)의 실패와 고난의 행군 이후 중장기 계획을 수립하지 않는 대신, 2003년 이후 부문별 3~5개년 계획을 통해 현대화와 산업구조조정을 실시해오고 있다. 따라서 신년사에서 밝히는 투자 우선순위는 중기계획과 밀접히 관련되어 있다. 예를 들어 작년까지 3년 연속 농업부문을 우선순위로 설정한 것은 2003년부터 시작된 '알곡 800만 톤 생산 5개년 계획'(2003~07년)과 연관이 있다.

전력, 석탄, 금속, 철도 등의 선행부문을 우선하겠다는 방침은 2004년 이전으로의 복귀를 의미하며, 올해는 '기간공업과 농업에서의 3년 연속 계획'(2006~08년)의 마지막 해로서 선행부문에 총력을 기울여 계획을 완수하겠다는 의지를 표명한 것이다.

인민생활제일주의 천명

'제일주의'[3]는 당이 제기하는 당면한 최우선적 과제를 상징적으로 표현한 말로서, "인민생활제일주의에는…… 우리 당의 확고부동한 결심과 의지"의 반영이라고 주장하였다. 인민생활과 직접 관련이 있는 부문은 농업과 경공업으로서 여전히 "식량문제를 해결하는 것보다 더 절박하고 중요한 과업은 없다"고 표현한 것으로 보아 작년 수해의 피해복구는 완료된 상태이나 농업에 미친 피해는 막대한 것으로 추정된다.[4]

"과학기술이 경제강국이다"라는 새로운 구호가 등장한 점도 눈여겨 볼 필요가 있다. 올해부터 2012년을 목표로 하는 '제3차 과학기술발전 5개년 계획'이 시작되는 것을 반영한 구호라 하겠다.

경제적 실리의 내용에서 의미 있는 변화 예상

'실리'란 경제적 효과성(지출 대비 효과)를 말하며, 실리의 크기는 경제 활동(특히 기업 운영)의 평가 기준을 의미한다. 최근 번수입(순소득＝임금＋이윤＋세금) 체계에서 임금을 뺀 사회순소득(이윤＋세금)으로 평가기준을 변경할 것을 제안하는 문헌들이 꾸준히 제기되고 있다.[5] 이는 기존의 순소득 체계에는 임금이 포함되기 때문에 노동력을 효율적으로 활용하고 생산 조직을 개편할 유인이 부족한 한계를 인식했기 때문인 것으로 보인다.

남북관계와 신정부의 대북정책

10.4 선언 이행 강조

북한은 올해 신년사에서 10.4 선언을 "민족의 자주적 발전과 통일을 추동하는 고무적 기치이며 6.15 공동선언을 전면적으로 구현하기 위한 실천 강령"으로 규정하였다. 이명박 정부의 등장 이후, 2006년부터 제기한 남한 내 '반보수대연합'과 3대 과업 등의 구호가 사라지고, 10.4 선언의 이행을 강조한 것은 대선 이후 변화된 정세를 반영한다.

신년사에서는 "10.4 선언을 철저히 이행함으로써 대결 시대의 잔재를 털어버리고 남북관계를 명실 공히 우리민족끼리의 관계로 확고히 전환시키며 평화번영의 새로운 역사를 창조"하고, "주의주장과 당리당략을 떠나 민족의 대의를 앞에 놓고 굳게 단합"할 것을 강조하였다. 이는 이명박 정부의 대북정책의 기조가 '통일을 지향하는 평화 협력적 관계'로 설정되기를 내심 기대하지만, 만일 이명박 정부가 '분단을 관리하는 현상 유지적 관계'를 지향할 경우 실리적 대남정책을 실시할 것이며, 북측 입장에서 판단의 준거는 10.4 선언에 대한 신정부의 태도와 이행 여부라는 메시지라고 볼 수 있다.

대북정책에서 이명박 정부의 운신 폭은 좁아

북한 핵문제는 경제적 불확실성과 관련한 중요한 대외변수로서 정책의 최대 목표를 '경제성장'으로 설정한 이명박 정부는 노무현 정부의 집권 초기처럼 핵문제가 대내외정책을 제약하는 구조를 가급적 배제하려 할 것으로 예상된다. 2007년까지 완료하기로 했던 비핵화 2단계(핵불능화 – 테러 지원국 해제) 과정의 이행 지체와 불투명은 이명박 정부 취임 이후 4월 총선까지 정책선택의 폭을 제약하는 요인으로 작용할 것이다.

미국의 대한반도 정책의 최우선적 과제가 '핵폐기'라고 할 때, 이명박 정부의 대북정책 변화가 핵불능화 과정의 변수로 등장하는 것을 사전에 막기 위해 미국의 협상파들은 이명박 정부의 대북정책 기조가 북미관계에 조응하도록 견제할 것으로 보인다.

신정부의 대북정책 기조

남북관계의 역사로 볼 때, 한나라당이 과거와 같은 엄격한 상호주의, 인권문제 해결 등을 요구할 경우 남북관계가 경색될 것은 불을 보듯 뻔하다. 이명박 정부의 잠정적인 대북정책은 핵폐기와 경제협력 병행 전략이며, 북미관계와 총선까지 진행될 당내 헤게모니 갈등에 따라 기조가 잡힐 것으로 예상된다. 결정적 변수인 비핵화 2단계가 예정대로 진행되면 이명박 정부의 대북정책은 노무현 정부의 기조가 대체로 유지될 것으로 전망된다.

그러나 만약 북미관계가 난항을 겪게 되면 이명박 정부는 대북정책 부재의 한계를 심각하게 노출하며, 한미동맹 강화의 기조 속에서 대북압박 정책에 보조를 맞추는 보수적 기조로 정책이 재편될 것이다. 이럴 경우 북한의 대남정책 또한 대결과 실리를 병행하는 전략으로 수정될 전망이다.

또 한나라당 당내 갈등 상황에서 10.4 선언 이행의 재검토 또는 속도조절론 등을 요구하는 목소리가 나온다면, 서해평화협력지대나 철도, 도로 개보수 등은 차질을 빚을 가능성이 매우 크다.

비핵화 2단계 이행(북미관계) 평가와 전망

북미관계 난항의 구조적 요인

이면합의와 6자회담을 통한 공식합의의 모호함 때문에 북미관계는 구조적으로 난항을 겪을 수밖에 없다. 1~2단계 비핵화 행동조치는 이면합의(1월 베를린 합의와 9월 제네바 합의)에 따라 6자회담 공식합의가 이루어진 공통된 특징을 보이는데, 대국이라는 미국의 명분(체면)과 미국 내부의 분파적 갈등에서 비롯되고 있다. 따라서 지난 1990년대 베를린 합의 파기에 따른 불신의 역사적 유산을 지니고 있는 북미관계에서, 2단계 행동조치에서 요구되는 테러 지원국 해제와 에너지 지원 이행에 미국이 소극적일 경우 난항을 겪을 수밖에 없는 구조적 상황이다.

상반기 북미관계 전망 불투명

미국의 대북 강경파들은 이명박 정부의 등장을 기회로 '핵 프로그램', 특히 우라늄 농축 프로그램 신고 문제를 제기하며 현 부시 행정부의 대북정책의 수정을 요구할 것이며 이는 또 다시 미국 내 분파의 대립을 초래할 것으로 예상된다. 그러나 핵을 보유한 북한 입장에서는 동시행동에 대해서 추호도 양보할 의사가 없으며, 만일 부시 행정부가 테러 지원국 해제는 소홀히 한 채 핵폐기를 압박하거나 강경파들의 목소리가 커질 경우 BDA(방코델타아시아 은행) 문제처럼 핵문제는 또 다시 일시적으로 난항을 겪을 것으로 예상된다.

그러나 상반기 비핵화 2단계 이행이 순조롭게 마무리되고 미국의 협상파가 계속 주도권을 쥐게 되면 4자 정상회담 또는 부시 대통령

의 평양 방문 논의가 점차 수면 위로 떠오를 것이며 부시 대통령의
임기가 종료되는 하반기에 현실화될 수 있을 것으로 예상된다. 따라
서 미국 내 분파 주도권의 향배와 비핵화 2단계의 이행(특히 테러 지
원국 해제) 여부가 향후 북미관계와 남북관계를 결정하는 핵심 변수
가 될 것이다.

1 지난 해 11월30일, 평양에서 15년 만에 열린 전국 지식인 대회에서 당 중앙위 비서인 최태복은 "2012년에는 기어이 강성대국의 대문을 열어야" 한다며 '2012년 강성대국론'을 제기하였다(노동신문/11/31). 신년 사설에서는 "우리 경제와 인민생활을 높은 수준에 올려놓음으로써 2012년에는 기어이 강성대국의 대문을 여는 것이 우리 당의 결심이고 의지"라고 밝혔다.

2 북한은 10년 전인 1998년 8월3일 김정일을 국방위원장에 다시 추대하고, 9월 9일 공화국 창건 50주년을 앞두고 8월31일 인공위성을 발사하여 세계를 깜짝 놀라게 한 적이 있다.

3 지난 1993년 혁명적 경제전략(농업, 경공업, 무역 제일주의), 2002년 4대 제일주의(수령, 사상, 군대, 제도) 등에서 등장한 적이 있으나, 인민생활제의주의라는 용어는 처음 등장하였다.

4 작년 여름 수해(8/7~14)에 대해 조선중앙통신은 농작물 파종 면적의 11퍼센트(8/14), 피해 규모는 2006년의 10배(8/23), 20만여 정보의 농경지(8/27, 전체의 14퍼센트)가 피해를 보았다고 보도하였다.

5 한충석은 2006년《경제연구》1호에서 종업원 1인당 소득을, 김재서는 2007년《김일성학보》3호에서 사회순소득을, 평가 기준 또는 실리의 크기로 규정해야 한다고 주장하였다.

동아시아_ **주요 이슈**와 전망

쯔지모토 도시코_새사연 연구원

2008년 동아시아에서 가장 주목받을 나라는 역시 베이징 올림픽 개최를 앞두고 있는 중국이다. 그러나 중국에 대한 우려 섞인 전망도 존재한다. 세계 주요 연구소나 언론매체는 대체로 2008년 아시아의 경제 성장이 정체되는 등 지금까지의 두드러진 모습에 제동이 걸리게 될 것으로 보고 있다. 2008년 초 세계은행은 올해 세계 경제 성장률이 둔화되면서 주요 선진 국가에 큰 영향을 미치게 될 것이라며 다가올 위기를 경고했다.

아시아 경제도 미국 경제의 쇠퇴로 인해 성장이 정체될 것으로 보인다. 그뿐 아니라 석유를 비롯한 원자재 가격 상승으로 인한 인플레이션의 심화, 지구온난화로 인한 기후변동 빈발 등 경제성장을 멈추게 할 여러 불안정 요소들도 존재한다.

미국 경제의 불안이 아시아 경제에 미칠 영향

　서브프라임 모기지 위기가 아시아 경제에도 영향을 미쳐 2008년 경제 성장은 전반적으로 억제될 것으로 보인다. ADB(아시아개발은행)가 발간한 《아시아 경제 모니터 2007》(Asia Economic Monitor 2007)에 따르면 2007년 동아시아의 경제성장률은 중국과 ASEAN의 급성장을 배경으로 2006년의 7.9퍼센트를 훌쩍 넘긴 8.5퍼센트를 기록했으나, 2008년에는 8.0퍼센트로 떨어질 전망이다. 중국 경제의 성장 추세도 다소 정체될 것으로 보이며, 2007년의 성장률인 11.4퍼센트에서 2008년에는 10.5퍼센트까지 떨어질 전망이다.

　모건스탠리Morgan Stanley의 로치Stephen S. Roach는 "서브프라임으로 인한 혼란은 아직 시작 단계일 뿐"이라고 말했다. 지난 수십 년 동안 세계 경제는 미국의 막강한 소비력에 의해 유지되어 왔으며, 미국의 소비력은 세계 GDP의 약 20퍼센트에 해당하는 규모다. 그러므로 미국의 소비력 저하는 수출주도형 성장을 이루어 온 아시아에는 치명적이라고 볼 수 있다.

　현재 아시아 전체의 수출비중은 세계 GDP의 45퍼센트를 넘어섰으며, 특히 중국 수출의 21퍼센트가 대미 수출이다. 세계 경제 또는 미국 경제와의 연관성이 크다는 뜻이다. 최근 아시아 지역 내 무역 활성화의 필요성이 제기되고 있고, 또 미국 경제 불안정성의 영향력에서 벗어나기 위한 대안으로 지역간 네트워크 형성의 필요성도 제기되고 있지만, 실제로는 중국을 중심으로 한 공급네트워크가 형성되고 있을 뿐이다. 대부분 중국이 일본이나 한국, 대만, ASEAN 등 주변국가에서 전자기기나 원자재를 수입한 뒤 가공·조립을 거쳐 미

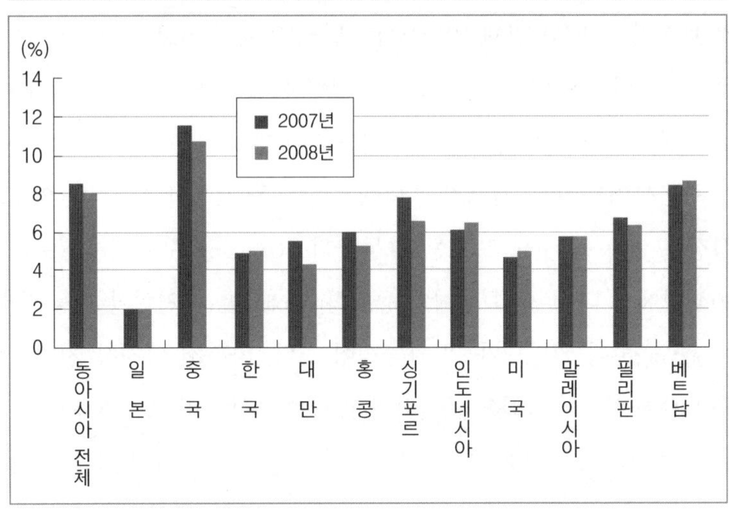

(출처 : Asian Development Bank, *Asia Economic Monitor 2007* ; 일본무역진흥회JETRO·
아시아경제연구소IDE · JETRO,《2008年東アジアの経済見通し》를 참조하고 재구성함.)

국으로 수출하는 방식을 취하고 있어 지역내 완결성은 여전히 취약
하다.

따라서 미국의 소비가 계속 줄어들 경우 아시아경제는 치명적
타격을 입게 되며, 특히 중국에 원자재, 중간재를 수출하고 있는 일
본은 큰 타격을 입을 것이다. 일본무역진흥회JETRO와 아시아경제
연구소의 2008년 일본 경제 전망에 따르면 2008년 성장률은 2007
년의 2퍼센트를 더욱 하회하는 1퍼센트 후반대를 기록할 것으로 전
망된다.

일본총합연구소는 2008년 국내 기업 파산 건수가 대폭 증가할
것으로 보고 있다. 대만이나 한국은 일본에 비해 타격이 덜할 거라
하지만, 미국과 중국의 경기 후퇴 영향과 무관하지는 않을 것이다.

또 달러의 평가절하와 아시아 통화의 평가절상이 이루어질 것으로 보인다. 그러나 현재 1억 4000만 달러로 세계 최고 외환보유국인 중국경제의 불안이 우려되고 있는 것이 사실이다. 세계의 과잉유동성 자본이 중국으로 흘러들어가 거품 상태에 있기 때문이다.

최근까지는 미국 경제가 후퇴해도 중국을 비롯한 신흥국가의 고성장은 계속될 것으로 보는 탈동조화decoupling론이 대세였으나, 2008년에는 다시 세계 경제의 동조화coupling를 재인식할 재동조화 recoupling론이 키워드가 될 가능성이 크다. 따라서 아시아 지역 내 무역 네트워크의 강화와 분산화가 과제로 나설 것으로 예상된다.

석유·원자재 가격 상승에 따른 인플레이션 위험

전세계적으로 달러 가치의 하락과 동시에 석유, 식품, 금 등 기타 1차산품의 가격이 대폭 상승중이다. 2008년 1월 3일에는 국제유가가 사상 최초로 배럴당 100달러를 돌파하기도 했다. 이러한 경향은 올해에도 계속될 것으로 보이며 에너지나 1차산품 값은 사상 최고가를 기록할 전망이다.

세계의 생산기지로서 아시아에서도 에너지, 원자재 가격 상승은 심각한 양상을 띠고 있으며, 최근 몇 개월 사이 ASEAN과 기타 동아시아 국가에서 인플레이션이 급격히 진행되고 있다. 우선 싱가포르, 중국, 대만, 홍콩 등에서 인플레이션이 나타나고 이어 한국, 베트남도 2005년 이후 높은 인플레이션율을 보여주고 있다. 아시아 지역의 인플레이션율은 지난 2007년 10월에 이미 5.2퍼센트에 달했는데 이

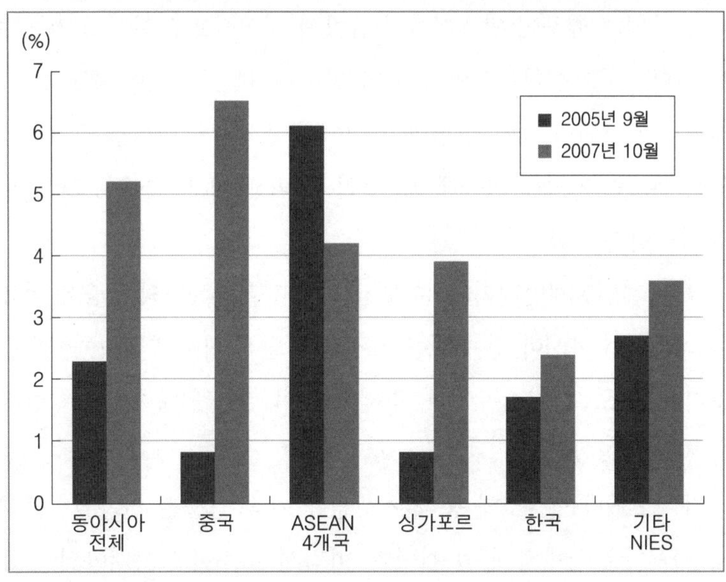

(출처 : Asian Development Bank, Asia Economic Monitor 2007을 참조하고 재구성함.)

주 : ASEAN 4개국은 말레이시아, 태국, 인도네시아, 필리핀을 의미함.

는 2005년 10월의 1.9퍼센트와 비교해 심각한 수준이다.

현재 중국에서도 심각한 인플레이션이 진행 중이며, 그 배경에는 돼지고기, 쌀, 소맥, 식용유 등 1차산품 가격 상승, 원자재에 대한 국내 수요의 급증, 노동시장의 긴축, 외화 유입 강화 등이 자리하고 있다. 2007년 11월에는 11년만의 최고 인플레이션률인 6.7퍼센트를 기록해 2007년 전망치인 3퍼센트를 크게 웃돌았다. 2008년에는 4.2 퍼센트 정도의 인플레이션률이 예상되고 있는데 중국 중앙은행은 인플레이션 완화 대책으로 올해 긴축정책을 강화할 것을 선언한 바 있다.

기타 국가들의 경우는 현재 중국에 비해 어느 정도 적응 가능한 수준이라고는 하지만 투입 가격이 상승하며 생산비와 투입비용 폭이 좁아지기 때문에 인플레이션 압박이 지역적으로 확산될 가능성이 크다. 가령 싱가포르의 2008년 인플레이션률은 3.9퍼센트가 될 것으로 전망되며, 중국과 함께 아시아의 생산기지 역할을 담당하고 있는 인도는 지난해 인플레이션률인 4.3퍼센트보다 높은 4.7퍼센트로 상승할 전망이다.

또 국제연합개발계획UNDP 보고서에 따르면 유가의 상승은 석유에 의존적인 아시아 경제에 큰 타격을 끼칠 것이라고 한다. 특히 캄보디아, 라오스, 필리핀 등이 경제 기반이 취약해 대책이 시급하다고 지적하고 있다.

돼지고기나 쌀, 소맥 등 기초생필품 가격 상승은 일반서민들의 생활을 더욱 압박하게 될 것이며, 따라서 2008년 동아시아의 주요 의제는 성장 담론보다도 인플레이션 완화 등 경제의 안정화에 초점이 맞춰질 것으로 보인다.

지구온난화에 대한 지역적 의제 활성화

아시아의 안정적인 경제 성장에 위협이 되고 있는 것이 지구온난화로 인한 기후변동이다. 2007년 11월에 방글라데시에서 3500명 이상의 희생자를 낳은 사이클론 피해를 보아도 알 수 있듯 지구온난화의 영향이 해마다 심각해지고 있다.

동아시아 지역은 해변에 거주하는 인구가 많을 뿐 아니라 그들의 대다수가 빈곤층에 속해 있어, 방글라데시의 사이클론 피해는 더 이상 남의 일이 아니다. 지구온난화 피해의 축도이자 동아시아의 미래를 암시하고 있다고 보아야 할 것이다.

특히 중국의 환경오염과 이산화탄소 배출량은 이미 심각한 상황으로, 2008년에는 미국의 배출량을 넘어설 전망이다. 지난 2007년에는 중국의 평균기온이 사상 최고치를 기록하는가 하면 중국내 빙하도 과거 5년 사이에 약 7.4퍼센트 감소했다고 한다. 중국 정부의 지구온난화 대책이 조금씩 세워지고는 있으나 가까운 미래에 대규모 재앙이 발생할 것이라는 우려가 제기되고 있다.

2008년은 교토의정서 메커니즘이 작동되기 시작하는 해이고, 2007년 12월에 발리에서 열린 유엔기후변화회의에서는 교토의정서 이후 2013년 시행을 목표로 미국과 중국도 참여하는 국제적 틀을 마련하기 위한 '발리 로드맵'이 채택되었다. 2009년까지 교토의정서 이후의 국제적 합의를 마련할 수 있을지 주목된다.

2008년 7월 일본에서 개최될 G8(선진 8개국) 정상회담에서는 지구온난화 대책이 주요 의제가 될 것으로 보이며, 특히 지구온난화 피해국가 지원이나 중국·인도를 포함한 아시아 지역의 이산화탄소 배출억제책에 대해 한층 진전된 논의가 전개될 것을 기대한다.

세계질서의 개편과 동아시아

미국 달러의 가치 저하와 세계적 인플레이션 현상은 지역블록화를 촉진하는 요인으로 작용할 것으로 보인다. 현재 중앙아시아를 중심으로 세계 권력 지형도가 급속히 변화하고 있는 점을 주목해야 한다. 고유가에 힘입어 GCC(페르시아만안협력회의)를 중심으로 한 중동 지역의 이슬람권이 힘을 얻고 있다. GCC는 본래 미국의 주선으로 결성되었지만 최근 강한 반미 성향을 보이는 이란과의 관계를 강화하면서 페르시아만안 경제권으로 발전하고 있다. 이 지역은 세계 원유의 40퍼센트 이상을 산출하는 곳으로 향후 세계경제의 중요한 축으로 성장할 것으로 보인다.

지난 2007년 12월 도하에서 열린 GCC의 6개국 정상회담에서 2010년까지 6개국의 통화 통합을 실시할 것을 재확인한 바 있다. 또 같은 해 12월 이란은 석유를 미국 달러로 결제하는 것을 강력히 거부하고 나섰다. 만일 이들 중동 산유국들이 달러를 대체할 통화를 확보하고 이를 실현에 옮길 경우 세계 기축통화로서의 달러의 힘은 더욱 약해질 전망이다.

GCC의 오일머니oil money는 아시아의 동쪽에 자리한 이슬람 국가들에까지 흘러들어가 파키스탄이나 아프가니스탄, 인도 그리고 말레이시아나 인도네시아 등 동남아시아 이슬람국가들과의 경제 제휴를 강화시킬 것으로 보인다. 결국 고유가를 등에 업은 GCC를 중심으로 중동이 하나의 축으로 통합되면 중국, 러시아에 이은 또 하나의 세계의 축으로 부상할 가능성이 크다. 러시아, 중국, 이란, 인도로 이어지는 '유라시아 동맹'의 가능성은 이러한 배경에서 제기되고 있는 것이다.

이와 같이 GCC가 세계의 한 축이 되면 러시아와 중국, EU 그리고 통합된 중동 등이 독자적 영향력을 발휘하는 다극적 세계로 재편될 가능성이 크다. 이럴 경우 동아시아도 자극을 받아 독자적인 지역통합을 추진할 것이다. 현재 중국을 주도로 한 동아시아 통합의 움직임이 가시화되고 있다. 중국은 향후 ASEAN이나 일본, 남북한과의 통화 통합이나 경제블록 건설에 적극적으로 나설 것으로 보이며, 나아가 동아시아 지역의 경제 통합을 추진하려는 움직임도 한층 가시화될 전망이다.

또 한편으로는 이슬람 경제권의 강화와 함께 나타나는 미국의 약체화는 이슬람 강경파 세력의 부흥을 일으킬 우려가 있는 것도 사실이다. 최근 파키스탄에서 발생한 부토 전 총리에 대한 자살 폭탄 테러에서 드러나듯 세계적으로 알카에다나 탈레반 등 이슬람 강경파 세력의 테러가 활발해지고 있다. 말레이시아나 인도네시아 그리고 필리핀 등 이슬람 인구가 많은 동아시아도 이 문제와 무관하지 않아 보인다. 따라서 이슬람 강경파에 의한 무차별적 공격으로부터 시민들을 어떻게 보호할 것인가 하는 점도 중요한 과제가 아닐 수 없다.

새 정부의 탄생과 한·중·일 관계의 재구축

일본의 고이즈미 총리 시절에 야스쿠니 신사 참배를 계기로 발생한 일본과 중국, 한국 사이의 정치적 긴장관계는 후임 아베 총리도 불식시키지 못했으나, 앞으로는 한국과 일본의 새 정부 출범과 대아시아 외교중시 노선을 계기로 크게 변할 것으로 보인다.

이명박 대통령은 탈이념과 경제 우선주의를 기조로 실용노선을 걸을 것으로 보이며, 대외정책은 한미동맹의 견지와 국제협력의 강화가 중심이 될 것으로 보인다. 곧 한·중, 한·일 관계도 상호협력의 틀을 마련하는 방향으로 나아갈 것이다.

일본의 후쿠다 총리는 그의 아버지인 후쿠다 타케오 전 총리의 '후쿠다 교의'(주변 아시아 국가와 우호적 및 평화적 관계 구축을 추진함)를 대외 정책의 기본으로 삼아 일미동맹을 바탕으로 한국이나 중국 등 아시아 국가들과의 관계를 중요하게 여기고 있다. 곧 미국과의 동맹 강화에 힘을 기울인 고이즈미-아베 전 정권과는 차별성을 가지고 있는 것이다. 대북한 정책에 있어서도 과거 정권의 강경노선을 수정하고 대화노선을 최우선으로 삼을 것을 약속했다. 또 동아시아에서 사실상 경제통합 진행을 인정하고, 이를 가속화하기 위한 지역 국가 지도자들의 정치적 결단을 외치고 있기도 하다.

이명박 대통령 역시 미국과의 관계를 유지하면서도 주변 아시아 국들과의 관계를 강화하려는 자세를 보이고 있어 후쿠다 총리의 노선과 통한다고 볼 수 있다.

중·일 관계 역시 긴밀해지고 있다. 2007년 12월 말 후쿠다 일본 총리가 후진타오 중국 국가주석을 방문해 양국 관계를 강화할 것을 합의했다. 2008년 4월에는 후진타오 국가주석이 일본을 방문할 예정이다. 중국은 후쿠다 전 총리의 아들인 현 후쿠다 야스오 총리에 두터운 신뢰를 기울이고 있는 것으로 보인다. 일본으로서는 중국과 적절한 관계를 유지하지 않고서는 동아시아에서는 물론 세계에서 지도적 역할을 수행하는 데 한계가 있음을 절감하고 있고, 중국 역시 일본의 자본과 기술을 흡수해야 하는 상황이다. 중국은 또 중·미·일 군사동맹의 강화와 점차 가까워지는 일본-대만 관계의 적절한 제어 등을 위해서도 대일관계 개선을 필수 과제로 여기고 있다.

중국은 후진타오 국가주석 집권 2기를 맞이하여 2008년 베이징 올림픽, 2010년 상하이엑스포 등 세계의 이목을 집중시킬 국제행사를 잇따라 개최하면서 경제적으로도 일본과 독일을 제치고 미국을 바짝 뒤쫓는 경제대국으로 비약할 전망이다. 중국이 동아시아에서 지도자적 역할을 수행할 것이 역사적 필연이 되고 있는 것이다.

끝으로 ASEAN＋3는 1997년에 발족해 2007년으로 10돌을 맞이하였다. 2008년에는 한층 더 진전된 한중일 관계와 동아시아 지역협력의 구축을 의제로 삼아 추진할 것으로 전망된다.

민주주의의 후퇴?

동아시아 국가의 공통 문제로서 민주주의의 후퇴가 심각하게 나서는 상황이다. 지난 2007년 12월말 총선에서 강권적 통치자이자 부패 정치인으로 알려진 탁신 전 총리 계열 PPP(국민의 힘)의 압승이나 일반시민들을 무력 탄압한 버마의 군사정권, 최근 한국 대선에서 부패 의혹에도 불구하고 압도적 지지로 당선된 이명박 대통령, 중국의 언론통제와 인권유린 등이 모두 민주주의의 실현이 절실한 과제임을 드러내고 있다.

최근 버마 사태의 해결과 민주화의 열쇠를 중국이 쥐고 있는 현실에서도 드러나듯 21세기 초강대국을 향한 이른바 '팍스 차이나 Pax China' 움직임이 향후 동아시아 지역에서 더욱 가시화될 전망이다. 그러나 중국 내 민주주의나 인권 상황에 변화가 없는 한 '팍스 차이나'는 이 지역의 민주화 실현에 오히려 역효과를 가져올 우려가 있다.

현재 새로운 세계의 축으로 부상하고 있는 러시아와 중국의 공통

	[도표 1-42] 2008년 세계 및 동아시아 주요 일정
1월	교토의정서 프로그램 개시(1일부터 2012년까지) 세계경제포럼 연차 총회(23~27일, 다보스) 미국 대통령 일반교서 연설(하순)
2월	미국 대통령선거 예비선거 약 20주에서 실시(5일) 한국 대통령 취임식(25일)
3월	러시아 대통령 선거(2일) 대만 제12대 총통선거(22일) 중국 전국인민대표대회 제11차 제1회 회의(일정 미정)
4월	NATO(북대서양조약기구) 정상회의(2~4일, 부카레스트) UNCTAD(유엔무역개발회의) 제12회 총회(아크라) 한국 총선(9일)
5월	제41회 ADB(아시아개발은행) 연차총회(5~6일, 마드리드) 제4회 TICAD(아프리카개발회의)(28~30일, 요코하마) 제97회 ILO(국제노동기구) 총회(28일~6월13일, 제네바)
6월	G8/5개국 에너지 장관 회의(7~8일, 아오모리)
7월	G8 주요국 정상회의(7~9일, 홋카이도) ASEAN 지역포럼(24일, 싱가포르) 캄보디아 총선(일정 미정)
8월	베이징 올림픽(8~24일) 제17회 세계에이즈회의(3~8일, 멕시코시티) 미국 민주당대회(25~28일, 덴버) 위키피디아Wikipedia 국제회의 (알렉산드리아)
9월	미국 공화당대회(1~4일, 세인트폴) 제63회 유엔총회 개회(16일 뉴욕) 홍콩 입법원 의원 선거
10월	IMF·세계은행 연차총회(13일, 워싱턴) 아시아유럽주정상회의(ASEM) 제7회 정상회의(24~25일, 베이징) 람사Ramsar협약 제10회 체결국 회의(28일~11월4일, 서울)
11월	미국 대통령 선거(4일) 미국 연방의회 선거(4일) 아시아태평양경제협력APEC 정상회의(22~23일, 리마)
12월	페르시아만안협력회의GCC 정상회의(일정 미정, 무스카트) 기후변화협약 제14회 회합(COP14)(폴란드 예정)

점은 풍부한 천연차원 등을 배경으로 강한 민족주의적 성향을 띠고 있다는 점이다. 앞으로 자원을 둘러싼 지역 내 경쟁이 심화될 것으로 전망되는 가운데, 주변국들에서도 민족주의적 경향이 강화되면서 민주주의와 인권문제가 소홀히 다뤄질 우려가 있다.

중국이 동아시아의 지도적 국가가 된다고 해도 민주주의나 인권이 제대로 실현되지 않은 채로 지역 통합이 추진되면 동아시아는 일부 관료와 대기업 등을 중심으로 한 엘리트주의 성향이 강하게 나날 우려가 있다. 따라서 민주주의의 실현이 앞으로 동아시아의 공통 과제가 될 것으로 전망된다. 지역의 민주주의, 인권 등과 깊이 연관된 각국의 보수주의와 배타적 민족주의를 어떻게 극복할 것이며, 초국가적 지표가 중심이 될 지역주의는 이를 위해 어떤 기여를 할 것인지에 대해 관심을 기울여야 할 것이다.

분야별 주요 의제를 전망하다

이명박 정부의 경제는 1970년대식의 국가 주도 개발주의·성장주의 경제보다는 노무현식의 시장주의·민영화·개방화·금융화 경제를 더욱 강화할 것이며, 나아가 국가주도형과는 다른 '기업주도형 성장주의'로 내달릴 것으로 예상된다.

이명박 정권은 4월 총선에서의 압승을 바탕으로 정당정치를 우회하여 지식인−관료 주도의 행정으로 정치를 대체함으로써 제도 정치권의 지속적인 탈정치화 과정을 밟을 것이며, 제왕적 대통령의 지배는 보다 강화될 것이다.

경제_
이명박 정부 노선의 특징과 전망

김병권_새사연 연구센터장

이명박 정부의 경제(기조)는 1970년대식의 국가 주도 개발주의 경제나 성장주의 경제보다는 차라리 노무현식의 시장주의·민영화·개방화·금융화 경제에 가까우며, 기존의 시장지상주의를 넘어서 친(대)기업적 경제정책을 강력하게 추구할 것으로 보인다. 곧 과거 국가주도형 성장주의와는 다른 '기업주도형 성장주의'로 나타날 것으로 예상된다.

이명박 경제는 그동안 지연되어왔던 공기업 민영화를 다시 강력하게 추진할 것으로 보이며, 참여정부에서부터 추진되어온 금융화·개방화에도 속도를 낼 것으로 전망된다. 또 실제 실행이 의문시되었던 한반도대운하 개발 역시 이명박 경제의 성장주의 의지와 압박에 비추어볼 때 실행될 것으로 예측된다.

MB노믹스(이명박 경제)라는 신조어가 나올 만큼 이명박 시대의 경제에 대한 예측이 분분하다. 다수 언론매체에서는 참여정부와는 완전히 다른 경제정책으로 전환될 것이라는 분석들이 쏟아져 나오고 있다. 때문에 다가올 이명박 경제가 과연 노무현 경제와는 얼마만큼의 차별성이 있을지, 또 이명박 식의 신자유주의는 구체적으로 어떻게 전개될지를 살펴보는 것은 현 시점에서 매우 중요하다.

지난 17대 대선에서 이명박 대선캠프와 한나라당이 발표한 선거공약을 토대로 이명박 경제의 성격과 특징, 과거 정부들과의 차별성과 연속성 그리고 향후 5년의 경제 기조를 전망하는 데 초점을 두고 분석하고자 한다.[1]

이명박 정부 경제정책 분석의 전제

이명박 경제를 본격적으로 분석하고 전망하기 전에, 선거용으로 포장된 경제 공약의 문구에 집착하다보면 정작 놓치기 쉬운 핵심 문제점을 먼저 짚어 보도록 하자.

첫째, 이명박 경제의 핵심은 '연 7퍼센트 성장, 국민소득 4만 달러, 세계 7대 강국'이라고 하는 747공약이 아니다.

우리 국민은 이명박 대통령이 현재 5퍼센트 미만 수준의 성장률을 7퍼센트로 끌어 올리겠다는 약속을 지키지 않았다고 해서, 실정을 저질렀다고 비판하지는 않을 것이다. 고작 5년밖에 안 되는 임기 안에 현재 2만 달러 수준인 1인당 국민소득을 두 배로 높여내지 못했다고 해서, 또는 세계 13위의 경제 규모를 7위로 올려놓지 못했다고 해서 약속을 못 지켰다며 비난하지도 않을 것이다. 이는 정부만의 의지로 할 수 있는 사안이 아님을 누구보다 국민이 잘 알고 있기 때문이다.

물론 확실한 것은 실효적 집행력을 담보하지 못했던 과거 정부들의 어설픈 분배정책보다는 이명박 경제가 성장우선주의에 확고하게 설 것이라는 점이다. 그러나 이조차도 인플레이션을 감수하는 '규모의 성장'이나, 기업경영을 매출 위주로 독려하는 방식으로 갈 수는 없다. 이미 기업들은 외형적 규모보다는 수익성 위주의 경영방식으로 확고한 틀을 잡고 있을 뿐 아니라, 주식이나 펀드의 실질 수익률에 영향을 주는 인플레이션도 쉽게 감수할 수 없기 때문이다. 결국, '분배냐 성장이냐' 하는 전통적인 이슈가 이명박 경제 시대에 다시금 재연될 가능성이 있긴 하지만 이것이 이명박 경제의 핵심을 결정하는 요소가 되지는 않을 것이다.

이와 관련하여 주의할 것은, 이명박 경제가 그 어떤 요식적인 서민정책도 없이 오직 기업이나 부자들만을 위한 경제정책을 펼 것이라는 가정은 옳지 않다는 사실이다. 문제가 그렇게 단순하지 않기 때문이다. 이명박 경제사단은 얼치기 신자유주의자들이 아니다. 서민 생활비 인하나 맞춤형 주택 공급, 특히 '700만 금융 소외자 신용 회복'과 같은 대선 공약이 당선을 위한 허울뿐인 구호라고 매도하는 것은 진보에게 그다지 실천적인 도움을 주지 못한다.

둘째, 이명박 경제가 '시멘트 경제' '건설경제'로 비유되는 단순 개발주의식 경제라고 생각하는 것도 착각이다.

지금은 박정희식의 개발주의 경제, 국가주도형 경제가 통할 수 있는 시대가 아니다. 건설경기 부양으로 현재의 경제침체를 돌파하려고 한다는 점은 분명하지만, 그렇다고 1970년대와 같은 방식으로 건설경기에만 의존하여 한국 경제를 이끌어갈 것이라고 규정하는 것도 무리다.

한국은 취업인구 180만 명이 건설업에 종사할 만큼 건설 분야의 비중이 여전히 크며 특히 지역경제에서 건설업이 차지하는 비중이 적지 않다. 그러나 그 이상으로 IT나 금융산업도 빠르게 부상하고 있으며 국민경제에서 차지하는 위상도 높아졌다. 더욱이 오늘날 대한민국은 국가가 직접 자본을 동원해 인위적으로 건설 수요를 창출할 만큼 경제가 국가에 의해 장악되어 있지도 않다. 금융기관 장악력도, 재정 동원 능력도, 대기업에 대한 국가의 영향력도 1970년대와는 판이하게 다르다.

이명박 대통령의 핵심 공약인 한반도대운하 건설계획이 공적자본이 아닌 민간자본에 의해 추진될 것이라는 점만 보아도 이는 명확하다. 이명박 경제에서 건설경기 부양은 특히 환경문제와 정면으로 대립할 가능성이 높고, 한국의 진보는 이점에 마땅히 주의를 기울여야 하지만 이것을 이명박 경제의 핵심 요소로 간주하는 것은 잘못된 생각이다.

셋째, 신자유주의가 강화될 것이라고 단순 주장하는 것도 실천적으로 큰 의미는 없다. 물론 이명박 경제의 핵심이 신자유주의 경제정책이라는 점은 맞다. 성장제일주의, 건설주의 경제보다는 '신자유주의 경제'라는 점이 이명박 경제의 핵심에 더 접근해 있다.

그러나 한국 경제에 신자유주의가 이식되기 시작한 것은 짧게 잡아도 벌써 10여 년 전의 일이다. 한국에서 신자유주의는 이미 자체의 내부 동력을 갖기 시작했으며 정권 수준에서 그 물줄기를 쉽게 바꿀 수도 없다. 요체는 이명박 경제가 시장지상주의-신자유주의의 어느 지점을 어떤 속도와 방식으로 가속화할 것인가, 그리고 그것이 전체 한국 경제를 어떻게 변형시킬 것인가에 있다.

특히 주목할 지점은, 성장우선주의와 건설주의가 시장지상주의와 어떻게 접목되면서 실제 경제정책으로 관철될 것인가 하는 점이다.

노무현 경제와의 동질성과 차별성

이명박 후보가 당선되자마자 거의 모든 언론은 약속이나 한 듯 앞으로 한국 경제가 지난 10년과는 전혀 다른 모습으로 전개될 것이라고 전망하면서, 변화 방향에 대해 각종 분석을 쏟아내고 있다. 과연 이명박 경제가 노무현 경제와는 완전히 다른 '새로운 시대의 개막'일까. MB노믹스라는 개념에 정확히 부합하는 경제철학과 경제노선은 무엇일까.

우선 확인해둘 것은, 노무현 경제는 성장주의와 관련이 없는가 하는 점이다. 실제로는 그렇지 않다. 노무현 정부는 한편에서 '사회양극화 해소'를 주장해왔지만 이를 위한 제대로 된 정책을 실시한 적은 없었다. 경제가 잘된다고 주장하면서 그 근거로 '4년간 두 자리 수출 성장' '주식시장 활황' '일부 기업의 세계적 우량기업화' 등을 내세웠다. 이런 지표들을 경제 치적으로 내세우는 것이야말로 전형적인 성장주의적 사고방식이다.

또 노무현 경제는 건설경기 부양책을 전혀 활용하지 않았을까? 역시 그렇지 않다. 지역균형 발전이라는 정당한 명분 아래 추진된 정책은, 결과적으로 지역 건설 붐을 조장했고 수도권 신도시 건설계획 역시 건설경기 과잉을 부채질했다. 참여정부에서 부동산 가격의 폭등과 폭락이 교차했던 배경에는 금융권의 과도한 부동산담보대출과 함께 참여정부의 건설주의적 경제정책이 적지 않은 비중으로 자리하고 있는 것이다.

결국, 차이가 있다면 노골적으로 성장우선주의를 추구하거나 건설경기 부양책을 사용하지는 않았다는 사소한 차이가 있을 뿐이다. 문제는 참여정부가 복지와 양극화 해소를 강조한 것만큼 그 분야에 실질 성과가 없었던 것에 국민이 실망했다면, 이명박 경제는 오히려 서민 정책에 방점을 찍지 않은 것에 비해서는 많은 조치를 도입할 가능성이 있어 국민의 호응도가 클 수 있다는 사실이다.

그러나 이러한 동질성은 사실 부차적인 것에 불과하다. 노무현 경제와 이명박 경제의 본질적인 동질성은 '시장주의' '민영화' '금융화-금융 허브 추진' '개방화-한미FTA 추진'에서 좀더 분명해진다. 김대중 정부에 이어 노무현 정부가 일관되게 추진해왔던 것은 시장주의·민영화·금융화·개방화이며 이명박 경제는 이것을 더욱 확고하게 계승하려 하고 있다. 이러한 것들이 바로 신자유주의 경제의 전형적인 기조로 지적되는 것들이며, 그런 이유로 노무현 경제나 이명박 경제가 모두 '신자유주의 경제'라는 본원적인 동질성을 지닌다고 이야기할 수 있다.

그렇다면 노무현 경제와 이명박 경제의 구체적인 차이, 또는 '사소한(?)' 차이는 무엇일까. 곧 신자유주의 완행세력과 급행세력, 신자유주의 개혁세력과 보수세력의 차이는 무엇일까. 노무현 정부에서 주춤했던 민영화 정책이 이명박 경제에서 다시금 속도를 내게 되는 정도의 차이일까, 아니면 법인세 감면 등을 통한 투자 활성화 정책 등 신자유주의의 심화를 위한 '정책 수단'의 차이일까.

우선 짚어둘 것은 노무현과 이명박 정부 사이에는 '현재 처해 있는 경제 환경의 차이'가 존재한다는 점이다. 노무현 정부는 김대중 정부 말기의 '신용카드 대란'과 구조화되기 시작한 '양극화'를 유산으로 물려받으며 경제 운용을 시작했다. 반면 이명박 정부는 노무현 정부가 5년간 집요하게 추진한 금융 허브 정책과 임기 말에 밀어붙인 한미FTA를 경제정책의 시작점으로 삼고 있다. 아울러 노무현 정부로부터 물려받은 양극화라는 유산이 지난 5년을 거치며 더욱 심화되어 현재 서민경제는 700만의 금융 소외계층과 870만 비정규직이 구조화된 상태다. 끝으로 이명박 경제는 세계적인 금융 불안과 석유를 비롯한 원자재 가격 폭등이라는 새로운 변수도 지니고 있다.

일단 이러한 경제 환경 차이를 기반으로 노무현 경제와는 다른 이명박식 신자유주의 경제의 구체적 정책 방향이 결정될 것이다.

친시장을 넘어 친기업경제로, 기업주도형 성장주의

이명박 경제의 특성을 지칭하는 개념은 다양하다. 이명박 대통령이 당선 직후 밝힌 '신新발전 체제', 대표적인 보수 이론가 박세일 교수가 주창해온 '선진화 경제' 그리고 이명박 정부의 또 다른 이름이기도 했던 '실용 경제' 등이 그것이다. 그러나 신발전 체제, 선진화 경제, 실용 경제 등은 이데올로기적인 의도가 강하게 배어 있다고 볼 수 있다.

오히려 이명박 경제는 선거운동 당시 한나라당이 모토로 내건 '작은 정부, 큰 시장' '세금은 줄이고, 규제는 풀고, 법질서는 세운다'는 개념으로 더 정확하게 설명될 수 있다. 여기에 '따뜻한 시장경

[도표 2-1] 이명박의 주요 경제 공약	
공약	주요 내용
7퍼센트 경제성장 달성	• 공공부문 혁신으로 국가 시스템 정비 • 한반도대운하 건설 등 성장 인프라 확충 • 고부가 가치 신성장산업의 해외진출 적극 추진
300만 개 일자리 창출	• IT 등 첨단산업과 재래산업의 융합 • 기업지원 서비스업, 문화 콘텐츠 산업 활성화 • 잠재력이 높은 우량 중소기업 인증 시스템 도입
세계 최고 기업환경 조성	• 규제 최소화(포지티브 규제 → 네거티브 규제) • 규제 일몰제 실시 • 법인세율 25퍼센트 → 20퍼센트로 인하 • 금산분리 완화로 금융산업 경쟁력 강화
예산 20조 원 절감과 균형 재정	• 공기업에 대한 출자수요 채권발행으로 전환 • 중복 기금, 유사 기금 등 통폐합 • 국가채무 규모 현행 300조 원 유지
700만 금융소외자 신용회복	• 신용회복 지원 대상자 연체기록 말소 • 연체된 고금리 사채의 소액 서민대출은행 대출 전환
세부당 경감 및 주요 생활비 30퍼센트 절감	• 기름값에 붙는 교통세 특소세 10퍼센트 인하 및 통신비 20퍼센트 인하 • 출·퇴근 고속도로 이용료 50퍼센트 할인 • 영업용 택시 및 장애인 차량의 LPG 특소세 면제
외국인투자 및 관광산업의 활성화	• 경제자유구역 지정 확대 등 외국인 투자 활성화 • 중국 관광객 비자 면제 제도 추진 • 남해안 관광 클러스터 개발
중소기업 육성	• 국책은행 민영화 재원으로 중소기업 지원 • 중소기업 기술개발 지원을 2조 원 이상으로 증액 • 중소기업에 대한 네트워크론, 수금기업투자 펀드 확대

(출처 : 한나라당 자료를 《경향신문》에서 재인용.)

제주의'라는 사족을 붙여 승자독식의 가혹한 정글 자본주의의 피해
를 완화시키겠다고 밝히기도 했다.

포괄적으로는 '친시장 정책, 친기업 정책'이라고 할 수 있다. 세계
화의 파괴력과 한국 대기업의 위력을 실감하고 학습하는 시간과 경
제정책의 전권이 기존 경제관료의 손으로 넘어가는 데 적잖은 시간
을 필요로 했던 참여정부와는 달리, 이명박 경제팀은 처음부터 확고
한 신념을 가지고 경제정책을 펼 것으로 보인다. 이명박 대통령 자신
뿐 아니라 선대위 경제기획팀장을 맡았던 곽승준 고려대 교수, 서울
시정 개발연구원장을 맡았고 747공약 작성자였던 강만수 전 재경부
차관, 국제전략연구원GSI 원장을 역임했고 한반도대운하 공약을 정
책화한 유우익 서울대 교수 그리고 당내 경선이 시작된 2007년 6월
결성한 '안국 포럼' 구성원 등의 면면을 볼 때도 이는 분명하다.

그렇다면 이명박 경제의 기조를 좀더 구체적으로 보기 위해 평소
이명박 대통령의 경제 지론이자 철학을 비교적 정확하게 개념화했
다고 알려진 이명박의 '7대 경제원칙'을 살펴보도록 하자.[2]

7대 경제원칙은 기업을 중심으로 놓고 볼 때 '최고의 기업환경 조
성을 위한 4대 원칙'으로 구체화된다.

❖ 7퍼센트 성장을 위한 7대 경제원칙

1. 이념·규제보다 시장 중시

2. 정치적 고려보다 경제적 논리 우선 적용

3. 고성장, 일자리 창출을 통한 분배 개선

4. 경쟁 촉진, 탈락자·사회적 약자의 보호

5. 수요통제보다 공급정책에 의한 가격문제 해결

6. 국정전반에 법의 지배(Rule of Law) 엄정 확립

7. 폐쇄보다 개방·글로벌스탠더드 추구

✛ 최고의 기업환경 조성을 위한 4대 원칙

1. 규제 최소화

2. 세율 최저화

3. 금융 국제화

4. 노사관계의 '법의 지배' 원칙 확립

규제의 최소화를 위해서는 규제 범위가 강력한 포지티브 규제에서 명시적인 최소 규제에 역점을 두는 네거티브 규제 방식으로 전환하고, 새로 도입되는 규제에 대해서는 '규제 일몰제' 곧 일정 시점이 되면 자동적으로 규제가 소멸되는 제도를 도입하겠다는 것이다. 아울러 그동안 대기업 관리 감독 기능을 수행해온 공정거래법을 '경쟁촉진법'으로 전환하며, '출자총액제한제도' '금산분리원칙' 등도 폐지 내지는 완화하겠다는 것이다. 그동안 대기업들이 줄기차게 주장해온 '수도권 규제'를 푸는 것은 물론이다.

또 '기업을 위한' 세율의 최소화를 위해 법인세 최고 세율을 현행 25퍼센트에서 20퍼센트로 낮추는가 하면, 낮은 단계 세율은 '1억 원 이하 13퍼센트'에서 '2억 원 이하 10퍼센트'로 내리겠다는 것이다. 이를 통해 기업의 당기순이익이 약 5조 원 가량 증대되는 효과를 기대하고 있다.[3]

이들 공약의 가장 큰 특징은 한마디로 시장 친화적 경제를 넘어 친(대)기업 경제를 구체화하겠다는 의지가 담겨 있다는 점이다. 물

론 이명박 경제팀은 기업에게 "특혜도 없고 규제도 없다" 면서 마치 시장이라는 공간을 자유롭게 열어, 경제 플레이어들이 제한 없는 경쟁을 하게 유도하는 일반적인 시장주의를 추구하는 것처럼 보이지만 실제는 그 이상으로 봐야 할 것 같다. 규제 완화와 세금 감면이라는 정책 수단을 동원하여 시장에서 경쟁력이 높은 힘센 플레이어들의 역할을 적극 지원하고 이들을 통해 경제 성장을 도모하겠다는 것이다.

이러한 친기업 정책은 국민경제 내부 순환 메커니즘 설계에서도 그대로 적용된다. 이명박 경제는 국내외 투자 활성화 및 기업의 투자여력과 투자의지 확대를 '경제 살리기'를 위한 핵심 키워드로 잡고 있다. "이명박 경제에서 가장 중요한 것은 기업 투자"[4]라는 지적은 그런 점에서 정확하다. 곧 규제완화/법인세 감면 → 기업의 투자 환경 및 투자여력 확대 → 기업의 적극적 투자 → 일자리 창출과 내수 진작 → 잠재성장률 증가 → 7퍼센트 성장률 달성이라는 경제순환 구조의 형성을 기대하고 있는 것이다.

바로 이 지점에 박정희식의 성장우선주의와 다른 이명박 성장주의 모델의 차별성이 존재한다. 곧 국가가 주요 플레이어로 직접 나서서 성장을 주도하는 박정희식 모델이 아니라 기업이 자율적으로 나서서 투자를 확대하고 성장을 주도하도록 하며, 정부는 법적·제도적 환경을 만들어주겠다는 것이다. '기업주도형 성장주의' 경제 노선이라고 할 수 있다.

문제의 핵심은 여기에 있다. 성장 책임의 전권을 기업에게 맡기는 이명박식 성장주의는 지금까지 한국 경제에서 한 번도 실험된 적이 없다. 굳이 있다면 김영삼 정부 당시 정부의 통제가 약화된 상황에서 재벌이 주도하여 무분별한 과잉·중복투자를 감행하고 외환위기를 초래한 경험이 있다고 해야 할까.

일반적으로 주주자본주의 시스템에서 기업이 투자를 꺼리는 이유는 투자를 위한 이윤 여력이 없어서가 아니라고 알려져 있다. 주주자본주의의 단기이익 추구 경향은 수익에 대한 주주의 고배당 요구와 주가관리 압력을 증대시켜왔고, 이것이 장기투자 기피 현상으로 이어져 온 것이 사실이다. 그래서 지금도 투자 여력이 충분한 대기업과 우량기업이 막대한 현금을 보유하고 있음에도 투자에 소극적인 보수적인 경영을 하고 있는 실정이다.

세금을 줄여 이윤폭을 확대하고 대기업 내부와 산업자본, 금융자본 사이의 투자제한을 푸는 정책이 산업적인 신규투자 확대로 이어지지 않을 수 있다는 회의를 낳는 이유도 여기에 있다. 주주자본주의 시스템과 기업주도형 성장주의가 어떤 식으로 상호작용하고 또 충돌할지가 이명박 경제의 가장 중요한 대목인 이유다.

물론 이명박 경제가 오직 친대기업 정책, 기업중심 성장주의만 부여잡고 있는 것은 아니다. 그러기에는 지난 10여 년 동안의 사회 양극화가 외면하기 어려울 만큼 심각한 상황에 도달해 있다. 그래서 '중소기업 정책' '소상공인 정책' '서민 정책'을 나름대로 구사할 것으로 보인다.

중소기업 정책은 '1원 자본금, 1인 주주 주식회사' 설립을 가능하게 하는 등 창업 절차를 대폭 간소화하여 혁신형 중소기업을 5년간 5만 개 만들겠다는 정도의 정책구상을 가지고 있다. 3만 개의 혁신형 중소기업 창출을 목표로 1만 8000개의 기업을 만들어냈다는 참여정부와 질적으로는 별로 다르지 않은 정책이다. 또 공공기관의 중소기업 제품 구매 규모를 현재의 58조 원에서 100조 원 규모로 확대하고 KOTRA(대한무역진흥공사)와 같은 해외 관련 공공기관들을 중소기업지원체계로 전면 개편하겠다는 공약도 있다. 상속세 완화로 중소기업의 영속성을 보장하겠다고 하지만 이 정책이 중소기업에 적용될지, 아니면 대기업에 적용될지는 두고 보아야 한다.

또 대선시기 한나라당 '일류국가비전위원회'가 발표한 '서민생활 직결 5대 정책공약'에는 ① 일자리 300만 개, ② 서민의 세부담 경감(유류세 10퍼센트 인하 등), ③ 서민 생활비 30퍼센트 인하, ④ 서민 주거안정 정책, ⑤ 영세 자영업자와 재래시장 활성화 지원 정책 등을 포함하고 있다.

물론 이들 중소기업, 자영업, 서민 정책은 "성장을 우선하여 양극화를 해소한다"는 원칙을 전제로 하고 있다. 이는 이명박 경제 브레인인 곽승준 고려대 교수가 말한, "양극화 문제는 결국 성장으로 해결해야 한다. 이것이 이명박 당선자가 말하는 '따뜻한 시장경제'의 요체"라는 주장에 잘 나타나 있다.[5] 결국 기업중심 성장주의가 원하는 대로 작동하지 않는 순간 양극화 해소 역시 전혀 기대할 수 없게 된다는 뜻이다.

덧붙여 둘 것은, 이명박 경제의 서민 정책은 노동자나 서민의 자발적 요구를 적극적으로 수용하는 방식이 아니라, 정부의 정책적 시혜 범위 안에서만 이루어질 것임을 분명히 하고 있다는 점이다. 유난히 "법질서를 세운다"는 원칙을 잊지 않고 강조하고 있는 것도 그러한 맥락이며, 전경련은 일찌감치 "법질서를 준수한다"는 원칙을 취임 초부터 확실히 해줄 것을 이명박 대통령에게 요청하고 있는 실정이다.[6]

친노동자 정부라는 기대를 갖게 했던 노무현 정부조차 취임 후 얼마 지나지 않아 '법질서 준수'를 내세우며 법의 이름으로 노동운동을 탄압했던 기억을 떠올리면 새삼스러울 것도 없지만, 이명박 시대에 그 강도가 한층 높아질 것이라는 예상은 충분히 가능한 대목이다.

공기업 민영화 재추진

이명박 경제 시행 초기 가장 두드러지게 나타날 경제정책의 하나는 '공기업 민영화 재추진'이 될 것으로 보인다. 공기업 민영화 방향은 사실 이명박 경제의 특징만은 아니다. 국민의정부와 참여정부에서도 일관되게 추진되어온 정책이기 때문이다. 그러나 국민의정부는 외환위기라는 상황적 요인과 IMF의 요구라는 외적 압력에 의해 추진한 측면이 없지 않았다. 참여정부의 경우도 민영화 기조가 여전히 유효하기는 했지만 명확한 정책 방향과 의지의 부재로 인해 공언했던 것에 비해 일정이 지연되었다. 우리은행 민영화가 지연된 것이 대표적 사례다.

어쨌든 1997년 외환위기 이후 금융권을 제외하고도 굵직한 8개의 공기업이 민영화되었고, 이에 따라 67개 자회사도 매각되었다. 이 과정에서 약 6만여 명의 인력 구조조정도 수반되었다. 그러나 참여정부 들어 민영화 실적이 지지부진하자 "지난 5년간 민영화 시계가 멈췄다"[7]며 민영화에 다시금 가속도를 붙여야 한다는 목소리가 보수세력 내부에서 거세지고 있다.

사실 이명박 경제의 (민간) 대기업 주도형 성장주의 노선은, 정부

[도표 2-2] 외환위기 이후 민영화된 공기업 사례	
민영화된 공기업	민영화 시기
KT(한국통신)	2002
KT&G(한국담배인삼 공사)	2002
두산중공업(한국중공업)	2000
POSCO(포항제철)	2000
대한송유관공사	2000
KTB네트워크(한국종합기술금융)	1999
대한교과서(국정교과서)	1999

관리 아래 있는 공기업을 민영화하고 이들을 사적인 이윤추구 단위로 전환시킴으로써 경제성장 동력으로 편입시키는 정책과 매우 잘 어울리며, 공기업 매각대금은 이명박 성장주의의 중요한 재원이 될 것이다. 이명박 경제의 브레인인 곽승준 교수도 공기업 민영화가 이명박 대통령의 핵심공약이라면서 "시장과 마찰을 일으키는 공기업에 대해서는 시급히 민영화한다는 것이 이명박 당선자의 공약"이라고 강조했다.[8]

한나라당 '일류국가비전위원회'가 발표한 공공부문 주요 공약[9]에 따르면, "공기업을 비롯한 공공분야 규모는 점점 비대해지고 효율성은 더욱 떨어지고 있으나 감시와 견제 부족으로 '신이 내린 직장'이라고 불리며 방만하게 운영되고 있다"며 "민간과 경쟁관계에 있거나 설립 목적을 상실한 공기업부터 단계적으로 민영화하겠다"고 밝히면서 핵심 공약으로 ① 시장의 역할을 확대하고 정부는 꼭 해야 할 일만 담당, ② 현 정부가 중단한 공기업 민영화는 재추진, ③ 정부사업에 민간 참여와 아웃소싱 확대 등을 명시하고 있다.

이명박 경제팀은 기본적으로 "모든 공기업을 민영화 대상에 올려놓을 것"이라며 역대 어느 정부보다도 민영화의 고삐를 바짝 죌 것으로 보이는데, 대략 3가지 분야에서 구체화될 것으로 전망된다.

첫째, 금융권의 민영화가 빠른 속도로 추진될 전망이다.

당초 참여정부 임기 안에 매각하기로 시한을 정했다가 다시 매각 시한을 없앤 우리은행 민영화에 속도가 붙을 것이다. 아울러 산업은행의 투자은행 부문을 분리해 대우증권과 합친 뒤 민영화를 추진할 것이다. 이미 재경부는 지난 2007년 7월 산업은행의 투자은행 업무를 대우증권에 이관하는 것을 뼈대로 한 방안을 내놓은 바 있다. 참여정부에서 민영화 원칙이 세워진 기업은행 민영화도 구체적 수순을 밟을 것이다.

둘째, 외환위기 이후 공적 자금 투입으로 정부기관 지분이 다수를 차지하게 된 주요 기업들의 민영화도 가시권 안에 들어올 예정이다. 정부가 다수 지분을 보유하고 있는 현대건설, 하이닉스, 대우조선해양, 대우 인터내셔널, 쌍용양회, SK네트웍스 등을 서둘러 민간에 매각할 것이다.

셋째, 전통적인 공기업 영역 범위에 있던 한국전력, 가스공사, 지역난방공사, 토지공사, 주택공사, 도로공사, 인천국제공항공사, 한국공항공사, 부산항만공사, 인천항만공사 등도 일정한 분류 기준에 따라 민영화 검토 대상에 올려놓겠다는 것이 이명박 경제팀의 구상이다. 물론 이명박 대통령이 지난 10월 한국노총과의 간담회에서 "전력과 가스, 수도 등 국민생활과 직결되는 기본 산업의 민영화는 쉽지 않다"고 밝히기도 했고, 실제 이 분야의 민영화를 일거에 추진하는 것은 불가능에 가깝지만 민영화 대상에 포함시킨 발상 자체가 예사로운 일이 아니다.

이명박 경제팀이 어떤 민영화 방식을 선택할지는 아직 확정되지 않았다. KIC(한국투자공사)와 같은 국가투자기관이 소유권을 쥐고 있으면서 경영만 민영화하는 '싱가포르식' 민영화를 선호했던 기조가 유지될지 여부도 불투명하다. 그러나 확실한 것은 이명박 경제팀이 공익적 성격을 고려하지 않고 오직 '부채비율 개선'과 '영업이익률 증가'만을 기준으로 공기업 민영화의 장점을 주장하고 있다는 사실이다. KT, KT&G 등 민영화된 공기업들이 주주자본주의 경영으로 전환한 후 예외 없이 공익적 기능보다는 수익률 경쟁과 과도한 주주 배당에 집착했던 사실은 이명박 경제팀에게 전혀 중요한 문제가 아닌 듯 보인다. 결국 이명박 정부 초창기 신자유주의와 반신자유주의 갈등의 중심에 공기업 민영화 문제가 대두될 가능성이 매우 높다고 할 수 있다.

경제의 금융화·개방화 가속화

금융 산업을 미래의 핵심 성장 동력으로 새롭게 규정하고 한국을 동북아시아 금융 허브로 육성하겠다는 구상은 노무현 경제의 핵심 전략이었다. 이명박 정부의 금융정책은 정확히 이 지점을 출발선으로 하고 있다.

"금융산업은 과거와는 달리 자동차산업이나 전자산업처럼 부가가치를 창출하는 기업이라는 인식을 확산할 필요가 있다"며 "동북아 금융 허브 추진과 금융산업 발전은 7퍼센트 성장을 달성하기 위한 성장 동력"이라는 것이 이명박 대통령의 선거 공약이었다. 구체적으로 이명박 대통령의 금융정책은, '금산분리 완화' '우리은행 조속매각' '산업은행 단계적 민영화' '기업은행을 민영화하되 중소기업 금융보안 대책 수립' '산업자본의 인터넷 전문은행 설립 허용' 등으로 정리할 수 있다.

곧 "금융산업 경쟁력 강화를 위해 산업자본의 인터넷 전문 은행 설립을 허용하고, 산업은행의 역할 가운데 민간에게 넘겨야 하는 부분을 단계적으로 민영화하는 것, 그리고 우리은행 매각은 조기에 추진하고 기업은행 역시 민영화하되 중소기업이 위축되지 않도록 보완 방안을 수립·시행한다는 계획"인 것이다. 나아가 금융업의 장벽이 사라지는 자본시장통합법 시행이 2009년 2월로 예정된 만큼, 금융권 인수합병을 촉진하여 글로벌 금융기관이 출현할 수 있도록 하는 것을 금융정책의 궁극적인 목적으로 삼고 있다. 이를 위한 금융규제완화 역시 참여정부 정책의 연장선에 있다.

결국, 이명박 경제에서 금융정책은 ① 핵심 성장 동력화, ② 민영화, ③ 개방화, ④ 규제완화 등을 기본 축으로 하면서도 국내 대기업의 금융산업 진출을 적극 추진하겠다는 점에서 차별성을 보이고 있다. 그 대표적인 정책이 '금산분리 원칙'의 단계적인 완화다. 이명박 대통령의 공약 자료에 따르면, "금융업과 제조업의 시너지 효과를 창출하고 글로벌 경제에서 금융업이 생존할 수 있는 대응능력을 제고할 수 있도록, 향후 10년 동안 금융·산업자본 분리정책을 전향적인 시각에서 단계적으로 재검토"하겠다는 것이다.[10]

이 역시 기업주도형 성장주의 경제 기조와 밀착성이 높은 정책이라고 할 수 있는데, 이미 삼성을 필두로 "금산분리 원칙의 엄격한 적용은 외국자본에 비해 국내 산업자본에 대한 역차별 문제를 발생시키고 있다”며 국내 대기업이 집요하게 요구해왔던 분야다. 금산분리 원칙 파기는 이명박 시대 전체를 관통하여 진보와 보수 사이에 경제정책의 대립과 갈등의 주요 이슈가 될 전망이다. 다만 대기업의 금융지배 현상에 집착하여 ‘경제의 금융화’ 현상이라고 하는 신자유주의의 본질적 측면을 비켜가는 상황을 낳는 대응방식은 바람직하지 않다.

한 가지 덧붙일 것은, 이명박 대통령이 “국민의정부와 참여정부 10년간 경기침체와 정책실패로 인해 발생한 700만 금융소외 계층(신용등급 7~10등급에 해당하는 720만 명)에 대해 신용회복 특별 대책을 세우겠다”고 한 대목도 놓치지 말아야 한다.[11] 이명박 대통령은 연체금 재조정, 고리사채 재조정, 연체기록 말소, 신용회복기금 설치 등을 공약으로 내세웠는데, 여기에는 이미 참여정부에서 시행단계에 들어선 휴면예금의 신용회복기금 전환이나 소액서민대출은행 설립 등을 포함하고 있다. 예상되는 향후 상대적 고금리 시대에 얼마나 실효성이 있을지에 대한 의문을 접는다 하더라도, 이명박 경제가 금융의 신자유주의화를 가속화시킴과 동시에 그 부정적 측면을 완화하기 위해 선심성 정책을 병행추진하리라는 예상은 반드시 필요하다.

긴 설명이 필요 없는 한미FTA 조기 추진 역시 이명박 정부의 핵심 공약이다. 이명박 정부 아래에서 한미FTA 통과는 확실시되고 있으며, 이명박 경제의 기업주도 성장주의는 필연적으로 한미FTA가 창출해낼 새로운 경제구조와 접목되어 변형을 겪게 될 가능성이 매우 높다. 따라서 그동안 진행되어온 한미FTA 반대운동 역시 단기적 저지운동을 넘어 중장기적 반신자유주의 운동으로 수렴될 전망이다.

경부대운하 건설, 결국 강행하는가

경부대운하 건설이 이명박 정부의 대표 공약이었다는 사실과 무관하게 실제 시행 여부에 대해서는 회의적인 견해가 적지 않았지만 결국 시행될 것으로 보인다.

이명박 경제팀은 경부대운하 건설에 4년간 총 공사비 약 16조 원이 투입되고 공사 기간 동안 70만 개의 일자리가 창출된다고 주장해왔다. 문제가 된 공사비는 국가 재정을 투입하지 않고, 절반인 8조 원은 골재 판매 수익으로 충당하고 나머지 절반은 민간자본을 유치하는 방식으로 조달하겠다고 밝힌 바 있다. 또 영산강 하구에서 금강까지를 연결하는 총연장 200킬로미터의 호남운하도 비슷한 시기에 착공해 경부운하보다 먼저 완공할 계획인 것으로 알려졌다. 이명박 경제팀은 당선 직후, 늦어도 2009년 초에 착공하여 임기 말인 2011년에 완공하겠다고 주장하고 있다. 이를 위해 국회에서 '대운하특별법'을 제정하여 밀어붙일 예정이다.

[도표 2-3] 이명박 캠프의 경부운하 사업 공사비 · 기간 계획

공사비	14.1조	공사기간	4년
보·갑문	3.8조	보·갑문	개소별 3년
주우수로	3.7조	터미널 및 대체시설	개소별 3년
수로터널	2.3조	수로조성(생태하천 포함)	구간별 2년
하천환경정비	1.4조	터널(21.9킬로미터)	4년
터널 및 대체시설	2.3조	※작업갱 4개소, 서비스터널 1개소 및 횡갱	
제방보강 등 기타	0.6조	10개소 이용 굴착작업조 8개~30개소	

(출처 : 이명박 캠프, 〈한반도대운하 기본 구상〉, 2007년 5월 21일.)

그런데 지금까지 경부대운하 건설 논쟁은 주로 '투자비용 대비 효과성' 문제나 '생태 파괴'의 측면에서 다루어졌다. 물론 이는 간과할 수 없는 매우 중요한 문제다. 그러나 이명박 경제의 특징이 오직 경부대운하로 환원되는 것은 아니며 공기업 민영화나 경제 금융화·개방화 정책보다 우선순위에 놓이는 것도 아니다. 경부대운하 건설에 대해 진보가 어떤 식으로 대응할지에 대해 좀더 깊은 고려가 필요할 것이다.

국내 대기업이 능동적으로 신자유주의를 주도할 가능성

과거 정부들의 경제와 비교해 이명박 경제가 가장 큰 차이가 있다면 그것은 그동안 소극적으로 신자유주의를 수용해왔던 국내 재벌 중심의 대기업들이 외국 금융자본과 함께 능동적으로 한국 신자유주의 경제의 주도자로 부상할 가능성을 가지고 있다는 점이다.

신자유주의가 전면화되기 시작한 국민의정부 시절에는 재벌 대기업도 예외 없이 신자유주의 구조조정의 대상이 되었고 IMF와 정부의 빅딜 압력을 수용할 수밖에 없었다. 그 와중에 과거의 30대 재벌은 상당부분 해체의 길을 걸었고 대우그룹과 같이 공중분해된 경우도 있었다.

그러나 5대 주요 그룹을 중심으로 살아남는 데 성공한 거대 재벌 대기업들은 참여정부가 들어서면서, 한편에서는 신자유주의와 주주자본주의적 경제 시스템에 적응하기 시작했고, 다른 한편에서는 자신들을 규제하고 있는 '출자총액제한 제도' '금산분리 원칙'을 철폐할 것을 집요하게 요구하기 시작했다. 나아가 주주자본주의 시스템 아래에서 외국 자본과 공존·공생하는 관계를 형성하면서도 경영권 방어와 같은 사안을 두고 일정한 경쟁구도를 만들어내기도 했다. 그리고 이를 위해 시장권력, 경제권력에 대한 장악력을 체계적으로 높여왔다.

이런 과정에 비추어 볼 때, 이명박 경제에서 주목해 보아야 할 대목은 바로 "국내 재벌을 핵심으로 하는 국내 대기업에게 이명박 정권이 얼마만한 힘을 실어줄 것인가" 하는 점이다.

이미 이명박 경제팀은 '출자총액제한제도'를 철폐하겠다고 공약했고, 나아가 경영권 승계를 위해 증여나 상속세율을 최고 30퍼센트 수준으로 과감히 낮추고 유예기간도 늘려줄 필요가 있다고 주장하는 실정이다. 민영화 계획 대상에 포함된 주요기업들에 대해서도 과거처럼 순전히 외국자본에게 인수되는 모양새가 아니라, 국내 대기업으로의 편입을 적극적으로 고려할 가능성도 있다.

또 금산분리 완화 정책을 통해 재벌기업의 금융지배를 적극화할 여지도 매우 높다. 정부가 지분을 보유한 우리금융, 기업은행, 전북은행 등이 금산분리 완화를 통해 외국자본이 아닌 국내 산업자본에게 인수될 가능성이 예견되고 있는 것이다. "금융산업 진출에서 외국자본에 대한 국내 자본 역차별" 논리는 재벌기업이 지속적으로 주장해왔다.

더 나아가 국내 기업들이 외국 금융자본으로부터의 인수합병 위협에 노출되어 있는 문제를 제기하면서 적당한 '경영권 방어' 수단을 보유해야 한다는 주장은 삼성을 중심으로 지속적으로 제기되었다. 차등의결권, 신주 3자 배정, 포이즌 필poison pill(독약처방) 등의 제도 도입 요구가 그것이다.

사실 국내 대기업들이 참여정부 들어서 이러한 주장들을 계속해오고 있는 이유는 이들이 신자유주의를 거부하고 과거 시스템으로 회귀하기 위해서라기보다는, 재벌들도 한국 신자유주의의 소극적 추종자가 아니라 적극적 플레이어로서 움직이겠다는 의지의 표현이다. 어찌 보면 신자유주의 종주국과 유사한 구조로 접근하고 있다고 봐야 한다.

따라서 이것은 신자유주의의 균열이나 약화가 아니라 반대로 국내외 자본을 막론한 신자유주의의 본격적인 경쟁구도를 예고한다고 보는 것이 정확하다. 과거와는 다른 국면의 신자유주의 플레이어의 등장을 예측하게 하는 대목이며 여기에 그 동안 유보적 역할을 했던 연기금이 적극적 플레이어로 가세한다면 정확히 신자유주의 경제의 전형이 만들어질 것이다.

이런 차원에서 '출자총액제한제도 폐지' '금산분리 완화' '경영권 방어기제 도입' 등 이명박 경제팀의 경제공약을 재해석할 필요가 있으며, 진보의 새로운 대응책을 고민할 필요가 있다. 그리고 이런 상황에 비추어볼 때 재벌의 전근대적 상속, 증여, 순환출자 구조를 비판했던 경향이나, 경영권을 보장하는 대신 사회적 대타협을 요구해온 흐름 모두가 이명박 경제 시대에는 실효성을 상실한 방안이 될 가능성이 있다.

신자유주의 경제와 반신자유주의를 둘러싼
충돌 예고

앞서 얘기한 대로 한국 경제는 이미 그 내적인 메커니즘으로 보나, 세계 경제와의 연계구조로 보나 정권 교체에 의해 그 향방이 쉽게 좌우되는 시대를 지나왔다. 최근 국가기관이나 민간연구소에서 발표한 2008년 경제전망 자료들에 따르면 2008년 경제성장률은 2007년의 4.9퍼센트와 비슷한 수준이 될 것으로 보인다. 설비투자, 내수 역시 특별한 호조 요인은 없으며 물가와 경상수지 측면에서는 부정적 예측이 우세하다.

이명박 대통령의 당선 직후 재경부 관계자도 "2008년 규제완화와 세제 완화정책으로 올릴 수 있는 성장률은 최대한 0.3퍼센트~0.5퍼센트선에서 그칠 것"이며, "미국 서브프라임 모기지 부실 확산과 전이, 글로벌 인플레이션, 중국 긴축정책 우려 등 불안요인이 지속되고 있어 국제금융시장의 회복 시기도 전망하기 어렵다"고 말하고 있다.[12]

이처럼 이명박 경제정책이 관철된다 해도 당장 한국 경제에 일대 변동이 닥치지는 않겠지만, 앞서 지적한 신자유주의 경제기조가 관철될 것은 틀림없는 사실이다. 한국의 진보는 과거 국민의정부나 참여정부 경제기조의 핵심을 조기에 파악하는 데 실패했고 이로 인해 신자유주의나 양극화에 효과적·적극적으로 대응하지 못한 것이 사실이다.

이명박 경제가 성장주의와 개발주의, 또는 부동산이나 세금의 외피를 띠고 현실화된다고 해도, 본질적으로는 시장화, 민영화, 금융

화, 개방화를 핵심으로 하는 신자유주의와 반신자유주의의 대립 구
도가 새로운 국면으로 접어들게 될 가능성이 높다. 이런 점에서 "신
자유주의 이데올로기를 넘어서는 대안적 가치 창출과 그를 위한 실
천에 나서지 않고서는 누구도 자신을 진보라고 감히 말해서는 안 되
는 시대가 열렸다"는 지적은 타당하다.[13]

신자유주의 보수세력의 집권이 이미 현실이 되고 진보에 대한 국
민의 지지가 극히 낮은 현재의 조건에서 총선 등 촉박한 정치일정을
이유로 너무 쉽게 정치역학적 계산에 몰두하는 것은 바람직하지 않
다. 오히려 국민생활에 대한 깊은 천착에 들어가서 진정으로 국민의
생활적인 욕구를 어떻게 풀어낼 것인가를 두고 고민하고 실천해야
한다. 이것이 진보의 근본적인 전환과 성찰을 말뿐이 아닌 실천으로
수행하는 길이다.

주 석

1   이 글은 2007년 대선 직후에 작성된 글이다. 따라서 2008년 인수위원회 활동 결과가 반영되어 있지는 않다. 그러나 인수위원회에서 제기한 정책 방향이 큰 틀에서 대선 공약의 범위를 벗어나지는 않고 있으므로 주요 방향을 잡는 데에는 무리가 없다.

2   《한국경제》, 2007년 12월 23일자.

3   이명박 대통령은 법인세를 포함한 강력한 감세정책을 펼 계획이며 이에 따른 세수 감소는 국가 예산의 10퍼센트인 20조 원 절감을 통해 해결하겠다고 한다. 그렇게 하면서도 국가 채무를 현재의 300조 원 수준에서 묶어둘 수 있다고 장담하지만 실제로는 재정적자가 커질 것이라는 전망이 우세하다.

4   《매일경제》, 2007년 12월 21일자.

5   《문화일보》, 2007년 12월 21일자.

6   전경련은 이명박 대통령에게 5대 제언을 하고 있다. ① 금융시장 불안 완화로 한국판 서브프라임 문제발생을 막아라, ② 고유가, 원자재 가격 폭등이 소비에 미치는 부정적인 효과를 최소화하라, ③ 규제완화 방향과 일정을 빨리 제시해 기업투자를 촉진하라, ④ 새 정부는 법질서 준수 원칙을 취임 초부터 확실히 하라, ⑤ 현 정부와 협조해 한미FTA 조기 비준을 추진하라 (《매일경제》, 2007년 12월 23일자).

7   《매일경제》, 2007년 12월 21일자.

8   《문화일보》, 2007년 12월 21일자.

9   2007년 11월 16일 발표.

10   2007년 5월 7일 〈창조적 금융을 위한 제언〉 주제의 이명박 특강 자료.

11   이명박 한나라당 경선 후보의 〈700만 금융 소외자의 재기를 위한 신용회복 4대 특별대책〉 보도자료.

12   《서울경제신문》, 2007년 12월 21일자.

13   김명인 인하대 교수, 《경향신문》, 2007년 12월 25일자.

통일_
이명박 정부 출범과 **통일정세** 전망

민경 우_통일뉴스 기획위원

이명박 정부의 대외정책은 국제정세의 다극화 추세, 극적인 양상으로 발전하고 있는 북미협상 국면에 의해 영향을 받을 것이다. 따라서 이명박 정부의 보수적인 체질에도 불구하고 시간이 갈수록 이에 순응하는 형태로 대외 정책이 조정될 가능성이 크다.

현재까지 이명박 정부의 통일정책을 평가해 보면 선先 핵폐기를 전제로 북한 주민의 생활을 GDP 3000달러 수준으로 향상시킨다든가 국제협력기금 400억 달러를 조성한다든가 하는 따위의 정책은 '행동 대 행동'의 원칙에 기초하여 '핵폐기·신고 vs 테러 지원국 해제'라는 목표를 두고 현실적으로 진행되고 있는 북미협상에도 못 미치는 관념적인 주장이다. 그러나 이러한 관념적이고 퇴행적인 주장이 구체적인 현실과 만났을 때 어떻게 전개될 것인가 하는 점은 앞으로 지켜보아야 할 과제다.

2007년 대선에서 이명박 후보가 승리했다. '김대중-노무현' 정부로 이어진 10년의 화해협력 정권을 마감하고 보수정권이 출범한 것이다. 이명박 정부에서 통일정세는 어떠할까?

다극화되고 있는 국제정세

1945~91년까지를 미소 냉전, 1991~2007년까지를 미국 주도의 일극질서로 나누어 본다면 2007년은 미국 주도 일극질서의 균열과 다극시대의 개막으로 정리해볼 수 있다. 이를 몇 가지로 나누어 살펴보면 다음과 같다.

미국이 대테러 전쟁과 이라크 침략을 강행하면서 미-일본-호주를 연결하는 호전적인 친미 블럭을 형성한 바 있다. 이는 아시아태평양에서 인도양에 걸친 해양 지역에 걸쳐 있고 중동에서 동북아시아에 이르는 석유 수송망과 일치한다.

2007년 7월, 일본 참의원 선거에서 자민당이 참패하고 우여곡절을 거쳐 후쿠다 온건 내각이 출현했다. 11월에는 호주에서 존 하워드 총리가 패배하였다. 2008년 11월 미 대선에서 공화당이 패배한다고 가정하면 앞서의 친미 블럭은 약화될 것이다.

또 유럽에서는 2007년 12월 리스본 조약을 통해 새로운 유럽의 출현이 가시화되고 있다. 리스본 조약은 2005년 프랑스와 네델란드에서 부결된 유럽연합 헌법을 부분적으로 수정한 것으로 2009년 1월 발효될 예정으로 있는데 아마도 우리는 가까운 시간 안에 독일, 프랑스와 같은 개별 국가 대신 유럽연합이라는 새로운 슈퍼 파위의 등장을 목도하게 될 것이다.

미국의 일극질서에 대한 가장 강력한 도전은 중-러 연대와 중-러를 중심으로 한 유라시아 대륙의 탈미 움직임이다. 중국이 엄청난 경제성장으로 세계의 이목을 집중시키고 있는 가운데 거대한 에너지, 석유 수요를 창출하여 세계 곳곳의 자원보유국과 협력을 강화하고 있다. 러시아는 석유, 가스 수출을 통한 경제적 수익을 바탕으로 미국의 군사적 헤게모니에 도전하고 있다. 2007년 5월과 12월 러시아가 미국의 MD체제(미사일 방어체제)를 무력화할 수 있는 다탄두 핵미사일 발사 실험을 강행한 것은 미국의 군사적 패권을 허무는 의미심장한 사건이다.

2001년 중-러가 중심이 되어 출범한 SCO(상하이협력기구)는 국경선 확정, 대테러 대응을 넘어 경제·군사협력 등으로 발전하고 있으며 인도, 이란, 파키스탄 등이 옵서버로 참가하고 있다. 2005년과 2007년 각각 동북아시아와 중앙아시아에서 군사훈련을 진행한 바 있는데 SCO가 포괄하는 국가와 협력 내용 등을 고려하면 나토NATO에 대응하는 국제기구가 유라시아 대륙에 출현하고 있다고 볼 수 있다.

미국의 일극질서를 균열시키는 또 다른 힘은 중동 질서의 혼미와 북한의 핵이다. 중동질서의 혼미는 이라크를 시작으로 이란과 파키스탄으로 번져가고 있는데, 미국은 이란을 중심으로 한 신흥세력에 미국의 전통적인 패권을 잠식당하고 아프가니스탄, 파키스탄 등에서 이슬람 원리주의의 대확산을 고민해야 하는 위험한 국면으로 발전하고 있다.

북핵의 경우에도 미국은 이를 용인하거나 협상 과정에서 엄청한 대가를 치를 수밖에 없을 것이다.

경제적 측면의 다극화

2007년 초 발생한 미국의 서브프라임 사태는 2007년 8월을 거쳐 2008년부터 심각한 상황으로 발전하고 있다. 미국은 5.25퍼센트였던 기준 금리를 2007년 하반기 세 번에 걸쳐 4.25퍼센트로 내린 데 이어 2008년 1월 한꺼번에 0.75퍼센트를 내리는 고강도 대책을 내놓았다. 그만큼 상황이 만만치 않음을 스스로 고백한 것이다.

금리 인하는 달러 약세국면을 가속화시킬 것이다. 전반 사정을 고려하면 지난 60년간의 달러 중심체제가 달러, 유로, 위안화 등이 경합하는 다극 질서로 이동하고 있다고 하겠다.

앞에서 서술했듯이 유럽과 중국은 이미 미국과 맞서는 글로벌 파워로 등장하고 있다. 이와 함께 주목할 만한 점은 러시아와 인도 등 거대자원(인구)국의 부상, 중동과 아시아의 국부펀드의 성장, 중남미의 베네수엘라를 중심으로 한 탈자본주의 실험 등이다. 경제적인 차원에서도 미국의 일극질서는 뚜렷이 약화되고 있다.

고조되는 북미 각축

이명박 정부에서 북미협상은 극적인 국면으로 돌입할 가능성이 크다. 먼저 미국은 다극질서의 가속화, 중동질서의 악화 등에 직면하여 상당한 양보를 치르고서라도 북핵문제를 해결해야 하는 상황이다. 반면 북한도 2012년 김일성 주석 탄생 100주년을 맞아 경제강국으로 도약한다는 계획을 갖고 있는 바 이를 위해서는 북미협상 타결이 긴요한 상황이다.

북미가 놓인 상황이 이러하기 때문에 2.13 합의의 2단계 조치가 난관에 부딪히고 있음에도 북미 모두 상황을 악화시키지 않고 있는 것이다. 2.13 합의 2단계 조치는 북한이 2007년 11월 약 30킬로그램의 플루토늄을 갖고 있으며 미국이 의심하고 있는 고농축우라늄과 북-시리아 핵 이전설은 별것이 없다고 신고한 반면, 미국은 같은 해 12월 5일 부시의 친서를 통해 플루토늄 50킬로그램과 고농축우라늄과 북-시리아 핵 이전설의 철저한 신고를 재요구한 상황에서 표류하고 있다.

이후 상황은 2008년 11월 미국 대선을 중심으로 두 가지 경우로 나눠 볼 수 있다. 하나는 2008년 대선 국면이 본격화되기 이전에 근본적인 해결은 아니더라도 4자(남·북·미·중) 종전선언과 같은 극적인 화해조치에 합의하는 경우이고, 또 다른 하나는 2009년 미국의 신정부 이후로 협상이 지연되는 경우다. 하지만 설사 해결이 차기 정부로 늦춰지더라도 양국 모두 상황 악화를 원치 않고 있기 때문에 2008년 시점에서 상황이 심각한 수준으로 악화되지는 않을 것이다.

2009년 미국의 신정부 출범 이후부터 북이 강성대국 원년으로 선포하고 있는 2012년까지 북미 사이에 건곤일척의 대협상이 벌어질 가능성이 크다. 이 단계에서는 북한의 핵폐기에 상응하여 미국이 치러야 할 대가, 주한미군의 지위 등이 본격 거론될 것이라는 점에서 한반도의 대지각변동이 예상된다.

이명박 정부의 통일정책

이명박 정부의 통일정책은 아직 명확하게 구체화되지 않았다. 그
럼에도 불구하고 현 시점에서 몇 가지로 나누어 이를 요약해보면 다
음과 같다.

첫째, 이명박 정부는 한·미·일 동맹의 강화, 대북화해협력 정책
의 재조정을 골자로 하는 전통 보수인 한나라당의 후보로 대통령에
당선되었다. 반면 보수적 실용주의·경제우선주의를 기치로 이회창,
박근혜 등 보수 강경파와 일정한 거리를 두고 독자적인 입지를 확보
하였다. 국내 정치지형으로만 보면 이명박 정부의 통일정책은 양자
사이에서 움직일 것으로 추정할 수 있다.

다음으로 이명박 정부는 점차 가속화되고 있는 다극화추세와 북
미 사이의 대회전의 틈바구니에서 대북정책, 통일정책을 구상해야
한다. 다극화추세는 한·미·일 동맹의 강화와 모순되는 것이다. 중
국과의 경제적 협력관계가 나날이 심화되고 러시아와의 자원 외교
가 중요한 조건에서 다극화 추세는 한·미·일 동맹의 강화라는 이명
박 정부의 정책과 충돌할 가능성이 있다. 이명박 정부는 한·미·일
동맹의 절대 강화라는 보수적 노선에서 벗어나 점차 중·러와의 협
력관계도 함께 고려하는 기조로 이동할 수밖에 없을 것이다.

대북정책은 북미협상의 진전 여부와 밀접하게 관련돼 있다. 북미
협상이 발전하거나 유지되면 이명박 정부의 대북정책은 이에 순응
하는 형태로 진행될 것이다. 이 경우 남북경제협력의 폭과 깊이, 남
북경제협력을 뛰어넘는 정치적 발전 정도에서 남북이 충돌할 가능
성이 있다.

반면 북미협상이 교착되면 남북관계는 복잡한 양상을 띠게 될 것이다. 10.4 선언의 핵심은 남북경제협력을 골자로 한 남북관계의 점진적인 발전인 바 한반도 정세의 발전 정도에 비하면 다소 온건한(?) 합의라고 할 수 있다. 만약 이명박 정부가 이 합의 수준 이하에서 대북정책을 추진한다면 북이 강경하게 대응할 가능성이 있다. 이 경우 김영삼 정권 시절과 같이 북미가 정세를 주도하고 남한은 그저 바라보는 양상이 재연될 수 있다.

끝으로, 이명박 후보의 대북 관련 공약과 인수위 활동을 평가하면 다음과 같다.

이명박 후보는 대통령 선거 당시 '비핵개방 3000'이라는 공약을 낸 바 있다. 북이 핵을 포기하면 북 주민의 생활을 GDP 3000달러 수준까지 올리겠다는 것인데 이는 '행동 대 행동' 원칙에 기초하여 2단계 조치인 '핵 불능화 신고-테러 지원국 해제'가 진행되고 있던 당시 상황과도 모순되는 것이다. 현실 정세와 배치되는 허구의 공약인 것이다. 북이 핵을 포기하면 국제협력자금 400억 달러를 조성한다는 계획도 유사한 수준이다. 중요한 것은 북이 핵을 포기하면 어떻게 할 것인가가 아니라 북이 핵을 포기하기 위해서 남이 무엇을 할 것인가이다. 이런 견지에서 보면 이명박 정부의 대북정책은 여전히 현실공간에서 벌어지는 파워게임과는 무관한 관념의 공간에서 움직이고 있다.

한편 북핵에 대한 입장 자체가 부재한 가운데 통일부 폐지, 남북경제협력 재조정과 같은 위험한 발상이 단발적으로 흘러나오고 있다. 이는 지난 10년간의 남북관계 발전을 거꾸로 돌리려는 불순한 시도다. 주변 정세의 발전 추세와 호응하여 적극적이고 대담한 구상으로 정세를 선도해야 할 상황에서 그 동안의 성과마저 부정하려는 퇴행적인 발상인 것이다.

　1월말 시점에서 이명박 정부의 대북·통일정책은 보수적이고 퇴행적이다. 이러한 이명박 정부의 정책이 다극화 추세, 북미협상 등과 같은 구체적인 현실과 만났을 때 어떠한 양상을 보일지는 이후 지켜보아야 할 과제일 듯하다.

민경우 ｜ 서울대 인문대를 졸업하고 범민련 남측본부 사무처장(1995~2002년)을 지내는 등 주로 통일운동에 참여했다. 최근에는 진보연대, 통일뉴스 등에서 활동하고 있으며 통일문제와 함께 청년실업, 사회공공성 등과 같은 사회경제적인 문제에 주력하고 있다.

11

금융_
신자유주의 금융화의 암울한 미래

이한진_사무금융연맹 정책국장

이명박 정부는 신자유주의적 금융정책을 통해 자본의 요구와 이해를 적극적으로 대변할 것으로 보인다. 이명박 정부의 금융정책의 주요 원칙 및 방향은 크게 두 가지로 볼 수 있는데, 첫째는 금융 관련 각종 규제를 완화함으로써 금융산업으로의 자본 유입을 유도해 경쟁력을 키우겠다는 것이고, 둘째는 민간시장 확대를 위해 국책금융기관의 민영화를 추진하겠다는 것이다.

이명박 정부의 이러한 금융정책에 맞서 진보진영은 금산분리 및 국책은행 민영화와 사모펀드 규제완화, 헤지펀드 허용 문제 등 단기적으로 사회적 동의를 확보할 수 있는 몇 가지 현안 문제에 집중해야 할 것이다. 

이명박 정부의 금융정책 키워드는 "금융기관이 아니라 금융회사로 바꿔야 한다"는 한마디로 정리할 수 있다. 이명박 대통령의 이러한 시각은 지난 1월 7일 주호영 당선자 대변인의 언론 브리핑을 통해 드러났다. 주 대변인은 "이 당선인은 평소 차세대 성장동력인 금융산업 발전에 큰 관심을 가지고 있었다. 특히 금융산업의 발전 차원에서 금융기관이라는 명칭을 금융회사로 바꿀 필요가 있다는 견해도 가지고 있다"고 설명했다. 이는 이익창출을 최우선적으로 고려해야 한다는 금융기관의 산업적 성격을 전면에 부상시킴으로써 향후 금융정책 추진 과정에서 금융의 공공재적 성격과 기능을 강조하는 진보진영과의 힘겨루기에서 유리한 고지를 선점하기 위한 의도적 발언으로 볼 수 있다.

금융기관의 금융기업화

사실 금융을 산업적 관점으로만 접근하려는 시도는 노무현 정부에서 본격화되었다. 참여정부는 금융산업을 미래의 신성장동력으로 육성하여 국민소득 3~4만 달러 시대를 열겠다는 목표 아래 금융 허브 구축을 적극 추진해왔기 때문이다. 금융 허브란 한마디로 국내 금융시장의 축을 자본시장(직접금융시장, 특히 유통시장)으로 이동시키고 금융자본의 보다 자유로운 수익창출 활동을 보장하여 국제금융 시장과의 연결고리를 더욱 강화함으로써 초국적 금융자본의 국내 유입을 촉진시키겠다는 것이다. 그뿐 아니라 국내 대재벌 등 국내 주요 자본의 금융자본화를 촉발시켜 국내 자본도 초국적 금융자본의 국제적 흐름에 적극 동참시키겠다는 전략이기도 하다.

이 때문에 참여정부는 자본시장통합법 제정과 보험업법 개정을 매개로 하여 한미FTA 협상을 타결하고 금융기관의 겸업화와 대형화를 적극 추동하는 가운데, 사모펀드에 대한 규제완화는 물론이고 헤지펀드 설립마저 허용하겠다는 입장을 견지해왔다.

이처럼 노무현 정부나 이명박 정부의 금융정책은 근본적으로 차이점이 없다. 차이가 있다면 이명박 정부가 정치·사회적 여건상 더 큰 추진동력을 확보하고 있다는 점일 것이다. 노무현 정부는 스스로의 지향점을 좌파니 진보니 하면서도 실제 정책 운용에서는 극단적인 시장중심적 신자유주의 관점을 유지함으로써 보수세력은 물론이고 자신의 핵심 지지기반이었던 기층세력으로부터도 철저하게 외면당하였다. 반면 이명박 대통령은 이미 대선 과정을 통하여 '친기업(자본)-시장-성장 중심적' 지향성을 분명하게 드러냄으로써 보수기득권 세력의 적극적 지지는 물론이고 고소득자 및 중산층 자산소득자를 포섭하였고, 반노무현 정서에 편승하여 적잖은 대중적 지지마저 끌어내고 있는 상황이다.

이명박 가는 길에 활짝 피는 자본의 환호

여기에 출범 초기 경제 환경의 차이도 일단은 이명박 정부에 유리하다. 노무현 정부 출범 당시는 신용카드 대란과 더불어 우리 경제의 양극화가 구조화되기 시작하던 시기였다. 반면 현 시점은 그 과정이야 어찌됐건 지난 5년간 적극 추진한 금융 허브 정책의 일환으로 자본시장통합법이 제정되었고, 보험업법 개정 방안이 도출되었으며, 무엇보다 한미FTA가 체결됨으로써 자본의 입지가 대폭 강화될 수 있는 기반이 구축되었다. 결국 이명박 정부는 친시장·친기업 중심의 신자유주의 노선을 본격적으로 추진할 수 있는 상당히 유리한 환경을 확보한 셈이다.

"금융기관이 아니라 금융회사"라고 하는 이명박 대통령의 금융정책 기조는 노무현 정부와 마찬가지로 신자유주의 금융세계화에 포섭된 결과라 할 수 있다. 따라서 신자유주의 금융세계화의 근본적 문제들을 먼저 살펴보는 것이 필요하다.

무엇보다 신자유주의 금융 시스템은 효율적 자원배분을 통하여 국민(민중)경제 발전에 기여해야 한다는 금융의 본원적 기능에 대한 지향과 배려가 없다. 신자유주의의 원천 동력 자체가 금융화를 기본으로 하기 때문이다. 금융화란 자본의 축적 방식 자체가 산업적 축적에서 금융적 축적으로 이동하는 경제체제의 구조적 변화를 의미한다. 따라서 신자유주의는 전세계적으로 금융시장(특히 자본시장)의 개방과 각종 규제 철폐를 꾀함으로써 국지적 금융시장들을 글로벌적 금융 시스템으로 통합시킨다. 이를 통해 초국적 금융자본의 보다 자유롭고 적극적인 수익창출 활동을 보장하는 것이다. 이러한 과정을 금융세계화라 한다.

자본축적 방식 변화와 리스크 전이轉移 위한
자본시장 선호

한편으로 금융화는 금융의 증권화securitization─실례로, 자산유동화증권/Asset Backed Securities─와 파생상품화를 추동하고, 단기 금융상품의 출현을 촉진한다. 금융의 증권화와 파생상품화는 자본 자체의 자기증식과 팽창에 크게 기여하는 한편, 수익창출 과정에서 자본 스스로가 필연적으로 떠안게 되는 위험을 자본시장(불특정 다수)에 전이시키는 중요한 역할을 수행한다. 이러한 변화들은 금융의 중심축이 간접금융에서 직접금융(자본시장)으로 이동하는 계기로 작동하게 되며, 종국에는 자본시장 내에서도 특히 유통시장의 기형적인 발달을 초래한다.

이러한 신자유주의 금융(세계)화는 크게 두 가지 측면에서 심각한 문제를 지닌다. 첫째, 불특정 다수(일반 대중)의 희생으로 자본의 수익을 보장함으로써 양극화를 구조적으로 강화한다는 점이다. 기본적으로 자본시장의 게임 법칙은 '하이 리스크high risk 하이 리턴high return'이다. 그런데 금융의 증권화와 파생상품화는 물론이고 정보의 비대칭성과 규모의 경제가 작동하는 자본시장의 특수성은 대자본 스스로가 안고 있는 리스크를 시장으로 전이시키는 메커니즘으로 작동한다.

결국 금융화의 수혜자는 자본가이며 최종적으로 리스크를 떠안아야 하는 일반대중은 구조적으로 피해자가 될 수밖에 없다. 금융화가 작동하는 사회에서 대중은 항상 재테크의 환상에 빠져 돈의 노예로 전락한다. 20대 80의 사회가 10대 90을 넘어 5대 95의 사회로 변해가는데도 불구하고 노동자가 자본가를 꿈꾸거나 자본에 묻어갈 수 있다는 허황된 꿈을 버리지 못하고 있는 것이 우리의 현실이다.

양극화 심화와 산업금융 시스템 붕괴로 가는 길

금융기관이 자신에게 주어진 본원적 기능(국민경제 차원의 효율적 자원배분 기능)을 방치하는 대신 일개 기업으로서 수익극대화에만 몰두함으로써 산업금융 시스템을 붕괴시키는 동시에 산업자본의 금융자본화를 추동함으로써 경제의 지속가능성을 축소시키고 양질의 일자리를 위협한다. 제2금융권에 비해 먼저 구조조정 과정을 거치며 대형화를 실현해 막대한 이익을 창출하고 있는 국내 은행 사례가 이를 잘 증명한다.

은행은 간접금융기관이 가져야 할 기업금융 중개라는 본연의 역할은 외면하고 각종 수수료 신설 및 소매금융과 디마케팅de-marketing 중심의 영업 전략, 인적 구조조정을 기반으로 한 비용절감 등으로 막대한 수익을 창출하고 있다. 하지만 어마어마한 배당금으로 그 수익을 향유하는 주주만이 유일한 수혜자일 뿐이다. 금융소비자 및 중소기업 등 여타의 이해관계자 모두는 큰 피해를 입기 때문이다. 제도권 금융기관을 이용하지 못하는 금융배제자가 약 720만 명, 비정규직 노동자가 약 870만 명에 달한다는 사실은 은행 대형화와 사유화의 폐해를 역설적으로 잘 대변하고 있다. 산업금융의 위축은 설비투자 부진으로 이어져 꾸준하게 성장잠재력을 갉아먹고 있는 동시에 안정적인 양질의 일자리 창출도 어렵게 하고 있다.

금융 규제완화와 국책은행 민영화

결국 이명박 정부는 신자유주의적 금융정책을 통하여 자본의 요구와 이해를 적극적으로 대변하고 있다. 그리고 대통령직인수위원회 산하 국가경쟁력강화특위 위원장으로 HSBC 부회장을 역임한 외국인 데이비드 엘든(현 두바이 국제금융센터기구 회장)을 임명한 사실을 통해서도 이명박 정부의 금융부문에 대한 높은 기대수준을 알 수 있다. 따라서 향후 신자유주의 금융화에 대한 진보진영의 보다 효과적인 대응을 위하여 이명박 정부의 금융정책을 좀더 세부적으로 살펴보자.

이명박 정부의 금융정책의 주요 원칙 및 방향은 크게 두 가지다. 네거티브 시스템 도입으로 규제를 완화하는 것과 민간시장 확대를 위하여 국책금융기관의 민영화를 조기에 추진한다는 것이 바로 그것이다.

규제완화의 세부 내용은 우선 열거주의 방식(포지티브 방식)의 금융감독 체계를 포괄주의 방식(네거티브 방식)으로 변경함으로써 금융관련 각종 규제를 철폐하겠다는 것이다. 동시에 금산분리 정책을 완화하여 산업자본(비금융자본)의 은행 진출을 단계적으로 허용함으로써 금융부문으로의 대규모 자금 유입을 도모하여 금융산업의 경쟁력을 강화한다는 것이다.

다음으로 민간시장 확대를 위한 자율화의 주된 내용은 국책은행 민영화를 통하여 국책은행과 민간 은행의 중복 영역을 폐지함으로써 금융시장 확대와 금융 빅뱅(대규모 구조조정)을 유도하겠다는 것이다.

기본적으로 신자유주의 금융화는 과잉유동성을 창출하고 이러한 과잉유동성은 세계적 차원에서 금융 및 실물자산의 심각한 버블을 조장하여 금융위기 가능성을 높이고 있다. 그리고 버블 붕괴와 금융위기 발생 시 그 최종적인 피해는 민초들의 몫이다. 이런 점에서 신자유주의 금융화에 대한 진보진영의 대응은 근본적으로 금융기관의 소유·지배구조를 개혁함으로써 금융을 특정 자본(특히 초국적 금융자본)의 사적 소유물에서 사회적 공공재로 새롭게 자리매김하는 역할, 곧 공동체 지향적 금융 시스템을 구축하는 일일 것이다. 사회적 공공재로서의 금융은 기본적으로 자본에 대한 통제와 규제가 가능하기 때문이다.

그런데 문제는 현재 진보진영이 가지고 있는 실력과 역량이다. 대안적 금융 시스템은 그만두고라도 현실의 금융 관련 현안에 대하여 진보의 입장에서 평가하고 비판할 수 있는 인적·물적 역량 모두 부족한 것이 우리의 현실이기 때문이다.

역량 부족 인정하고
전략적으로 현안 문제에 집중해야

결국 신자유주의 금융화에 대한 진보진영의 대응은 단기적으로는 현 시점에서 사회적 동의를 논리적으로 조직해낼 수 있는 몇 가지 현안 문제에 집중하는 것이 필요하다. 비교적 쉽게 시민사회의 동의를 얻어낼 수 있는 금융부문 현안에는 금산분리 및 국책은행의 민영화와 사모펀드에 대한 규제완화, 헤지펀드 허용 문제 등으로 판단된다.

금산분리의 경우 이명박 대통령은 애초 "산업자본의 은행 진출을 원천 차단하는 것은 글로벌스탠더드에 맞지 않으며, 이제 금산분리를 폐지해야 될 때가 됐다"며 폐지 입장을 가지고 있었다. 그런데 이에 대한 비판 여론이 커지자 "재벌의 은행 소유를 찬성하는 것은 아니며, 다만 외국자본의 지배를 막기 위해 연기금이나 수백 개의 중소기업이 공동 인수하는 방안을 추진하겠다"며 완화 입장으로 한 발 물러섰다. 그리고 비교적 높은 득표율로 당선된 후 금산분리의 '단계적 완화' 추진 방안을 밝히며 입장은 다시 수정된다.

금산분리 완화의 내용은 산업자본의 은행지분 소유 제한을 현행 4퍼센트에서 10퍼센트와 15퍼센트로 단계적으로 확대하고, 연기금의 은행 소유제한 규제도 풀어 대기업 6~7곳과 연기금이 컨소시엄을 구성해 은행을 소유할 수 있도록 하겠다는 것이다. 결국 금산분리 정책의 경우 향후 여론의 동향에 따라 얼마든지 바뀔 수 있는 개연성이 높다는 것을 알 수 있다.

삼성 비자금 사건도 금산분리 완화 반대 여론에 힘을 실어주고 있다. 삼성 비자금의 차명계좌 운용을 우리은행이 적극적으로 도와준 사례를 통하여 금산분리 원칙이 유지되는 상황에서도 대재벌이 은행을 마음대로 조정할 수 있다는 것을 현실적으로 증명한 셈이기 때문이다. 사실 금산분리 원칙이 붕괴될 경우 금융자본을 지배하는 소수의 산업자본에 과도하게 자본이 집중되는 '자원배분 왜곡 현상'이 발생하여 산업 전반의 독과점화는 물론이고 재벌 대기업 중심의 경제력 집중 문제도 심화될 것이다. 특히 재벌이 경제에서 큰 비중을 차지하고 있는 한국의 경우 금산분리를 폐지할 경우 더 심각한 문제를 낳을 수 있다. 재벌총수들이 5퍼센트 미만의 적은 지분만으로도 수십 개 계열사를 모두 지배하는 계열사간 순환출자 현상이 금융계열사를 통해 더욱 강화될 수 있기 때문이다.

여기에 금융의 독과점화는 지배주주와 경쟁관계에 있는 기업에 대한 대출을 제한하거나 중소영세기업의 자금조달을 더욱 어렵게 할 것이다. 또 금융 배제자(서민금융 위축 등)를 확산시키는 등 국민경제 차원에서의 자산의 효율적 배분이라는 금융의 공적 기능이 더욱 위축될 것이 분명하다.

금산분리 완화, 적극 대응하면 철회 가능성 높아

신자유주의 추종세력들은 금산분리 폐지가 전세계적 추세인 것처럼 선전하고 있지만 사실은 그와 반대다. 산업자본의 은행 소유를 원천적으로 금지하는 국가가 세계적으로 많은 편은 아니나 대부분의 국가에서는 금산분리제도 형태와 상관없이 일반기업(산업자본)들이 주요 은행을 소유하는 사례가 거의 없다. 이는 대부분 사후적으로 금융감독 차원에서 소유를 막고 있기 때문이다. 비금융기업이 은행을 소유할 때, 금융감독 당국에서 비금융기업까지 은행의 감독과 동일한 수준에서 감독을 함으로써 일반기업들이 감내하기 어려울 정도의 자기통제나 자금출처 공개의무를 갖도록 하고 있는 것이다. 결국 전세계적으로도 산업자본의 은행업 진출은 원칙적으로 허용되지 않고 있다고 볼 수 있다. 게다가 1980년대 이후 은행의 민영화 추세에도 불구하고 여전히 전세계적으로 국가의 은행 소유 및 통제가 매우 강한 것이 일반적인 현상이다. 국가의 은행 소유 및 통제는 프랑스계 국가에서 가장 높고 영미계 국가에서 가장 낮으며, 국가의 지분 보유가 없는 완전 민영화 체제는 영미계의 특수 현상이라 할 수 있다. 게다가 다른 나라의 경우 다양한 방법으로 주식 소유 분산이 잘 이루어지고 있어 특정 주주의 독점을 배제하고 있다.

더구나 한국의 경우 은행 소유에 대해 여러 사전적 통제장치를 가지고 있었지만, 론스타의 경우에서 보듯 사전적 통제장치조차 제대로 작동하지 못하고 있다. 이런 상황을 감안할 때, 사전 통제 폐지-사후 통제 강화 운운하는 것은 매우 비현실적임을 알 수 있다. 한발 더 나아가 국내 대기업 집단은 이미 다양한 비은행금융회사들을 소유하고 있다는 점과 자본시장통합법과 보험업법 개정 등으로 은행과 비은행금융기관간의 업무영역이 모호해지고 있다는 점 등을 감안할 때 진보진영의 금산분리 논리는 좀더 외연을 확장할 필요가 있다.

금산분리 철폐 논쟁의 외연 확대 필요

자본시장통합법으로 증권회사도 지급결제 기능을 보유하게 되었으며, 보험업법 개정안의 경우 어슈어뱅킹assure banking(보험회사가 은행업을 겸하는 것) 도입은 물론이고 보험지주회사의 경우 은행지주회사에 비해 설립 요건을 완화하겠다는 입장을 밝히고 있다. 이는 산업자본이 굳이 은행을 소유하지 않더라도 증권사나 보험사를 통하여 은행을 소유하는 것 이상의 효과를 창출하는 것이 가능하게 되었음을 의미한다. 결국 기존에 금산분리가 적용되지 않는 제2금융권의 경우도 은행에 준하는 금산분리 원칙을 적용하여 산업자본과 금융자본의 연계 고리를 확실하게 끊어낼 필요도 있다. 국내 대기업 금융업종의 시장점유율은 2005년 3월 총자산 기준으로 생보사 75.2 퍼센트, 손보사 47.6퍼센트, 증권사 35.7퍼센트, 자산운용사 16.6퍼 센트, 신용카드사 63.9퍼센트에 달하고 있기 때문이다. 삼성그룹도 2005년 기준 총자산 217조 원 중 금융계열사 총자산이 132.8조 원으 로 그 비중이 58.6퍼센트에 달하고 있다.

[도표 2-4] 대기업집단 비은행 금융회사 소유 현황

구 분	기업집단 수	금융기관 수	보험	증권, 선물	카드, 캐피탈	저축은행 등
출자총액제한 (자산 6조 원 이상)	11(9)	24(24)	6	6	4	8(8)
상호출자제한 (자산 6조 원 이상)	55(25)	68(67)	10	17	10	31(30)

(출처 : 공정거래위원회, 2005년 4월 말 기준)

금융기관의 외국인 지분 소유 제한 의제

금산분리에서 한 발 더 나아가 금융기관에 대한 외국인 지분 소유 제한도 진보진영 내에서 주요 의제로 제기할 필요가 있다. IMF 외환 위기 이후 상장기업에 대한 외국인 지분 제한이 철폐되었다. 그 결과 금융산업별 외국인 지분 현황을 보면 초국적 금융자본이 실질적으 로 대부분의 국내 은행들을 지배하고 있다는 사실을 알 수 있다.

여기서 중요한 것은 초국적 금융자본이 은행 지배를 바탕으로 한국 사회의 신자유주의 금융화를 적극 추동해왔다는 점이다. 자본시장통합법이나 보험업법 개정안도 미국 중심의 초국적 금융자본의 요구가 전격 반영되어 있다는 사실은 이미 한미FTA 금융서비스 협상을 통해 드러난 바 있다. 따라서 향후 국내 증권사나 보험사에 대한 초국적 금융자본의 급속한 유입은 쉽게 예상할 수 있다. 그리고 이들 자본의 제2금융권 지배는 한국 사회의 금융화를 더욱 가속화시킬 가능성이 크다. 최근 국부 유출 논란과 함께 외국 투기자본을 규제해야 한다는 국민적 여론이 일고 있는 점을 감안하면 충분히 제기할 만한 의제다.

[도표 2-5] 금융산업별 외국인 지분 현황

구분	은행	증권	보험
평균지분율	62.96%	12.36%	17.97%

(출처 : 증권거래소 &금융감독원 전자공시 시스템, 2006년 5월 16일 기준)

주 : 은행의 경우 상장폐지된 SC제일은행과 한미은행 포함(2005년 말 기준)

국책은행은 중소기업 생존에 반드시 필요

다음으로 국책은행 민영화시 중소기업 금융이 크게 위축됨으로써 대기업 중심의 경제력 집중 문제가 더욱 심화될 가능성이 높다는 점에서 이에 대한 보다 적극적인 대응이 필요하다. 현재 국책은행인 기업은행과 산업은행은 은행권 전체 중소기업 대출의 18퍼센트 이상을 담당하고 있다. 중소기업 의무대출비율이 법적으로 규정되어 있기 때문이다. 일반 시중은행은 한국은행 규정에 따라서 권고비율만 적용되기 때문에 중소기업 지원의 실효성이 떨어진다.

결국 이들 은행이 민영화되면 중소기업 대출 환경이 크게 악화될 뿐 아니라 적용금리도 상승함으로써 금융비용 부담이 가중될 것이고, 이는 채산성 악화로 이어져 중소기업의 생존 자체를 어렵게 할 것이다. 중소기업의 경쟁력 강화가 양질의 일자리를 창출하는 최선의 해법일 수 있다는 점에서 그나마 일부 남아있는 국책은행은 유지될 필요가 있다.

더불어 금융의 단기화 및 투기화를 억제하여 과잉 유동성에 의한 금융위기 발생 가능성을 막기 위해서라도 사모펀드에 대한 규제를 완화하고 헤지펀드를 국내에서 허용하려는 시도도 막아야 한다. 한국은행이 발표한 국내 과잉 유동성을 보면, 2000년 말 1043조 8862억 원에서 2007년 9월말 현재 1992조 5008억 원으로 거의 두 배 가까이 급증했다. 이는 한국도 과잉 유동성 함정에서 벗어나기 쉽지 않다는 것을 보여준다.

투기적일 수밖에 없는 사모펀드

기본적으로 사모펀드(헤지펀드 포함)는 그 속성상 투기적일 수밖에 없다. 이러한 투기적 속성은 자금 조달 방법 차이에서 비롯한다. 불특정 다수를 통해 자금을 조성하여 운용하는 공모펀드와 달리 사모펀드는 특정한 소수를 대상으로 특수한 목적 아래 자금을 조성하고 운용한다. 이 때문에 공모펀드가 시장평균수익률 수준의 수익을 추구하는 데 반하여 사모펀드는 시장수익률을 대폭 초과하는 투기적 수익을 추구하게 된다.

투기적 수익 창출이 가능한 것은 사모펀드가 공모펀드와는 달리 금융정책당국의 규제나 통제 정도가 약하기 때문에 주식 및 채권 또는 이와 연계된 파생상품 등 다양한 금융상품에 대한 투자가 가능하기 때문이다. 사모펀드는 세부적으로 M&A 시장에서 기업경영권 획득에 관심을 갖는 사모펀드와 경영권 획득과는 상관없이 거대한 자본력을 기반으로 특정 유통시장(주로 현물 및 파생상품 시장)들을 오가며 수익률 극대화를 도모하는 헤지펀드로 구분된다.

《월스트리트 저널》에 따르면 2004년과 2005년 사모펀드의 하나인 바이아웃 펀드의 연평균 수익률은 24퍼센트였다. 당시 S&P500 지수로 평가한 시장의 연평균 수익률은 7~9퍼센트 수준에 불과했다. 사모펀드의 하나인 바이아웃Buy-Out 펀드 사례를 보면, 이를 사들인 기업에서 얼마나 철저하게 수익을 짜내는지 알 수 있다. 이들은 조성된 자금 외에 자금을 차입하여 기업을 사들이고, 일방적으로 노동자의 희생을 강요하는 강력한 구조조정을 거쳐 주식을 재상장하거나 3자에게 매각함으로써 투기적 수익을 창출한다. 더구나 이들은 결코 기업을 재포장해 내다 파는 순간까지 수익창출을 유보하지 않는다. 기업 경영권을 확보한 순간부터 부동산 매각이나 유상감자, 고배당 등을 통해 철저하게 자금 회수에 들어간다. 결국 주주자본주의의 가장 심화된 모습이 사모펀드의 투기적 행태라 할 수 있다.

헤지펀드는 파생금융상품을 교묘히 조합해 도박성이 큰 신종상품을 개발·유통시키기도 하는데, 이것이 국제금융시장을 교란시키는 하나의 요인으로 지적되고 있다. 국내에서 이들이 벌인 투기적 행태들도 비일비재하다. 소버린의 SK 경영권 위협, 뉴브리지캐피탈

의 제일은행 인수, 칼라일의 한미은행 인수 및 론스타의 외환은행
인수 후 재매각, 브릿지, 메리츠, 서울증권 등에서 일어났던 사모펀
드 인수 후 유상감자 및 고배당 등 편법적 수익창출 행태 등이 그 실
례다.

사모펀드의 파괴적 속성과 과잉 유동성 창출

헤지펀드와 사모펀드의 이러한 특성과 대규모의 자금차입을 통
한 파격적인 레버리지 창출 효과는 자본의 유동성을 대폭적으로 확
장시키는 요소로 작용해 금융시장의 안정성을 저해하는 핵심 요소
로 작용한다. 게다가 이들 펀드는 국내 재벌들의 계열사 지원이나
내부자금 이동 수단, 나아가 불법적 자금 이동이나 비자금 조성에
악용될 우려도 있다. 이처럼 많은 문제들을 내포하고 있는 사모펀드
를 현행법으로도 적절하게 통제하지 못하는 상황에서 오히려 규제
를 완화하고 헤지펀드마저 허용하겠다는 것은 한국의 금융시장을
노골적으로 투기판으로 만드는 행위다.

사실 전세계적으로도 사모펀드 및 헤지펀드에 대한 규제를 강화
해야 한다는 것이 공감을 얻고 있다. OECD 회원국 15개 노조 지도
자가 이들 펀드에 대한 공동대응에 합의하였으며, 미국은 2003년 자
산운용규모 2500만 달러 이상의 헤지펀드에 대하여 증권거래위원
회 등록을 의무화하였고, 스위스는 이미 1994년에 헤지펀드의 연방
은행위원회 등록을 의무화한 바 있다.

아찔한 과잉 유동성 해법은 진보진영의 과제

WTO 통계에 따르면 국제외환시장 규모는 하루 거래량 기준으로 약 1조 9000억 달러(2000년 기준)에 달한다. 그럼에도 불구하고 실수요 목적의 외환거래는 하루 평균 1000억 달러 남짓에 불과하다. 결국 전체 외환거래의 95퍼센트는 투기적 목적의 거래임을 알 수 있다. 국내 파생상품(선물&옵션)시장도 총 거래액의 95퍼센트 이상이 투기적 거래다.

국제금융시장을 뒤흔들고 있는 미국 발 서브프라임 모기지 사태만 보아도 모기지 대출을 기초자산으로 한 CDO(자산담보부증권) 시장 규모는 1조 9000억 달러에 불과하지만 여기에서 파생된 CDS(신용불이행 스왑) 시장 규모는 22조 달러에 달한다고 한다. 주요 자본주의국이 소유한 전세계 금융자산과 부채의 총합은 1970년 GDP 총합의 50퍼센트에서 2004년 330퍼센트로 급상승하였다. 국제스왑파생상품협회에 따르면 2006년 말 기준 이자율 스왑, 통화 스왑, 이자율옵션의 평가금액은 286조 달러에 달한다고 한다.

이러한 결과는 초국적 금융자본들이 수익극대화를 위해 파생금융상품시장의 특성을 적극 활용하고 있기 때문이다. 최소한의 증거금만 있으면 투자원금의 10~50배에 달하는 투기적 거래가 가능하기 때문에 일국 차원에서 통제 불가능한 과잉유동성이 창출되고 있는 것이다.

이런 이유로 무제한적 유동성과 자율성을 확보하고자 하는 자본의 부절적한 욕망을 적절하게 통제하지 못하면 모두가 공멸할 수 있다는 공감대가 전세계적으로 확산되고 있다. 상황이 이러함에도 오직 한국만이 오만과 독선 속에 무조건적인 개방과 규제철폐를 외치고 있다. 이미 이명박 정부에게 기대할 것은 아무것도 없다는 것은 분명해졌다. 새 정부의 금융 관련 수준은 김경준이라는 금융전문가 한 사람에게도 못 미치는 실력임이 분명하기 때문이다.

결국 금융공공성을 확립하고 대안적 금융 시스템을 구체적으로 제시함으로써 신자유주의 금융세계화를 극복하는 과제는 궁극적으로 진보진영의 몫으로 남았다. 구체적이고 명확한 비전과 대안을 제시함으로써 여론을 조직하고 이를 통해 대중적 지지기반을 획득하여야 한다. 지금부터라도 진보진영 내 금융 관련 역량을 축적하고 결집해 나가는 것이 새로운 미래를 열어가는 최선의 길이라는 것을 명심하자.

이한진 | 1990년대 금융시장의 최전선에서 애널리스트로 일했다. IMF 당시 정치권력의 덫에 걸려 오랫동안 여러 일자리를 전전하기도 했지만, 현재는 사무금융연맹에서 진보금융네트워크(연구소) 설립 사업을 추진하고 있다.

농업_
이명박 정부에서의 **농민운동** 과제

강민 수_농민연합 사무국장

"새만금을 동아시아의 두바이로 만들겠다"는 이명박 정부의 대선공약은 농업에 대한 새 정부의 정책 방향을 가장 극명하게 보여주고 있다. 이명박 정부의 등장으로 노무현 정부 이후 지속되어온 농업부문에 대한 신자유주의 정책에 신개발주의까지 가세함으로써 농업의 위기는 더욱 심화될 것이다. 이명박 정부의 시장주의에 기초한 농업구조조정을 막아내지 못한다면 농업과 농촌의 붕괴는 필연이다.

파국을 피하는 길은 국민전체의 합의와 동의에 기초해서 농업과 농촌을 적절하게 유지·발전시켜 나가는 것이다. 이 길은 국가의 개입 없이, 국민의 참여 없이는 불가능하다. 농민운동이 운동의 의제와 방향을 전환하고 개인과 단체의 네트워크를 구성하여 희망의 거점을 구축하려는 이유가 여기에 있다.

농림·해양·수산 부문 정부조직 개편 문제

지난 1월 16일 대통령직인수위원회는 정부조직 개편에 관한 발표를 통해 농림부의 명칭을 '농수산식품부'로 바꾸고, 기존 농림부의 식품 업무를 강화한다고 밝혔다.

식품 관련 행정 업무 일원화는 농민단체들의 요구사항이기도 하고 농장에서 식탁까지 생산과 유통을 일관되게 관리하는 것이 세계적 추세이기도 하다. 다만 국민적 관점에서 볼 때 식품안전에 관한 업무가 부처간의 이견 때문에 통합되지 못한 점은 문제다.

정부의 농업 정책이 생산뿐 아니라 소비와 유통으로 영역을 넓혀 나간다는 것은 농업부문에 더 많은 시장적 요소가 개입된다는 의미다. 소비자의 변화에 맞게 농민도 변해야 하는 것은 당연하다. 그러나 당연한 것에 적응하지 못하면 살아남지 못하는 것도 당연하다. 그런 의미에서 이명박 정부의 농업정책은 참여정부의 신자유주의적 시장주의를 계승하면서 새로운 형태로 진화해 갈 것이다.

이명박 정부의 첫 번째 농업정책은 1차 산업 연구기관인 농촌진흥청(이하 농진청)을 폐지하고 이를 정부출연기관으로 전환하는 것이다. 이는 이명박 정부의 농업정책이 시장주의의 입장에서 일관되게 진행될 것임을 보여주는 대표적 사례다.

인수위가 농진청을 비롯한 국립수산과학원, 국립산림과학원 등을 폐지하겠다며 내세운 논리는 정부의 예산을 절감하고 연구의 효율성 높이는 한편, 이를 통해 정부의 통제에서 벗어나 우수한 연구 인력을 확보할 수 있다는 것이었다. 그러나 2005년 기준으로 정부출연기관의 재원 중 95퍼센트를 정부가 부담하고 있는 상황에서 농진청을 정부출연기관으로 전환한다 해도 예산절감 효과는 미미할 것이다. 더욱이 1차 산업의 연구는 짧게는 10년에서 길게는 20년 이상이 소요되는 매우 장기적 성격을 띨 수밖에 없는데 농진청을 폐지하여 연구의 효율성을 확보하겠다는 것은 상황에 대해 무지하거나 애써 외면하려는 것 둘 중 하나다. 차라리 공무원 수를 줄이기로 작정하고 살펴보니 농업부문이 제일 만만해서 그렇다고 얘기하고 동의를 구하는 것이 솔직한 처사라고 생각한다.

국민을 섬기겠다는 대통령이 농민을 이리 무시해도 되는 것인가? 대통령이 생각하는 국민 속에 농민은 포함되지 않는 것은 아닐까?

신자유주의에서 신개발주의로의 진화

농림·해양·수산 부문에 대한 이명박 정부의 조직 개편이 시장주의에 기초해 농업부문의 구조조정을 가속화하겠다는 의지의 표현이라면, "새만금을 동아시아의 두바이로 만들겠다"는 공약은 이명박 정부의 농업정책이 신자유주의를 넘어 신개발주의로 진화해 나갈 것임을 압축해서 보여주고 있다.

애초에 새만금은 많은 반대에도 불구하고 식량의 안정적인 공급을 목적으로 막대한 농업예산을 투자해 만든 곳이다. 그런데 이명박 대통령은 건설사 사장 출신답게 농토를 식량이 생산되는 곳이 아니라 건물을 짓는 데 필요한 토지로 파악하고 있는 것 같다. 농촌진흥지역 등의 농지를 공장 용지 등으로 전환할 경우 같은 면적의 대체농지를 마련토록 한 제도를 폐지하려는 움직임도 그런 관점에서 비롯한 것이다. 한번 훼손되면 다시 복원하기 어려운 농지의 특성에 비추어 농지에 대한 정책적 접근은 보수적으로 진행되어야 함에도 불구하고, 이명박 정부의 신개발주의로 인하여 농지에 대한 유동성은 더욱 확대될 것이다.

한 발 더 나아가 농림부 산하의 산림청을 환경부가 아니라 건설부에서 이름이 바뀐 국토해양관리부로 이관하기로 한 방침 역시 농지와 더불어 산림도 관리와 보전의 차원에서 접근하는 것이 아니라 개발의 관점에서 대하고 있음을 보여주고 있다. 이제 우리는 자신도 모르게 농업부문에서 선택과 집중, 시장과 개발이라는 단어에 더욱더 노출되고 익숙해질 것이다.

농업경영체등록제를 통한 개별농민에 대한 선택과 집중, 농업개방 정책의 지속적 추진, 그리고 이를 극복하기 위한 수출 농산물의 개발과 소비자의 변화에 대응하는 마케팅 능력의 강화, 여기에 더해 두바이에서 한반도대운하로 이어지는 신개발주의자들의 공세 앞에 살아남을 농민이 얼마나 있을 것이며, 종국에는 과연 농업이 얼마만큼 더 버틸 수 있을지 의문이다.

시장주의에 기초한 구조조정으로 농업을 살린다고?

신자유주의에 더해 신개발주의로 진화하고 있는 이명박 정부의 농업정책은 농업의 위기를 더욱 가속화할 것이다. 문제는 이명박 정부가 추진하려는 신자유주의에 기초한 시장주의가 결코 한국 농업을 구원할 수 없다는 점이다. 참여정부의 농업정책 실패는 시장주의를 시행하지 않아서가 아니라 시장정책이 실패했기 때문이다.

농업은 다원적 기능을 가진 생명산업이지만 대표적인 시장 실패의 장이기도 하다. 그렇기 때문에 농업은 경쟁과 효율만의 잣대가 아니라 공익적 기능이라는 이중의 잣대가 필요한 영역이다. 인수위의 생각과는 다르게 농축산업의 유지·발전 없이 선진국이 된 나라는 지구상에 하나도 없으며 선진국들은 이미 오래전부터 농산물의 품질 향상과 안정적 공급을 위해 막대한 투자를 하고 있는 현실이다.

농업의 붕괴가 노동문제, 도시문제, 환경문제로 전화해 갈 것이라는 사실도 분명하다. 파국을 막는 길은 국민과 함께 농업과 농촌을 적절하게 유지·발전시켜 나가는 것이다.

국민과 함께하는 농업, 희망의 거점 구축

이명박 정부의 시장주의가 문제를 근본적으로 해결할 수 없다면 농민운동은 과연 농업을 구원할 수 있을까? 이 문제에 대해서 결론부터 말하자면 지금 같은 상황에서 지금과 같은 방법으로는 어렵지 않을까 하는 생각이다.

농민운동의 의제가 과거지향적이며 점차 고립화되고 있는 상황에서 젊고 새로운 방향으로의 의제 전환과 실천적 연대가 없다면 농민운동은 국민적 냉소의 늪으로부터 쉽게 빠져나올 수 없을 것이다.

농민운동이 농업을 구원하자면 농민운동의 의제와 방향을 전환해야 한다. 방어적·과거지향적 의제에서 공세적·미래지향적 의제로 전략적 노선을 전환하고 투쟁 대상을 과학적으로 설정하는 것이 필요하다. 이러한 농민운동의 의제와 방향 전환이 도시 소비자, 젊은 세대, 환경단체, 학계, 진보적 개혁적 시민사회단체들로부터 지지와 호소력 발휘를 가능하게 할 것이다.

첫째, 현재 농업이 가지고 있는 공간적·세대적·지역적 고립을 극복하고 도시와 농촌이 연대하고 투쟁할 수 있도록 국민농업을 실현해야 한다. 먹을거리 안전 문제, 우리농산물 학교급식과 단체급식, 유기농과 생활협동조합 조직운동, 도시농업 및 주말농장 체험 등을 매개로 도시와 연대하고, 환경친화적 재생에너지, 대체에너지 문제 등을 통해 환경운동세력과도 연대해야 한다.

둘째, 투쟁의 구호와 방법도 '반대'가 아니라 '대안'을 중심으로 전환해야 한다. 시위를 하는 목적은 정보를 전달하고 사회적 공감대를 확산하며 내부적으로는 투쟁을 통해 조직을 강화하는 효과를 가질 수 있다. 하지만 물리력 행사 시위는 지속가능한 투쟁 방법이 될 수 없기 때문에 운동 방법의 대안적 접근이 요구된다.

농민운동은 전체 사회변혁과 더불어 지역적으로 '희망의 거점'을 구축·확대해가야 한다. 농업은 지난 20여 년간 각자의 영역에서 진보적 가치를 실현하기 위해 분화한 민족민주운동 세력의 다양한 가치와 실천을 통합적으로 수용할 수 있는 진보적인 영역임을 기억해야 한다.

강민수 │ 1980년대 말 학생운동을 시작으로 2003년부터 농민연합 사무국장으로 일하고 있으며 6.15공동위 농민본부 사무처장으로도 일하고 있다.

13

교육 _
그들만을 가르치려는 **교육정책**

이원 영_최순영 의원 정책보좌관

이명박 정부의 교육정책 기조는 자율성 강화, 각종 규제 완화라 할 수 있으며, 구체적으로는 고교 다양화, 대학입시 자율화, 영어 사교육의 공교육 흡수 등의 정책으로 표현되고 있다. 그러나 이러한 교육정책은 교육 불평등의 심화로 이어질 것이란 우려의 목소리가 높다. 이미 우리 사회의 사교육비 규모는 국가 교육예산을 능가할 정도에 이르렀으며 교육을 통한 부와 가난의 대물림도 구조화되어가고 있다.

학생의 학력이 부모의 재력과 정보력에 의해서 결정되어서는 안 된다. 교육은 모두의 것이며 국가가 공평하게 제공할 의무가 있기 때문이다. 대체 교육이란 무엇이어야 하는지에 대한 근본적 성찰에서 출발해 긴 호흡으로 공교육의 틀을 새롭게 구상해야 할 때다.

교육 쓰나미 몰고올 이명박 정부의 교육정책

우리나라 교육은 꼬일 대로 꼬인 실타래와 같아서 어디서부터 손을 대야 할지 실마리를 찾기가 어렵다. 이명박 대통령은 후보시절부터 지금까지 눈길을 끄는 교육정책들을 쏟아내며 만만치 않은 파장을 불러일으켜 왔다. 여러 가지 도덕적 흠결에도 불구하고 이 대통령에 대한 기대가 큰 이유는 그의 강한 추진력 때문이다. 그렇다면 그는 자신의 장점을 활용해 교육문제도 잘 풀어낼 수 있을까? 청계천 물길을 내듯 한반도대운하를 뚫으려는 그 강한 내공이 과연 교육문제 해결에도 적용될 수 있을까? 국민들은 기대와 함께 한편으로는 노심초사하고 있다. 교육문제 해결이 토목공사보다 훨씬 어렵다는 것을 잘 알고 있기 때문이다.

이명박 정부의 교육정책 윤곽이 어느 정도 드러나고 있다. 실체가 드러날수록 우려도 점점 커져가며 찬반 논란이 증폭되고 있다. 아마도 5년 임기 내내 이러저러한 정책들이 줄줄이 쏟아져 나올 것이다. 그리고 자율성 강화, 각종 규제 완화라는 핑계로 시행될 정책들이 교육 불평등을 더욱 심화시킬 것이라는 예측이 무성하다.

이명박식 교육정책에 대해 노무현 대통령은 "3불정책 폐지라니, 이러다 교육 쓰나미가 오는 것이 아닌가요?"라며 특유의 직설화법으로 강도 높게 비판하기도 했다. 과연 그의 일기예보는 정확할까?

✚ 이명박 대통령의 교육공약_ "학교 만족 두 배, 사교육 절반"
  1. 고교 다양화 300 프로젝트 : 기숙형 공립고 150개, 마이스터 고교 50개, 자율형 사립고 100개

2. 영어 공교육 완성 프로젝트 : 매년 영어로 수업하는 영어 교
사 3000명 양성, 영어로 하는 수업 확대, 교육특구 확대 등

3. 3단계 대입자율화 : 학생부 및 수능 자율화(1단계), 수능과목
축소(2단계), 완전 자율화(3단계)

4. 기초학력, 바른 인성 책임교육제 : 초등학교 기초학력진단
평가, 중고등학교 학업성취도 평가, 학교별 성적 및 정보 공
개 등

5. 맞춤형 학교지원 시스템 : 교원평가, 교원평가 결과와 교원
연수·자격 연계, 국가교육과정위원회 설치 등

교육 현실 진단

이명박 정부의 교육정책 방향은 고교 다양화, 대학입시 자율화,
영어 사교육의 공교육 흡수 등으로 요약할 수 있다. 자율형 사립고
100개를 증설하고 그동안 교육부가 쥐고 있던 대학입시권한을 대학
에 넘겨주겠다는 것인데, 이 점에 대해 국민들의 기대와 우려가 교
차하고 있다.

이렇게 보면 노무현 대통령의 걱정은 충분히 이해가 가기도 한
다. 하지만 과연 노무현 정부의 교육정책은 문제가 없었을까?

결코, 그렇지 않다. 우리나라 교육문제는 이미 오래전부터 심각
한 상태였다. 아이들은 어릴 때부터 입시 지옥에 시달리고 학부모들
은 사교육비로 고통받고 국민들은 학벌의 노예로 전락한 지 오래다.

지난 2007년 현대경제연구원의 발표에 따르면 가구당 월평균 사

교육비는 60만 원으로 이는 월평균 지출액의 25퍼센트, 소득의 19퍼센트에 해당한다. 2008년 사교육비는 교육부 예산인 30조 원을 넘어설 것이라는 예측도 있다. 입시 보습학원은 이미 3만 개를 넘어섰고 해마다 늘고 있다. 공교육비보다 사교육비가 많은 나라가 전세계에 또 있을까?

또 사교육비 지출의 영향력이 학력의 차이로 나타나 교육 불평등도 점점 심해지고 있다. 강남지역 고등학교, 특목고 출신들의 서울대 진학률이 점점 높아지고 있는 것이 그 단적인 예다. 월 소득 600만 원 이상인 가정의 자녀는 10퍼센트 정도가 이른바 명문대에 진학하는 반면 월 소득이 100~200만 원대인 가정의 자녀는 고작 1~2퍼센트만이 명문대에 진학하고 있다.

특목고·자사고를 나와야 좋은 대학을 가기 때문에 학부모들은 아이들을 그런 학교에 보내려고 난리다. 지난해 발생한 김포외고 시험문제 유출 사건은 문제의 단면을 여실히 보여주었다.

2007년 말 현재 전국의 특목고·자사고 수는 모두 43개다. 이 가운데 12개교는 최근 3년 사이에 신설되었다. 고교평준화를 보완하겠다는 것이 명분이었다. 그러니 노무현 대통령도 할 말은 없다. 아슬아슬한 공교육의 둑에 생긴 구멍을 확대한 책임이 있기 때문이다. 거기다가 늘어나는 사교육비도 못 잡았고 대학들의 편법적인 학생 뽑기도 엄격하게 감독하지 못했다.

이 때문에 이명박 정부의 교육정책을 노무현 정부의 그것과 비교하면서 신자유주의 교육정책의 연장·확대라고 평가하기도 한다. 현재 교육정책의 뿌리와 줄기를 면밀히 점검해보면 상당히 근거가 있는 말이다.

대학입시 자율화에 환호하는 학원동네

대학입시를 대학교육협의회, 곧 대학 자율에 맡기겠다고 하자 대학들이 쌍수를 들고 환영하고 나섰다. 그동안 우수학생을 합법적으로 골라 뽑지는 못하고, 그저 아주 은밀하게 고교 등급제를 실시해왔던 대학들은 숨통이 트일 것에 대한 기대에 가득 차 있다.

강남 대치동 학원들과 사교육비를 많이 써대며 아이들 실력을 쌓아온 학부모들도 마찬가지다. "이제는 능력대로 대학을 보내겠구나. 역시 이명박을 뽑길 잘했다"는 분위기다.

그러나 몇몇 교육운동단체들만 긴장하고 있지 대다수 학부모들은 입시제도가 또 바뀌면 어떻게 준비해야 할까를 걱정할 뿐 새로운 정책이 미칠 파장에 대해 우려보다는 방관하고 있는 게 사실이다.

고등교육과 초·중등교육의 정책이 따로 존재하며 대학입시는 자격고사 성격이 강한 유럽 국가들과 달리 대학입시제도에 초·중·고 교육이 종속되어 직접 영향을 받는 우리나라에서 대입자율화는 사교육비를 증가시킬 뿐 아니라, 교육의 근간을 뿌리째 흔들 가능성이 크다. 게다가 박정희 때부터 유지되어온 고교평준화의 틀마저 깨지면 학생들은 심각한 고등학교 입시 경쟁에 내몰릴 것이다.

입시 명문 고등학교에 다니지 못하는 학생들은 자신이 다니는 학교의 교복을 부끄러워할지도 모른다. 입시 명문고가 늘고 그 학교에 가야 좋은 대학을 가는 것이 고착화되면 지금보다 포기하는 학생, 학부모들이 늘어 오히려 사교육비가 줄지도 모른다는 예측도 할 수 있다. 왜냐하면 부자들의 사교육비는 계속 늘어날 수 있지만 가난한 집은 한계가 명확하기 때문이다.

큰돈 들여 특목고 지으려고 벼르는 지자체들

특목고·자사고 설립이 자유로워질 것이라는 기대로 전국의 시장, 구청장, 군수들은 특목고 설립 지원에 지자체 예산을 한 뭉텅이씩 내놓을 준비를 하고 있다.

그동안 한정된 예산 때문에 어쩔 수 없다며 학생들 건강을 위한 학교급식 지원, 저소득층 학생에 대한 장학금 지원 등 교육경비 지원 확대에 인색했던 지자체장들이 적게는 수십억 원에서 많게는 수백억 원을 선뜻 투자하겠다고 한다. 기괴한 일이 아닐 수 없다. 공부 잘하는 학생들, 그것도 극히 일부 학생들을 위해 엄청난 액수의 국민 혈세를 쏟아 붓겠다는데, 그렇다면 나머지 학생들은 어느 나라 국민의 자식이란 말인가? 초등학생 학부모 30퍼센트 이상이 자녀를 자사고나 특목고에 보내고 싶어하는 바람을 교묘히 이용하는 모습이 부끄러울 뿐이다.

전국적으로 특목고·자사고 설립에 투자될 돈이 수천억 원에 이를 것이다. 교육재정 규모가 커지는 것을 반대할 이유는 없다. 그렇지만 대폭 늘어난 교육재정이 교육 불평등을 완화시키는 데 쓰이는 게 아니라 빈익빈부익부를 심화시키는 데 쓰인다는 점에서 근본적인 문제가 있다.

아직도 우리나라 학교는 냉난방이 안 되는 교실이 부지기수다. 전기세 낼 돈이 없다며 추운 날씨에도 멀쩡한 온풍기를 틀지 못하고 있는 게 우리 교육의 현실이다. 학원은 에어컨이 시원하게 나오는데 학교는 찜통이니 누가 공교육에 기대를 걸겠는가?

거기다가 교육재정이 없어서 의무교육인 중학교에서도 학교운영

지원비라는 명목으로 사실상 수업료를 받고 있다. 장애인들은 집 앞에 있는 학교에 특수학급이 없어서 매일같이 먼 곳으로 다닐 수밖에 없다.

사정이 이러니 입시 사관학교인 특목고에 엄청난 돈이 쏠리는 것을 도저히 곱게 봐줄 수가 없는 것이다.

고교등급제 후 기여입학제는 시간문제

아직 시작도 안 했는데 너무 비관적으로만 본다고 타박할지 모르겠다. 하지만 앞에서 언급했듯이 출발은 노무현 정부 이전부터였기 때문에 그래프의 방향은 이미 정해져 있다. 전문적인 식견이 없어도 미래는 충분히 예측 가능한 셈이다.

한 발 더 나아가보자. 대학입시 자율화라는 그럴듯한 말 속에는 검은 얼굴이 숨어 있다. 고교등급제가 그것이다. 그동안 고교등급제는 금기의 대상이었다. 오죽하면 이회창 대통령 후보도 연좌제라면서 분명하게 반대 의견을 내지 않았던가? 재작년 한국교육개발원 조사 결과에 따르면 고교등급제를 찬성하는 학부모는 19퍼센트에 불과했다. 반면에 반대는 그 두 배가 넘었다. 학생 53퍼센트, 학부모 44퍼센트가 반대 의견인 것으로 조사되었다.

아직은 대학도, 한나라당도 말은 못 꺼내지만 대학이 입시의 전권을 쥐고 고교등급제를 구렁이 담 넘어가듯 도입하고 나면 반도덕적인 기여입학제가 슬금슬금 고개를 내밀 것이다. 이쯤 되면 앞으로 교육은 사회양극화의 강력한 도구가 될 것이 분명하다.

따라서 고교등급제는 반드시 막아야 한다. 고교등급제는 이명박 정부의 약한 고리이면서 현재로서는 반드시 막아야 할 첫 번째 저지선이다.

고등학교를 서열화하는 등급제가 기정사실화되면 사회는 점점 그들만의 세상이 되고 학교는 우리 학교가 아닌 '그들만의 학교'로 탈바꿈할 것이다. 논리적 비약이 심하다고 볼 수도 있겠지만 그만큼 걱정이 크기 때문이다. 물론 그렇게 되지 않기를 바란다. 교육이 희망의 디딤돌이 되기를 간절히 바란다.

우려는 만발한데 대책은 있는가

교육은 모두의 것이며 국가가 공평하게 제공할 의무가 있다. 학생의 학력이 부모의 재력과 정보력에 의해서 결정되어서는 안 된다는 원칙에 따라서 이명박 정부는 교육정책의 방향을 새롭게 세워야 한다.

우선은 이명박 정부의 교육정책이 과연 누구를 위한 것인지, 어떤 영향을 미칠지 바로 알아야 한다. 왜 대치동 학원장들이 대입 자율화를 반기는지, 왜 강남 엄마들이 환영하는지를.

반면에 한 달에 88만 원밖에 못 버는 사람들이 셀 수도 없이 많은 우리나라에서 수백만 비정규직에게 대체 교육이란 무엇인지, 또 무엇이어야 하는지를 함께 고민해야 한다.

교육이 오랜 기간 불평등하게 작용해온 것을 인정하고 이제야 쓰나미니 뭐니 하면서 호들갑 떨 것이 아니라 길게 보고 공교육의 틀을 짜야 한다. 지금부터라도 무상교육, 대학입시 폐지, 대학평준화 운동을 시작해야 한다.

교육운동 진영에서는 몇 년 전부터 우리가 지향하는 교육 대안을 만들기 위해 노력해왔다. 그동안 노무현 정부의 잘못된 교육정책에 맞서 싸우는 것도 버거웠지만 한편으로는 신자유주의 교육정책을 넘어 아이들이 행복한 교육, 국가가 책임지는 교육, 경쟁중심이 아닌 미래를 준비하는 교육을 위한 정책들을 연구해왔다.

물론 아직도 다듬어야 할 부분이 많지만 이제는 이명박식 교육은 틀렸다는 정서가 확산될 것이 분명한 만큼 우리의 교육 대안을 내걸고 정면승부를 걸어야 한다고 생각한다.

정면승부 과정에서 가장 중심에 두어야 할 핵심 가치가 있다. 과연 지금의 교육이 우리가 꿈꾸는 교육인가, 아이들이 행복할 수 있는 교육인가를 잣대로 내세워야 한다.

"경제만 살린다면" 이라는 유행어가 인터넷 댓글로 떠돌고 있다. 이 흐름을 타서 이명박 정부는 교육도 경제정책 추진하듯이 밀어붙

[도표 2-6] 이명박 정부의 교육 *vs* 진보의 교육

이명박 정부의 교육	진보의 교육
고교 입시 부활	대학까지 평준화
학벌주의	학벌 철폐
교육시장화 확대	교육공공성 확보
국공립대 축소	국공립대 확대
사교육비 확대	사교육비 해소
비정규직 양산	비정규직 해소
경쟁 중심의 교육	꿈을 키우는 행복한 교육
0교시, 야간학습 자율	학생 건강권 확보

일 기세다. 이명박은 내공이 높은, 상대하기 어려운 대상이다. 그의 뒤에는 물자가 풍부한 보급부대와 지장智將, 용장勇將이 즐비하다.

하지만, 어쩌겠는가? 그가 가는 길이 희망이 아닌데, 희망은 우리에게 있는데 우리가 똑똑해지고 강해지지 않으면 이길 수 없다는 생각이 제일 중요하지 않을까?

이원영 | 2004년부터 최순영 의원 교육정책보좌관을 4년간 했고, 네 살, 다섯 살바기 두 아이의 아빠다. 우리 교육에 대한 희망을 버릴 수 없는 건 우리가 꿈꾸는 행복한 세상이 제대로 된 교육을 통해서만 가능하다고 보기 때문이다.

보건의료_ 공공성의 약화와 대한민국 **건강**의 **미래**

고병 수_새사연 이사, 의사

이명박 정부의 보건의료 정책이 갖는 가장 큰 한계는 보건의료 '시스템'에 대한 고민이 없다는 점이다. 시스템을 체계적으로 구축해 안정된 의료 서비스를 제공하기 위한 철학이 부족하기 때문이다. 그러다보니 선심성 공약과 보여주기식 정책들만이 넘쳐날 뿐이다. 결국 이러한 한계는 보건의료 체계의 허약함으로 나타날 것이며, 장기적으로 국민들의 건강 악화와 재정 파탄으로 이어질 수밖에 없다.

몇 가지 이슈들을 살펴보면, 의료법 개정은 이해관계가 충돌하지 않는 조항들을 중심으로 적당한 선에서 마무리할 것이며, 건강보험 당연지정제는 반대 여론을 의식해 전면적으로 폐지하려 들지는 않을 것이다. 의료산업화 정책에는 가속도가 붙을 것으로 보인다.

효율성과 공공성의 조화, 장기적 '의료 시스템' 전망

이명박 정부의 보건의료 정책을 평가할 때 다음과 같은 네 가지 기본 골격을 염두에 두면서 보면 전체를 이해하기 쉽다.

1. 한나라당과 이명박 정부의 보수성
2. 기득권을 주장하는 의료 조직들과의 관계
3. 국민들의 이해관계
4. 의료운동단체들과의 관계

이명박 대통령은 효율을 중시하는 사람이다. 다른 모든 정책에서도 그렇지만 보건의료 분야에서는 특히 그렇다. 보건의료 분야가 공공성이 짙고, 재정이 한정돼 있기 때문이다. 하지만 복지나 의료가 원래 공적 개념에 바탕을 둔 분야이기에 이명박 대통령의 효율 중시 정책 기조는 자칫 공공성을 약화시킬 수 있다. 많은 보건의료인이 우려하는 대목이 바로 이 지점이다.

우리나라의 보건의료 분야는 '보건의료 체계의 변화'와 '국민들의 건강증진 및 만족도'라는 양 날개로 평가해볼 수 있다. 그 틀 속에서 이명박 정부의 공약과 함께 우리나라 보건의료체계의 문제가 무엇인지, 어떠한 방향으로 흘러가야 옳은지를 객관적인 시각에서 봐야 한다.

보건의료체계란 건강을 증진시키기 위해 고안된 모든 재화와 서비스들을 조직해서 제공하는 틀(시스템)을 말한다. 복지나 보건의료는 국민의 건강과 밀접한 관련을 갖는 만큼 전세계 모든 나라가 더

효과적인 체계를 구축하기 위해 노력한다. 그러므로 진보 정치인이든, 보수 정치인이든 상관없이 그 나라의 보건의료 시스템을 발전시키기 위해 노력하는 게 나라를 책임지는 정치인의 기본자세다. 다만 위에서 언급한 네 가지 골격 가운데 어디에 힘이 더 실리느냐에 약간의 차이가 나타날 뿐이다.

그런 시각에서 이명박 대통령의 보건의료 공약을 보면 무엇보다도 시스템에 대한 고민이 없다는 점이 가장 큰 문제다. 선심성 공약은 많지만, 체계적인 보건의료 시스템을 어떻게 구축해서 안정된 의료 서비스를 국민들에게 오래도록 제공할 것인지에 대한 철학이 없다. '요람에서 무덤까지' 연속적인 보건의료 체계를 갖추겠다고 말한 것에 비해서는 대부분이 나열식에 그치고 있는 것이다.

만발한 장밋빛 공약들,
재정과 지속가능성은 글쎄올시다

먼저 이명박 대통령의 보건의료 공약들을 살펴보자. 의료법 개정 문제, 건강보험 당연지정제 폐지 문제, 주치의 및 주치의제도 도입, 건강보험 재정 안정의 문제, 보장성 강화 문제, 진료수가 현실화 문제, 의약분업 유지 문제, 성분명 처방 문제, 일반의약품 일부 슈퍼마켓 판매 문제, 의료산업화 확대 문제, 중소병의원 육성 대책, 공공보건의료기관과 민간의료기관과의 관계 문제, 정부의 국민진료정보 수집, 노인의료 문제, 암/중증질환 보장 확대 문제, 의료안전망기금 조성, 건강관리 잘한 국민에게 '건강포인트' 부여, 6대 권역별(수도권, 강원, 제주, 충청, 영남, 호남권) 건강마을 설립, 청소년 비만방지정책 추진, 국민건강 보호를 위한 환경보건정책 강화, 국가 차원의 아토피 퇴치 프로그램 구축, 치매·중풍 등 사회적 질병 국가 책임성 강화, 약값 절감 방안 등 읊어대기도 숨이 찰 정도로 많다.

국민들에게 다가가기 좋은 장밋빛 공약들을 보면, 노인의료와 복지 부분에서 노인장기요양보험제도 개선, 국공립 노인 전문(치매)병원 설립, 틀니/보청기에 대한 건강보험 급여 확대 지원, 관절염 치료를 위한 '물리치료' 이용 지원, 저소득 노인 30퍼센트의 만성질환에 대해 무료의료(외래) 서비스 제공, '돌봄이 119 유비쿼터스 케어 시스템' 구축, 재가복지서비스 확충을 통한 '노인맞춤형 복지' 제공, 실버복지타운 조성 등이 있다.

임산부들을 위해서는 임신 전 과정의 산전검사 등 필수 의료 서비스 및 분만에 따른 의료비를 지원하고, 불임치료를 위한 보조생식술 지원 범위를 50퍼센트에서 100퍼센트로 확대하겠다고 한다.

아동들을 위해서는 영유아 필수예방접종과 진료비 지원을 확대하는 차원에서 0~12세까지 필수예방접종 비용을 국가에서 부담하며, 만 5세 이하 아동의 외래진료비까지 본인부담금 면제를 추진하는 한편, 암 등 중증질환 보장성을 현재 60퍼센트에서 80퍼센트까지 확대하겠다고 했다. 국가 차원의 아토피 퇴치 프로그램을 구축하겠다고도 했다.

이 내용들은 국민들이 모두 필요로 하는 정책임에는 분명하다. 문제는 앞서 지적했듯 이러한 것들이 더 강화되고 안정되게 제공될 수 있는 틀, 곧 '시스템'에 대한 고려가 없다는 것이다. 재정이 없으면 못할 것이고, 정권이 바뀌면 사라질 수도 있다. 그러지 않기 위한 재정 확보에 대한 고민, 의료 소비자와 공급자들의 관계, 5년 10년을 내다보는 보건의료 시스템의 계획…… 등이 부재하기에 불안정하며, 선심성 공약이라고 볼 수밖에 없다. 그렇다 하더라도 이것들이 실현되기만 한다면 국민들에게 얼마나 좋은 일일까.

그 밖에 눈에 띄는 공약들도 잠깐 살펴보자. '건강관리 잘한 국민에게 건강 포인트 부여'는 건강생활을 위한 항목을 정해 이의 준수 여부에 따라 포인트를 지급하고 이 포인트를 건강보험료 감면 및 종합검진 바우처, 운동시설 이용권 등의 혜택을 누리는 데 활용할 수 있도록 하겠다는 것으로, 시행되면 좋을 정책으로 보인다. 그리고 6대 권역별(수도권, 강원, 제주, 충청, 영남, 호남권) '건강마을' 설립 공약은 청소년(평일), 가족(주말), 교사, 군인, 기업체 등을 대상으로 건강마을에 입소해 정해진 건강생활 습관을 계획에 따라 체험하는 프로그램을 운영하는 것이다. 괜찮은 발상이다. 다만 이것이 생색 내기, 또는 동원에만 급급하면 결국 국가 재정 낭비로 이어질 수 있으므로 그 효율을 높이고 국민들의 적극적인 참여를 보장하기 위해 꼼꼼히 신경을 써야 할 것이다.

이제부터는 내놓은 공약 중에서 보건의료 제도(시스템)에 영향을 끼치는 몇 가지를 골라내서 이명박 정부 5년을 전망하고 평가해볼까 한다.

1. 의료법 개정 문제
2. 건강보험 당연지정제 폐지 문제
3. 주치의제도 도입 문제
4. 보장성 강화 문제

5. 진료수가 현실화 문제

6. 의약분업 유지 문제

7. 성분명 처방 문제

8. 공공보건의료기관과 민간의료기관과의 관계 문제

9. 노인의료 문제, 장애인 문제, 저소득층 문제

10. 의료산업화 확대 문제

의료법 개정, 적당한 선에서 마무리할 수 있을 것

의료법 개정은 사실 보건의료에 관계되는 모든 의료인들이 원하는 사안이다. 30여 년 전에 만들어져서 현실에 맞지 않는 내용들은 물론이고 미래지향적으로 수정되어야 할 부분들도 많았다. 하지만 2007년 의료법 개정 파동 때 의료인, 보건의료운동 단체 등에게 외면당했던 이유는 각 이해당사자들의 요구를 끼워맞추다 보니까 미래지향적인 의료법을 지향했던 처음의 취지를 제대로 살리지 못했기 때문이다.

예를 들어 개정 의료법에서는 피부 문신tatto을 자격증이 있는 피부관리사 등이 시술할 수 있도록 하는 현실적인 방안을 제안했지만 의사협회는 인체에 가해지는 행위는 의사에 의해 이루어져야 한다고 주장해 무산되고 말았다. 사실은 문신을 하는 의사들은 우리나라에서 몇 안 된다. 귀찮기도 하고, 수익성이 그다지 좋지 않기 때문이다.

그리고 개정 내용에는 '의료행위'를 "의료인이 관련 전문지식을 근거로 건강증진, 예방, 치료 또는 재활 등을 위하여 행하는 통상의 행위와 의료인이 하지 않으면 건강상 위해가 생길 우려가 있는 그

밖의 행위"로 규정했다. 언뜻 보면 문제가 없어 보이지만 의사협회
는 논란의 소지가 많다고 주장한다.

이전 조항에는 진료 행위와 '투약'이라는 단어가 명시돼 있어 약
을 처방하고 조제하는 행위까지 의사의 권리에 포함되었는데, 개정
법안에는 이 말이 빠짐으로써 의사들의 반발을 산 것이다. 약사 외
에도 간호사와의 관계, 물리치료사, 재활치료사 등 의료인과 협조관
계에 있는 사람들과의 관계를 새로운 시대에 맞게 정립하려고 했지
만 쉽지 않았던 것이다.

이명박 정부에서는 의사협회에 답한 것처럼 "우선 쟁점이 없는
조항에 대해 법 개정을 진행하고, 의견조정이 필요한 부분은 추후
재검토"하는 정도로 진행할 것이다. 무리수를 두면서까지 전면 개
정으로 가지는 않을 것이나, 개정의 내용은 각 이해관계 집단이 필
요로 하는 것을 보장하되, 충돌은 피하겠다는 것이다. 가장 큰 이해
관계 집단인 의사협회의 요구도 들어주면서 양보도 얻어낸다면 다
른 이해관계 집단들과는 어느 정도 절충이 가능하다.

그러나 의료법 개정이 마무리되면 김대중-노무현 정부에서 출발
한 '의료산업화' 논리에 밀려 의료의 공공성이 다소 약화될 것이다.
또 개정 의료법은 민간의료보험의 확대와 의료기관의 영리법인 허
용으로 가는 디딤돌이 될 공산이 크다.

개인적으로는 유비쿼터스를 이용한 진료 체계, 컴퓨터 프로그램
을 이용한 진단 방법 등 변화된 상황의 의료 행위들이 개정 의료법
에 잘 반영됐으면 하는 바람도 있는데, 문제의 소지가 있는 것들은
이명박 정부에서 어떻게 처리할지 궁금하다.

'건강보험 당연지정제 폐지' 쉽지 않을 것

이명박 대통령은 대선 기간에 건강보험 당연지정제도 폐지를 통한 '자율적인 단체 계약제'로의 전환에 대해 원칙적으로 '찬성'한다는 기본 입장을 밝히고, "강제지정제 전면 재검토와 보건의료계 전반에 걸쳐 합의와 조율을 통해 새로운 제도의 틀을 모색하겠다"고 밝혔다. 대통령직인수위에서 건강보험 개선을 위한 태스크포스를 구성하며 건강보험 재정적자를 줄이기 위한 조처라고 설명했지만, 실제 내용은 건강보험에서 국가가 책임지는 것을 줄이겠다는 의도다. 건강보험을 민간에 넘겨서 재정적자도 줄이고, 상류층이나 일부 의사들의 고급의료에 대한 욕구도 만족시켜주고, 대형 보험회사의 이익도 실현시켜주는 '일거다득'의 효과를 노리는 것이다. 물론 그러한 정책이 시행되면 건강보험 재정은 줄고, 서민들의 건강보험을 통한 보장성의 질은 나빠질 것이 명약관화하다.

이 제도는 의사들 사이에서도 반대의 목소리가 점점 높아지고 있어서 이명박 정부가 당장 건강보험 제도를 크게 손대기란 쉽지 않을 것이다. 다른 어떤 것들보다도 국민의 거센 저항에 부딪힐 것이기 때문이다.

하지만 건강보험 공단을 이전처럼 몇몇 지역으로 쪼개서 경쟁관계를 유도하는 것, 고가의 의료나 일부 의료 내역에 대해서는 전국민건강보험 보장 항목에서 제외시켜 민간보험을 통해 보장이 이루어지도록 하는 것, 원하는 의료기관에 한해서 건강보험 당연지정제를 없애주는 것 정도의 정책을 펼 것이다. 국민 저항도 키우지 않으면서, 경과를 지켜보며 나중에 당연지정제를 대폭 손질할 수 있는 기회도 만들 수 있기 때문이다.

주치의제도는 아주 일부분에서만 도입될 수 있을 것

이명박 대통령은 주치의제도에는 찬성하면서도 전면 도입에는 반대했다. 이것은 의사들의 이해와 맞아떨어진다. 이 부분은 앞으로 의사협회를 중심으로 한 의사들의 요구에 적극 편승할 것이 예상된다. 일부에서는 노인의료나 점차 수가 줄어드는 소아과를 중심으로 시행해보자는 주장이 있다. 소아까지 포함하면 그나마 성공인데 아마도 주치의제도를 시행은 하되 마찰을 없애기 위해 노인의료 정도를 중심으로 아주 미약한 수준으로 시행할 것이다.

주치의제도는 전세계적인 추세다. 이러한 제도를 성공시키려면 정부의 강력한 의지와 이를 수행할 뜻있는 의사들 그리고 국민의 지지라는 3가지 요소가 필요하다. 현재까지 분위기를 보면 의사들 사이에는 영국처럼 공무원화되어 구속이 심해지고 수입이 줄어들 것이라는 불안감이 있다. 국민들도 지금처럼 마음대로 의료기관을 선택해서 다닐 수도, 질 좋은 진료를 받을 수도 없을 것이라며 불안해한다. 훌륭한 제도임에도 불구하고 국민과 의사집단, 정부의 이해관계를 조절하고 국민들에게 적극 홍보하면서 시행하려는 노력이 없다면 이명박 정부에서는 생색내기에 그칠 수도 있다.

주치의제도는 우리나라 의료의 핵심 과제로서, 국민들을 어느 정도 이해시켜가며 이해당사자들을 설득하려는 노력만 기울인다면 실현 가능성이 큰 제도다. 따라서 10년을 내다보며 점진적으로 도입할 수 있는 길을 만들어야 하는데 이전 정부처럼 논의만 하다가 끝나거나 일부 의료 영역에서만 도입할 것으로 보여 안타깝다.

의료의 보장성, 양적 증가 그러나 질적 저하

이명박 정부에서는 이전 정부보다 의료 이용에 대한 보장성을 높일 수 있을까? 이런 질문을 던지면 아마도 진보진영에서는 굳이 따져보지 않고도 아니라고 답할 것이다. 하지만 아쉽게도 그렇지 않다. 분명히 보장성은 높아질 것이다. 전국민 건강보험이 무력화되는데 어떻게 보장성이 높아지느냐고 묻겠지만, 앞서 얘기한 것처럼 이명박 정부는 결코 건강보험의 근간을 흔드는 수준까지 가지 않을 것이기 때문에 그렇다. 현재와 비슷한 수준의 보험체계를 유지할 것이고, 공약으로 늘어놓은 것들을 어느 정도라도 실행할 것이다. 그렇게만 된다면 보장성 수치는 높아질 수밖에 없다. 그러나 그것이 의료체계가 발전해 국민들이 안심하고 의료를 이용할 수 있게 된다는 뜻은 아니다. 이명박 정부는 수치가 높아지는 것을 국민들에게 보여주는 데에만 관심을 둘 것이기 때문이다.

그렇다면 그에 대한 재정은? 아쉽게도 이명박 정부는 건강보험 재정의 안정성을 확보하면서 보장성을 높이는 방식까지는 가지 못할 것이다. 왜냐하면 건강보험 재정의 안정성을 확보하려면 수입이 충분히 늘어야 하며 불필요한 지출을 줄여야 한다. 수입을 늘리는 방법은 결국 국민들이 내는 보험료를 지금의 두 배 수준으로 높이든지, 국가 부담을 늘리는 것뿐이다. 이명박 대통령은 이미 의사협회가 요청한 건보 재정 30퍼센트 지원에 대해 정부의 지나친 재정 압박을 이유로 분명한 반대 입장을 밝혔다. 보장성을 높이면서 불필요한 지출을 줄이자면 결국 의사 그룹(의사, 한의사, 치과의사)이나 약사들을 쥐어짜야 하는데 그들의 반발이 만만치 않을 것이다. 기껏 뽑아줬더니 자기들 목에 칼을 들이댄다면서 말이다.

따라서 이명박 정부가 취할 수 있는 방법은 부당 청구 행위를 좀 더 적발해서 지출을 줄이는 정도다. 하지만 그 정도는 '새 발의 피'일 뿐이다. 결국 수입이 늘지도 않은 상황에서 새어나가는 지출은 막고, 국민들에 대한 지출(보장성)은 늘려야 하는 딜레마에 빠지지 않을 수 없다.

결국 이명박 정부도 이전 정부와 마찬가지로 임기 내내 헤매다가 끝나거나 각종 건강 부담금 명목으로 간접세를 끌어와서 건강보험의 감당 능력을 다소 벗어나는 보장 수치를 보이려는 제스처를 취할 것이다. 이렇게 단언하는 이유는 건강보험의 문제는 상당히 복잡하고 다양한 함수로 이루어져 있기 때문에 국가의 건강정책에 대한 확고한 중심을 잡고 실마리를 찾지 않으면 풀리지 않는 실타래일 수밖에 없기 때문이다.

그리고 건강보험 재정에서의 지출을 줄이는 한 방법으로 진보적 의료인과 의료단체에서는 총액예산제 및 포괄수가제를 주장해왔다. 이에 대한 이명박 대통령의 생각은 "총액예산제는 민간의료에 대한 의존성이 높은 우리나라 현실에서 많은 부작용이 우려된다"는 것이고, "포괄수가제의 경우는 의학적으로 타당한 영역에 한정해 적용 범위를 점진적으로 확대해 나가겠다"는 것이다.

완전하지는 않지만 어느 정도 현실적인 방안을 택했다고 본다. 총액예산제, 포괄수가제는 만능이 아닐 뿐더러, 우리와 같은 민간의료 비율이 대부분인 상황에서 제도 도입만을 서두르게 되면 반대로 큰 저항에 부딪힐 것이기 때문이다. 일부 분야에서라도 포괄수가제를 도입하겠다고 한 것은 그나마 진보적인 조처로 보인다.

진료수가 현실화는 어려울 것

흔히 의료계의 '3저 현상'이라고 불리는 낮은 보험료, 낮은 진료수가, 낮은 보장성 등은 우리나라 의료의 세 가지 고질적인 문제로 꼽힌다. 그 중에서 의사들의 수입과 직결되는 진료수가 문제는 해마다 논쟁거리였다. 진료수가를 1퍼센트 올리느냐 마느냐 하는 문제는 의사들의 수입은 물론, 건강보험 재정 수백억 원을 좌우하는 민감한 문제다. 정부는 진료수가가 낮은 것은 인정하면서도 수가를 올리면 재정이 모자라고, 올리지 않으면 의사들이 반발하는 진퇴양난의 상황을 매년 겪어야 했다.

이명박 대통령은 수가제도와 관련한 의협의 물음에 "고난이도 의료행위에 대한 충분한 보상이 되도록 건강보험 수가체계를 개선하겠다"는 입장을 밝혔다. 또 "의료인이 전문인으로서 자부심을 가지고 치료를 할 수 있도록 각종 지원책을 강구하겠다"고도 약속했다. 하지만 이명박 정부도 쉽게 수가를 현실화하지는 못할 것이다. 건강보험 재정은 한정되어 있고 보험료는 충분히 올릴 수 없는 상황에서 수가를 현실화한다는 것은 불가능한 공약이다.

정치는 국민을 바라봐야 하는 것이지, 어느 한 집단만을 고려해서는 안 된다. 재정에 부담을 주면서까지 수가를 올리면 국민들이 반발할 것이고, 결국 수가를 적절하게 조정하지 못함으로써 의사들의 반발을 살 것이다. 물론 회유책으로 무마할 가능성이 높다.

대신 이명박 정부로서는 두 가지 선택이 가능하다. 하나는 외과 계통이나 난이도가 높은 부분은 수가를 높여주고 내과 계통은 수가를 다소 낮추는 방법과, 둘째는 의료산업화를 통한 이윤 창출, 영리 허용 등을 통해 수익을 보전함으로써 의사 집단을 회유하는 방법이 있다. 의사 집단도 어느 정도 선에서 정부와 타협할 것이다. 외과 계통이나 난이도를 충분히 고려하는 모습은 조삼모사朝三暮四이긴 하지만 이전보다는 진일보한 면이 있다.

의약분업 체계는 유지될 것

의협의 발표에 따르면, 이명박 대통령은 후보 시절 의약분업 문제와 관련해, 이전 정부의 의약분업제도 강행 방침에 대해 '반대' 입장을 분명히 하면서, "객관적이고 엄밀한 평가를 통해 개선 및 보완책을 마련하겠다"고 했다. 그러나 이는 의협을 중심으로 한 바람일 뿐이지 실제 이명박 정부는 전혀 고려하지 않을 것이다. 이미 의약분업은 국민들의 몸에 익은 제도가 되었고, 이것을 돌이키면 또 다른 혼란으로 이어질 수밖에 없기 때문이다.

의사들도 대다수가 반대하는 것은 아니다. 그러기에 더더욱 의협에서 원하는 바대로 분업 이전으로 간다든지, 병의원 약 조제가 부활한다든지 하는 방향으로 갈 수는 없다. 말 그대로 '평가'하고, 몇 가지 분야별로 불편한 사항들을 고치는 정도로 갈 것이다. 그 외 처방전 발부 문제, 성분명 처방 문제 등도 "신중히 고려해보겠다"는 말로 어정쩡하게 넘어갔듯이 크게 달라지지는 않을 것이다.

공공보건의료 기관의 문제는 퇴보할 것

이명박 정부의 실용주의적 성향과 비효율성 극복의 의지가 가장 크게 드러나는 부분은 공공의료 영역이다. 내용을 살펴보면, 공공의료기관 확충에 대해서는 공공의료 병상 수의 양적 확대보다는 역할 강화에 주력하겠다고 했다. 도시보건지소 확대 설치에 대해서는 유보의 뜻을 비치면서, 의료 확충을 위한 보건지소 확대설치는 반대하되 공공보건사업 강화를 위해서는 검토할 수 있다고 했다.

아직도 공공의료 영역의 병상 수가 절대적으로 부족함에도 불구하고 재정 부담을 줄이기 위해 '있는 자원'을 활용해보겠다는 의지를 느낄 수 있다. 곧 민간의료 병상을 염두에 둔 것이다. 하지만 민간의료 병상의 경우는 개인이 돈을 지불해야 하므로 어려운 사람들이 이용하기에는 부담이 적지 않다.

도시보건지소 정책은 도시 곳곳에 보건지소를 세워 지역민 모두가 충분한 의료서비스를 이용할 수 있도록 하겠다는 취지였는데 애초의 의도와는 다르게 변질되는 경우가 있어 지역 의사회와 마찰을 빚어왔다. 사실은 민간의료가 담당할 수 없는 영역, 곧 상담, 학교 보건, 방문 진료, 재활, 독거노인 관리 등에 중점을 두고 사업을 벌여야 하는데 지역 주민들의 환심을 사려는 지역 행정가들 때문에 대부분 일반진료를 수행함으로써 지역 의사들과 갈등을 빚어왔다. 이것을 제대로 고쳐 보겠다는 이명박 대통령의 생각은 의사협회의 생각과도 맞아 떨어지며, 불필요한 보건소의 진료 행태에 대해서는 어느 정도 정리가 필요하기도 하다. 다만 민간의료가 담당하지 못하는 영역을 위해서라도 확충되어야 하는 보건소의 기능들이 위축되지 않을까 하는 점이 걱정이다.

실상 우리나라는 공공의료를 담당하는 병의원이 충분히 많아져야 한다. 선진 외국에 비해 턱없이 부족하기 때문이다. 현재 우리나라는 민간병원이 대부분을 차지할 뿐 아니라 공공의료의 역할도 부재하며 나아가 공공의료와 민간의료의 연결 체계 역시 턱없이 부족하다.

만일 민간의료기관을 공적으로 이용하거나 보건소나 국립의료원
과 같은 공공의료기관과 동네병원을 적절히 연결하는 구상이 나온
다면 굳이 공공병원을 늘리지 않아도 괜찮을 것이다. 너무 경직되게
공공의료 병상 수를 늘려야 한다든지 공공의료기관을 늘려야 한다
는 생각으로 공공의료기관의 문제에 접근하는 것은 현실을 무시한
발상일 수 있다.

하지만 실용과 경쟁을 좋아하는 이명박 정부는 이마저도 고민하
지 못할 것이다. 아마도 동네병원과 보건소를 연계하는 시스템 차원
의 생각보다는 동네에 개인병의원이라도 많아지면 좋지 않겠느냐
는 생각을 하고 있을 것이다.

노인의료 · 장애인 · 저소득층 문제는 장밋빛 공약空約

이명박 정부의 공약 가운데 특별히 눈에 띄는 것들이 있다. 의료
안전망 기금 설치로 생계형 건강보험 체납자 등 의료 사각지대에 대
한 의료비 지원, 장애인 의료예방체계 구축과 장애인을 포함한 장기
요양보험제도 마련, 중산층 대상 소액 실비 노인요양보호시설 및 요
보호 경증치매 중풍 노인 대상 주간보호소 확충, 치매 예방을 위한
고위험군 노인에 대한 무료 검진(연 10만 명) 실시 등의 공약들이다.
훌륭한 발상이며 꼭 필요한 정책들이다. 다만 그 시행 과정이 쉽지
않다는 점이 문제다.

노인의료 부문에 대해서는 국공립 노인전문(치매)병원을 시도별
로 최소 1개소 이상 설립하겠다고 했으며, 2012년까지 노인요양보
호시설 500개소를 추가 설립(농어촌지역 우선 지원)해 중증노인 8만 명
이 이용토록 하는 게 목표다. 그리고 65세 이상 노인 중 기초생보자

(2009~2010년), 차상위층(2011~2012년)에 대해 틀니와 보청기의 국고 지원을 약속했다.

이에 대해서 살펴보면, 노인의료를 바라보는 이명박 대통령과 정책 입안자들의 시각이 협소한 것이 문제다. 노인의료의 기본은 어르신들을 편안하게 하는 것이다. 어르신들은 훌륭한 시설에서 호강하고 싶은 것이 아니라 힘들더라도 집과 동네에 머물고 싶어 한다. 동서양을 막론하고 마찬가지다. 더욱이 요즘처럼 요양시설이 오히려 넘쳐나는 상황에서는 자칫 요양시설로 국고 지원이 무리하게 빠져나갈 수도 있고, 서비스가 표준화되지 않은 상황에서 질이 심각하게 떨어질 수도 있다.

그렇다면 정책 입안자들은 요양시설을 늘리려고 할 것이 아니라 요양시설과 집까지 연결하는 '시스템'을 연구해야 한다. 구체적으로는 자원봉사자, 재활치료, 방문 진료, 낮 돌봄 시스템, 장애인이나 누워 지내는 어르신 전용 이동 수단, 각종 장비, 재원 마련 등이 시스템 안에 갖춰져야 할 주요한 내용들이다. 지난 정부나 이명박 정부처럼 시설 확장을 통한 '눈에 보이는' 수적 확대가 노인의료의 방향이 되어선 안 된다.

의료 산업화 정책은 확대될 것

'의료 산업화'란 의료를 국가가 책임지고 관리하는 이전의 공적 개념에서 '의료 시장화' 개념으로 바꾸는 것을 의미한다. 물론 지금도 많은 부분 사적인 영역에서 의료행위가 이루어지고 있는 것은 사실이다. 하지만 앞으로는 법과 제도를 바꿔서 개인이 적극적으로 자본을 유입하고 이익을 추구하기 위한 방편으로 병원 경영이나 연구

활동을 하는 것을 막지 않겠다는 뜻이다. 법과 제도로 개인병원의 영리행위를 인정하고 공적 규제를 받지 않도록 해주겠다는 것인데 당연히 건강보험이 적용되지 않고, 수가 통제도 없이 병원을 운영할 수 있게 된다. 거기에다가 민간보험의 영역을 넓혀주게 되면 전국민 건강보험 체계는 무너지고 말 것이다. 결국 국민 전체의 건강을 책임지는 보건의료 체계가 위태로워질 수 있다.

이렇듯 문제점이 분명함에도 불구하고 의료 산업화를 추구해왔던 노무현 정부의 의도는 결국 의료를 통한 대내외 부가가치 창출이며 관련 인력의 확산이었다. 의료 산업화론에서처럼 의료를 산업, 곧 시장 논리로 바라보게 되면 얼핏 많은 부분이 여전히 공적 영역으로 유지되는 가운데 일부에 한해서만 시장성을 허용하는 것처럼 보이지만, 종국에는 사적 시장이 공적 기능을 파괴하게 된다. 그들은 이런 사실을 애써 외면한 채 오직 의료를 통해 고용과 부가가치를 창출할 수만 있다면 '선'이라는 입장에 서있던 것이다.

이명박 정부는 이러한 논리를 더 강화할 것으로 보인다. 노무현 정부 때처럼 진보단체나 국민들의 눈치를 보려고도 하지 않을 것이다. 한 걸음 더 나아가 보건산업을 미래 전략 산업으로 육성하고 의료 산업 활성화에 걸림돌이 되는 각종 규제를 과감히 철폐하겠다고 말해 대대적인 산업화 정책을 예고하기도 했다.

이명박 대통령은 후보 시절에 "의료를 경쟁력 있는 비즈니스로 만들겠다"며 "산업적 측면에서 미래 유망산업 중 하나가 의료산업"이라고 강조했다. 그리고 국제 의료서비스 아카데미를 운영, 해외 환자 유치를 대행할 수 있는 민간 에이전시(health tour agency)를 구성하겠다는 약속도 했다. 이 모든 내용은 노무현 정부에서부터 추진

돼오던 것인데 이러한 시각을 보면 노무현 정부와 이명박 정부의 시 각이 그다지 다르지도 않다.

안정적 시스템 구축과 현실성 있는 정책 대안 필요

결론지어 보면, 이명박 정부가 추진할 보건의료 정책들은 많이 나열되어 있지만 앞서 얘기한 것처럼 국가의 '보건의료 시스템'을 어떻게 발전시킬 것인가에 대한 고민이 담겨 있지 않다. 이는 보건 의료 체계의 허약함으로 나타나며, 장기적으로는 국민들의 '건강 악 화'와 국가 재정의 파탄으로 표출될 수밖에 없다. 이를 막고 진정 더 나은 보건의료 정책을 펼치고자 한다면 지금의 선심성 공약보다는 장기적인 관점에서 단계별로 이루어져야 할 정책들을 제시하는 편 이 옳다. 그리고 현재의 보건의료 재정이나 보험료의 문제 등을 국 민들에게 솔직히 보여주고 국민적 공감대를 형성하면서 동의를 구 하는 자세도 필요하다.

이전 김대중-노무현 정부에서는 그나마 정책 방향은 어느 정도 체계화되어 있었는데 국민의 동의를 구하지 못한 측면이 있었다면, 이명박 정부는 그나마 방향조차도 불명확하다. 오히려 공공의료 부 분의 약화, 건강보험 강제지정제 폐지, 민간의료보험 확대, 영리법 인 병원 허용, 의료산업화론의 강화 등을 보면 보건의료 시스템 측 면에서는 후퇴할 조짐을 보이기도 한다.

나라의 복지와 보건의료 분야는 기본적으로 진보적이어야 한다. 보수정권이든, 진보정권이든 상관없다. 해당 정부를 중심으로 국민들에게 직접적인 서비스를 제공하면서 잘못된 체계를 계속 변화·발전시켜나가야 하기 때문이다. 더구나 보건의료 분야는 정책을 쉽게 바꿀 수 없는 측면이 있고, 국민들이 안심하고 누릴 수 있도록 장기적인 관점에서 의료서비스가 제공되어야 하기 때문에 시스템을 중심으로 고려하지 않으면 안 된다. 이런 점에서 이명박 정부에서는 보건의료 분야 전체로 볼 때 시스템의 발전은 없을 것이며 다만 몇몇 공약을 중심으로 보여주기식, 나열식 정책이 시행되면서 현상 유지 수준에 그칠 것이다.

이제 보건의료를 걱정하는 사람들이나 진보단체는 당위성만 주장하지 말고 보건의료 재정은 어떻게 안정적으로 확보할 수 있을지 그리고 주치의제도나 공공의료 부문 등 중요한 정책들은 어떻게 현실성을 갖추면서 만들어나갈 수 있을지를 장기적인 관점에서 진지하게 고민해야 한다.

예를 들어 주치의제도의 경우, 당연히 해야 한다는 주장만 할 게 아니라 의사들의 이해관계, 국민들의 동의 수준, 우리나라 전문의의 수 등을 고려해 실현 가능한 길을 만들어줘야 한다. 그리고 이러한 정책들을 5년, 10년 장기적인 안목으로 어떻게 다듬어 가야 할지 미래를 그려줘야 할 것이다.

고병수 │ 가정의학과 전문의로 구로구 '연세의원' 원장이다. 2002년 16대 대선 당시 개혁당 당원으로 활동했으며 이번 17대 대선에서는 문함대(문국현과 함께 하는 대한 사람들)에서 지역위원장을 맡아 열정적으로 활동한 바 있다.

부동산_
시장절대주의에 기초한 정책

이태 경_토지정의시민연대 사무처장

이명박 정부가 구상하고 있는 부동산 정책의 핵심은 두 가지로 정리할 수 있다. 종부세 및 양도세 완화 등을 통한 부동산 세제 후퇴, 그리고 도심 용적률 상향, 지분형 주택공급 등을 통한 공급 확대가 그것이다.

종부세를 비롯한 부동산 세제의 후퇴 방침은 부동산 문제의 근본 원인이 불로소득에서 비롯된다는 사실을 간과했다는 점과 세제 후퇴의 혜택이 오직 대한민국의 2퍼센트 부동산 부자들에게만 돌아간다는 점에서 출발부터 잘못된 정책이다. 또 규제 완화를 통해 공급을 확대하겠다는 정책 역시, 국민의 정부 말기부터 시작된 부동산 가격 상승의 요인이 공급 부족 때문이 아닌 투기적 가수요 때문이라는 점에서 그 실효성에 의문을 제기할 수밖에 없다.

이른바 이명박 정부의 성격과 지향을 가늠하는 잣대로 단연 첫
손에 꼽을 수 있는 것이 부동산 정책이다. 부동산 정책만큼 경제 사
회 전 부문에 큰 파급효과를 일으키는 정책도 별반 없기 때문이다.
 이명박 정부의 부동산 정책은 참여정부의 그것과 어떻게 다를까?
이명박 정부의 부동산 정책은 부동산 문제를 근본적으로 해결할 철
학과 정책수단들을 담고 있을까? 참으로 궁금한 일이 아닐 수 없다.

[도표 2-7] 이명박 정부의 부동산 정책

부문	이슈	내용
세제부문	종합부동산세	종부세 과세 대상을 주택의 경우 공시가격 6억 원에서 9억 원으로 상향하고 1가구 1주택 장기보유자에 대해서는 내년도의 종부세가 더 이상 오르지 않고 올해 수준을 유지하도록 함. 이와 함께 소유자의 연령(65세 이상 무수입자), 소득, 주택 면적 등에 따라 종부세를 차등화하는 방안도 검토.
	양도소득세	양도세 인하는 1가구 1주택자 모두를 대상으로 하되, 장기보유자에게 우선권을 줄 방침. 내년 하반기까지 부동산 시장 안정화되면 1가구 2주택자에 대해서도 양도세 완화 검토 가능.
	거래세	2008년 상반기 중 취득세 및 등록세 인하.
공급부문	용적률 완화	지방에 비해 서울이 용적률이 낮은 건 문제, 주택 공급 확대를 위해 용적률을 상향조정(10퍼센트 안팎)해 도심 지역의 재건축 및 재개발을 추진, 단 이로 인해 발생하는 개발이익의 상당 부분은 국가나 지방 자치단체가 환수하는 장치를 더 강화.
	지분형 분양주택	실소유자가 51퍼센트, 지분투자자가 49퍼센트를 소유하는 지분형 분양주택 공급 천명, 지분형 분양주택의 소유권 및 임차권은 실소유자에게 귀속됨.
금융부문	주택담보대출	DTI(총부채상환비율) 및 LTV(주택담보인정비율) 규제는 현행대로 유지.
	통화량(금리)	통화량(금리) 조절을 통해 부동산 시장 안정을 도모할 것을 천명.

언론의 보도를 종합해 보면 이명박 정부가 구상하고 있는 부동산 정책 방향은 대략 [도표 2-7]과 같다.

이명박 정부가 생각하고 있는 부동산 정책 가운데 가장 잘못된 것은 종부세를 후퇴시키려는 것이다. 이명박 정부가 종부세 과세 기준 상향, 차등 부과 등을 통해 종부세 부담을 완화시키려고 하는 것은 종부세를 징벌적 세금의 일종으로 오해하기 때문인 듯하다. 아마도 조중동 등의 수구언론이 만들어 널리 유포된 '세금폭탄론'을 이명박 정부가 무비판적으로 수용하지 않았나 싶다. 그러나 종부세를 징벌적 세금으로 인식하는 것은 전적으로 오해다. 주지하다시피 부동산 문제는 토지의 소유 및 처분 시에 발생하는 불로소득에서 생긴다. 따라서 부동산 문제를 근본적으로 해결하기 위해서는 토지의 소유 및 처분 시에 발생하는 불로소득을 차단하거나 환수해야 한다. 이를 위한 최적의 수단이 바로 보유세—종부세는 보유세의 일종—이고 양도소득세와 각종 개발이익환수장치들은 이를 보조하는 역할을 한다.

물론 부동산 문제가 보유세(종부세) 등의 세제稅制만으로 해결되지는 않는다. 그러나 보유세 등의 세제 없이 부동산 문제를 해결할 수 있는 방법은 전혀 없다. 더욱이 종부세는 투기억제 수단일 뿐 아니라 개인이나 법인이 국가와 사회로부터 받는 서비스에 대한 대가이기도 하다. 이런 측면에서 보면 버블세븐에 소재한 주택을 소유한 주민들이 다른 지역 주민들보다 양질의 서비스를 국가와 사회로부터 받는 만큼 더 많은 보유세를 내는 것은 너무나 자연스러운 일이라 할 것이다. 참고로 종부세 과세 대상 주택의 절대다수가 버블세븐에 위치하고 있다.

한편 이런 관점에서 보면 1주택 장기 보유자, 고령자, 저(?)소득층 등이라고 해서 종부세 감면 대상이 될 수 없음이 자명하다. 또 종부세는 소득세가 아닌 재산세임을 잊어서는 안 된다. 많은 재산을 가지고 있으면 이에 상응하는 세금을 내는 것이 마땅한 일이다. 투기 목적의 유무, 소득의 많고 적음 등을 고려할 이유가 없다.

종부세·양도세 감면은 2퍼센트 부자들만을 위한 정책

종부세 과세 대상도 얼마 되지 않는다. 올해 주택분 종부세를 납부할 것으로 예상되는 개인은 올해 우리나라 전국 1855만 세대의 2퍼센트 정도인 37만 9000세대에 불과하다. 또 전국 1855만 세대 중 52퍼센트를 차지하는 주택을 보유한 세대(971만 세대) 중에서도 3.9퍼센트만이 종부세를 부담할 뿐이다.

특기할 사실은 종부세를 다주택 보유자나 고가주택보유자가 대부분 부담한다는 점이다. 놀랍게도 종부세 부담자의 61.3퍼센트는 2주택 이상 다주택 보유자다. 이들 23만 2000 다주택 보유세대가 전체 종부세액의 71.6퍼센트를 부담하고 있으며, 이들이 보유한 주택은 97만 7000가구로, 전체 종부세 대상 주택 112만 4000가구의 86.9퍼센트를 차지하고 있다. 곧, 종부세 대상이 되는 주택 10채 가운데 9채는 다주택 보유자가 소유하고 있는 셈이다.

한편 종부세액이 가파르게 상승했다 해도 종부세 과세 대상자들의 시가 대비 실효세율은 불과 0.5퍼센트에 불과하다. 이는 선진국에 비해 한참 낮은 수준이다. 종부세 과세 대상자들에 대한 실효세율이 여전히 매우 낮은 수준임에도 실효세율이 단기간 내에 급격히 상승한 것처럼 보이는 것은 무엇보다 과거의 보유세 실효세율이 터무니없이 낮았기 때문이다. 쉽게 말해 과거의 보유세 실효세율이 비정상이고 지금이 정상인 셈이다.

사정이 이러함에도 불구하고 이명박 정부는 종부세를 크게 후퇴시킬 계획을 세우고 있다. 만약 이와 같은 계획이 그대로 집행된다면 단 2퍼센트의 부동산 부자들에게만 혜택이 돌아가게 될 것이다.

1가구 1주택자들에 대한 양도세 인하도 잘못된 정책이다. 이미 1주택자들은 대부분 양도세를 면제받고 있다. 단지 공시가격 6억 원을 초과하는 부분에 대해서 양도세가 부과되고 있지만 양도세 부담이 매매차익의 10퍼센트 수준에 불과하다. 곧 1가구 1주택자들에 대한 양도세 감면을 고민해야 할 이유가 전혀 없는 것이다.

게다가 양도소득세는 실현된 불로소득에 대해서 부과된다. 근로소득에도 과세하는 마당에 실현된 불로소득에 대해서 감면을 해주자는 용감한 주장을 어떻게 할 수 있는지 참으로 궁금하다.

물론 양도세는 동결효과를 발생시키는 부작용이 있지만 실현된 불로소득을 환수하는 데는 아직 양도세만한 것이 없다. 따라서 보유세가 충분히 현실화될 때까지는 양도세를 유지하거나 강화하는 것이 옳다.

공급을 늘리려면 다주택자들이 매물을 내놓게 해야

한편 이명박 정부는 서울 도심의 용적률을 상향해 재건축 및 재개발을 활성화시키고 이를 통해 공급을 늘리겠다는 생각을 하고 있다. 그러나 이것 역시 옳은 방향이 아닌 것으로 보인다.

국민의 정부 말기부터 시작된 부동산 가격 상승은 공급 부족 때문이라기보다는 투기적 가수요 때문이었다. 이는 주택보급률은 106퍼센트인데 반해 자가보급률은 60퍼센트 수준이라는 점, 이른바 버블세븐 지역의 주택담보대출 금액과 비중이 타 지역을 크게 압도한다는 점, 강남벨트 등의 주택 소유 편중도가 극심하다는 점, 버블세븐 지역의 매매가 대비 전세가 비율이 전국 최저 수준이라는 점 등에서 명확히 드러난다.

쉽게 말해 지금의 부동산 시장은 대규모 공급을 필요로 하지 않는다. 오히려 최근의 수도권 아파트 미분양 사태가 보여 주듯이 공급 과잉을 걱정해야 할 상황이다.

백보를 양보하여 공급을 늘리는 것이 필요하다면 재건축 및 재개발에 의존할 것이 아니라 기존의 다주택 소유자들이 가지고 있는 여분의 주택을 시장에 매각하도록 정책적으로 유도하는 것이 옳다. 이를 위한 최선의 수단이 보유세 현실화임은 재론할 필요가 없다.

통계에 따르면 종부세 납부 대상자 중 40퍼센트 이상이 3채 이상의 주택을 보유하고 있고 이들 3주택 이상 보유자들이 2채를 남겨두고 나머지만 처분해도 19만 3000채의 신규 공급효과가 있다고 한다. 이는 판교신도시를 6개 짓는 효과와 맞먹는다.

이명박 정부가 자신 있게 말하는 재건축 및 재개발은 거시적으로는 국토균형발전, 미시적으로는 도시계획의 목적과 필요에 적합할 경우에 한해 추진되는 것이 옳다. 재건축 및 재개발 시에 발생하는 개발이익이 대부분 환수돼야 함은 물론이다.

지분형 분양주택은 부동산 불로소득의 제도화

이명박 정부가 내놓은 주택공급정책 가운데 특기할 만한 것이 지분형 분양주택이다. 지분형 분양주택은 이명박식 반값 아파트라 할 수 있다. 지분형 분양주택은 51퍼센트의 지분을 실소유자가 소유하고 49퍼센트의 지분을 지분 투자자가 소유하는 공급방식으로 소유권 및 임차권은 실소유자에게 귀속된다.

지분형 분양주택이 성공하려면 수익성(분양 가능성)이 담보되어야 한다. 정부는 지분형 분양주택의 경우, 분양가상한제가 적용되는 공공택지를 대상으로 하기 때문에 주변의 시세보다 20퍼센트 이상 저렴하고 따라서 일정 정도의 수익성이 보장되는 만큼 분양에 별다른 어려움이 없을 것이라고 밝혔다.

그러나 실수요자(무주택자)는 그렇다 하더라도 겨우 주변시세보다 조금 낮은 분양가를 노리고 지분형 분양주택에 투자할 사람들이 있을지는 매우 의심스럽다. 그런데 지분형 분양주택의 성패는 단연 49퍼센트의 지분을 얼마나 효과적으로 매각하느냐에 달려 있으므로 지분 매수자들에 대한 인센티브 제공은 당연한 논리적 귀결이다.

이명박 정부는 펀드 등 민간투자자의 지분에 대해서는 종합부동산세를 부과하지 않을 방침을 천명하고, 재산세·양도세·거래세(취득·등록세) 등에 대해서도 일정 부분 감면혜택을 주는 방안을 강구 중인 것으로 알려지고 있는데 지분 투자자를 유치하기 위해서는 이 같은 유인誘因이 불가피함을 정부 스스로 고백하고 있는 셈이다.

문제는 이와 같은 지분 투자자에 대한 특혜가 부동산 불로소득의 제도화로 이어진다는 사실이다. 더구나 지분형 분양주택이 수도권의 인기지역 위주로 분양될 가능성이 높다는 점을 감안하면 지분형 분양주택은 부동산 투기의 뇌관이 될 가능성이 매우 높다 하겠다.

지분형 분양주택은 이를 소유한 실수요자와 지분소유자를 모두 만족시킬 수 있을지도 모른다. 그러나 이를 위해서는 지분형 분양주택의 가격이 시장 수익률을 지속적으로 상회해야 한다. 그리고 이는 부동산시장 안정에 항존하는 위협 요인으로 작용할 가능성이 크다.

처음부터 이명박 정부는 '반값 아파트'라는 다분히 포퓰리즘적인 정책목표에 지나치게 집착했다. 그러다보니 그것을 달성하기 위해 부동산 불로소득을 제도적으로 보장해주는 악수를 두고 만 것이다.

통화량(금리) 조절은 신중에 신중을 거듭해야

강만수 대통령직인수위 위원이 통화량(금리) 조절을 통해 부동산시장 안정을 꾀하겠다고 발언한 바 있다. 물론 금리 인상은 시중의 부동자금을 상당부분 흡수하여 부동산 투기수요를 억제하는 등의 효과가 있기 때문에 부동산시장을 안정시킬 수는 있을 것이다.

그러나 금리 인상은 부동산시장뿐 아니라 거시경제 전반에 무차별적으로 영향을 미치기 때문에 부동산시장 안정의 주된 수단으로 채택하기에는 적합하지 않다. 부동산 가격을 잡기 위해 금리를 인상할 경우, 자칫 잘못하면 빈대 잡으려다 초가삼간 태우는 격이 되기 십상이다.

부동산 거품이 발생했을 때 금리 인상을 통해 대처했던 역사적 사례가 적지 않다. 1990년대 초반의 스웨덴, 핀란드, 일본, 1990년

중반의 태국 등이 대표적이다. 이 나라들은 모두 금리 인상 후 부동
산 값은 잡았지만, 그에 연이어 부동산 가격의 폭락과 금융위기, 그
리고 심각한 경기침체를 경험한 바 있다.

백보를 양보하더라도 통화량(금리) 조절을 통한 부동산시장 안정
정책은 최후에 그리고 보조적으로 채택되어야 할 것이다.

철저하게 시장주의에 기초한 부동산 정책

위에서 자세히 살핀 것처럼 이명박 정부가 구상하고 있는 부동산
정책의 핵심은 종부세 및 양도세 완화 등을 통한 부동산 세제 후퇴
와 도심 용적률 상향, 지분형 주택공급 등을 통한 공급 확대다. 그리
고 이런 정책들을 관통하고 있는 철학은 시장절대주의 혹은 시장근
본주의다. 그러나 지금처럼 시중에 투기적 가수요가 건재하고 유동
성이 풍부한 상태에서 이와 같은 투기방임조치를 한다면 부동산발
경제공황이 닥쳐오는 건 시간문제다. 설상가상으로 최근에는 대한
민국 전역을 투기장화 할 대운하 착공을 기정사실화하는 발언들이
계속 흘러나오고 있다. 이쯤 되면 정부의 부동산 정책을 투기 방임
정책과 투기 조장정책의 조합이라고 평해도 전혀 모자람이 없겠다.

알다시피 부동산 문제는 최근 심화되고 있는 사회적 양극화, 한국
경제의 고질이 된 고비용·저효율 구조, 근로의욕 저하 등의 가장 큰
원인이다. 한마디로 부동산 문제의 근본적 해결 없이는 대한민국이
선진국으로 올라설 수 없다. 또 부동산 문제는 몇몇 미시적 대책만으
로는 해결될 수 없으며 부동산 문제의 근본 원인이 해소되지 않는 한

부동산 시장의 위기는 주기적으로 재연될 가능성이 매우 높다.

사정이 이러함에도 이명박 정부는 부동산 문제를 해결하기는커녕 도리어 악화시킬 가능성이 매우 높은 정책들을 "시장에 맡긴다"는 구호 아래 집행할 것을 호언하고 있으니 참으로 답답한 노릇이 아닐 수 없다. 엄밀히 말해 정부는 부동산 문제를 근본적으로 해결할 철학과 정책수단(세제, 주택공급 방법, 금융정책, 주거복지 등) 중 어느 것 하나 가지고 있지 못하다. 아울러 정부가 부동산 불로소득의 사유화를 정상적인 시장경제로 인식하는 한 부동산 문제를 해결할 방법은 전혀 없다고 해도 과언이 아니다.

한편 이명박 정부는 전세계 금융, 더 나아가 전세계 경제를 뒤흔들고 있는 미국의 서브프라임 모기지론(비우량 주택담보대출) 사태를 통해 부동산 부문에 시장절대주의를 무분별하게 도입할 경우 얼마나 파멸적인 결과가 초래되는지를 똑똑히 목격했을 것이다. 서브프라임 모기지론 사태를 보면 알 수 있듯이 부동산 문제를 근본적으로 해결하지 않고 방치할 경우 파국적 사태가 도래할 가능성이 매우 높다. 그렇다면 만악의 근원이라 할 부동산 문제를 근본적으로 해결할 해법은 없는 것인가?

'시장 친화적 토지공개념'이 대안이다

부동산 문제를 근본적으로 해결하기 위한 최선의 해법은 바로 '시장 친화적 토지공개념'이다. '시장 친화적 토지공개념'은 토지가 공공재산적 성격을 가지고 있다는 철학에 터잡고 있다.

그러면 토지공개념을 시장친화적인 방법으로 구현하는 정책수단
에는 어떤 것이 있을까? '시장 친화적 토지공개념'의 구체적 정책수
단으로 '패키지형 세제개혁'과 '토지공공임대제'를 제시하고자 한다.

첫 번째 정책 수단은 '패키지형 세제개혁'이다. '패키지형 세제개
혁'은, 토지보유세 강화를 중심 수단으로 하고 양도소득세와 개발이
익환수제를 보조수단으로 하여 토지문제의 원인인 토지불로소득의
환수비율을 점진적이고 지속적으로 강화하는 동시에 경제에 부담
을 주는 다른 세금(건물분 보유세, 거래세, 부가가치세, 법인세, 근로소득세,
준조세 성격의 의료보험료 등)은 낮추는 것을 핵심으로 한다.

한 마디로 '패키지형 세제개혁'을 조세용어로 말하면 '증세와 감
세의 창조적 결합'이라고 할 수 있다. 이렇게 하면 토지불로소득의
기대가 줄어들기 때문에 투기는 사라지고, 노력소득에 대한 기대는
커지기 때문에 경제는 활성화된다.

두 번째 정책 수단은 토지 비축 제도를 활용하여 국공유지를 확
충하고 그 곳에 '토지공공임대제'를 시행하는 것이다. '토지공공임
대제' 하에서는 토지가 아예 국가와 공공의 소유로 되어있기 때문에
제도를 잘 운용하기만 하면 토지불로소득을 원천 봉쇄하고 부동산
투기를 근절할 수 있다.

최근 새로운 주택 공급 방식으로 주목받고 있는 '대지임대부' 방
식은 '토지공공임대제'의 일종이다. 또 '토지공공임대제'는 주택에
만 적용할 수 있는 것이 아니다. 그것은 공단에도 적용할 수가 있고
신도시에도 적용할 수 있는데, 그렇게 되면 토지투기 없는 토지임대
형 공단, 토지임대형 신도시가 가능해진다.

또 '토지공공임대제'는 통일한국을 위한 준비이기도 하다. 익히

알다시피 북한은 토지 국유화를 채택하고 있다. 만약 통일 후 북한에 남한의 토지 사유제가 이식된다면 통일은 축복이 아니라 재앙이 될 가능성이 높다. 통일독일의 경험이 이를 증명한다. 따라서 미리 '토지공공임대제'를 채택해 통일한국에 대비해야 한다.

이와 같은 정책 수단을 도입하는 '시장 친화적 토지공개념'을 구현하면 주택가격이 하향 안정화되기 때문에 내수와 수출이 균형을 이룰 수 있고, 부동산 문제 때문에 발생한 양극화 문제가 근본적으로 해소되며, 부동산 문제에서 기인한 고비용-저효율 경제구조는 해소되어 저비용-고효율구조로 탈바꿈 할 가능성이 커진다. 또 도시 내의 노는 토지가 최선으로 이용되고 토지불로소득을 노린 무분별한 개발을 막을 수 있기 때문에 환경 보존에도 크게 도움을 준다.

눈 밝은 독자들은 금방 알아챘겠지만 위에서 설명한 '시장 친화적 토지공개념'은 단순히 부동산시장 안정화 정책이 아니다. '시장 친화적 토지공개념'은 새로운 경제성장 담론이며 국가발전 전략이다. 아울러 '시장 친화적 토지공개념'은 좋은 시장 만들기와 조세개혁을 포괄하고 있다.

이처럼 중대한 함의를 지닌 '시장 친화적 토지공개념'을 이명박 대통령이 알아볼 안목이 있을까? 선택은 이 대통령의 몫이다.

이태경 | 대학에서 법학을 전공했고 토지정의시민연대 사무처장으로 활동 중이다. 평등한 자유가 실현되는 사회를 꿈꾸고 있다.

대학사회 _ 68혁명 40주년과
우리 대학의 변화

손우 정_새사연 연구원

대학사회의 세력관계 변화를 살펴보면 이른바 운동권 총학생회의 당선률이 경향적으로 하락하는 가운데, 기존 학생운동세력에 대한 반대정서를 등에 업고 급속도로 확산되기 시작한 우익운동권도 대안세력으로 자리잡지 못하고 있음을 알 수 있다. 그러나 이명박 시대의 대학에서는 현실정치세력과 연계된 이데올로기 경쟁이 더욱 심화될 가능성이 높다.

이명박 대통령의 등록금과 청년실업 관련 공약은 대학생의 요구를 충족시키기 어려울 전망이다. 대학자율화로 상징되는 등록금 공약은 소수의 학생에게 제한된 혜택을 부여할 뿐 연간 1000만 원에 육박하는 등록금 고공행진의 근본문제를 전혀 건드리지 않고 있다. 또 8퍼센트에 이르는 청년실업률을 단순히 4퍼센트 이하로 축소하겠다는 약속은 단순한 일자리보다 '좋은 일자리'가 필요한 청년들에게 답이 될 수 없다.

40년 전, 혁명의 추억?

우리는 2007년을 1987년 6월항쟁 20주년으로 추억했다. 무엇인가를 추억한다는 것은 당시 사건이 가진 역사성을 오늘에 부활하려는 시도다. 그날 우리가 꿈꾸었던 전망과 가치를 잊지 않기 위해 기념일을 핑계 삼아 끊임없이 되돌아본다.

그렇다면 올해는 무엇을 추억할 수 있을까? 2008년은 바로 68혁명이 일어난 지 40주년이 되는 해다. 프랑스 대학생들의 점거농성으로 시작된 혁명은 유럽과 미국으로 확산되어 희망과 분노, 자유에 대한 갈망을 분출시켰다. 특히 베트남에서 피의 살육전을 벌이고 있던 미국은 68혁명으로 촉발된 국제 반전운동으로 큰 타격을 입었다.

68혁명은 단순한 반전운동이나 좌파운동이 아니라 전후세대가 기성세대에 대항하여 일으킨 일종의 문화적 혁명에 가까웠다. 그동안 보수적 윤리관이나 거대 이데올로기 담론에 억눌려 있던 다양한 문제의식과 가치들이 분출한 자유와 자율, 정의와 평등 지향의 문화적 실험이었다. 혁명의 표적은 보수정권만이 아니라 현실사회주의 국가의 구태이기도 했다.

물론 68혁명은 모든 권위에 대한 반감을 불러일으키면서 '신자유주의'의 태동에 일정한 기여를 했다는 비판도 존재한다. 또 서구 학자들이 68혁명을 세계혁명으로 표현하듯, 유럽중심주의 사고에 얽매여 있다는 냉소도 있다.

1968년이 유럽과 미국 등 이른바 '중심부 국가'에 큰 변화를 준 시기였음은 분명하지만, 우리에겐 고작 '박정희 정권' 치하에서의 베트남 특수, 혹은 미 정보선 푸에블로 호가 북한에 나포된 해 정도로 기억될 뿐, 혁명과는 거리가 먼 시절이었다.

다만 유사한 시기를 찾을 수 있다면 혁명적 담론이 지배했던 1980년대 정도다. 프랑스 68세대가 이후 프랑스 정계를 장악했듯이, 오늘 우리도 이른바 386세대가 좌와 우를 막론하고 정치체제의 핵심으로 자리잡았다.

그러나 동시대의 경험을 공유한 정치세력의 오늘을 추적하면서 68혁명 40주년의 의미를 되새길 필요는 없다. 우리의 관심을 모으는 것은 40년 전 유럽의 대학생이 그랬듯이, 오늘 우리나라의 대학생도 자신의 처지를 극복하기 위해 폭발적인 '문화적 혁명'을 일으킬 수 있을지 여부다. 날로 심각해지는 대학서열화와 청년실업의 문제, 파괴되는 공동체 의식이 '이명박 시대'에 과연 어떤 모습으로 전개될까?

보수정권의 탄생과 대학사회의 권력 변화

이명박 시대의 대학생운동이 어떤 모습으로 전개될지 살펴보기에 앞서, 대학사회의 세력관계에 대해 살펴보자. 가장 급진적 정치 이데올로기를 분출해왔던 대학생운동은 1990년대 중반을 경과하며 시나브로 위축되어왔다.

[도표 2-8]의 그래프는 각 대학 총학생회 선거 상황을 종합한 포털사이트 다음카페의 자료다. 이 집계자료는 전체 대학을 대상으로 한 것이 아니라 파악 가능한 전국의 주요 대학을 대상으로 한 것이며, 각 대학 총학생회 선거상황만을 집계해 학생회 패러다임에서 벗

어난 다양한 운동경향을 포괄하지 못한 한계가 있다. 그러나 대학생
운동의 대략적인 흐름을 파악해볼 수는 있다.

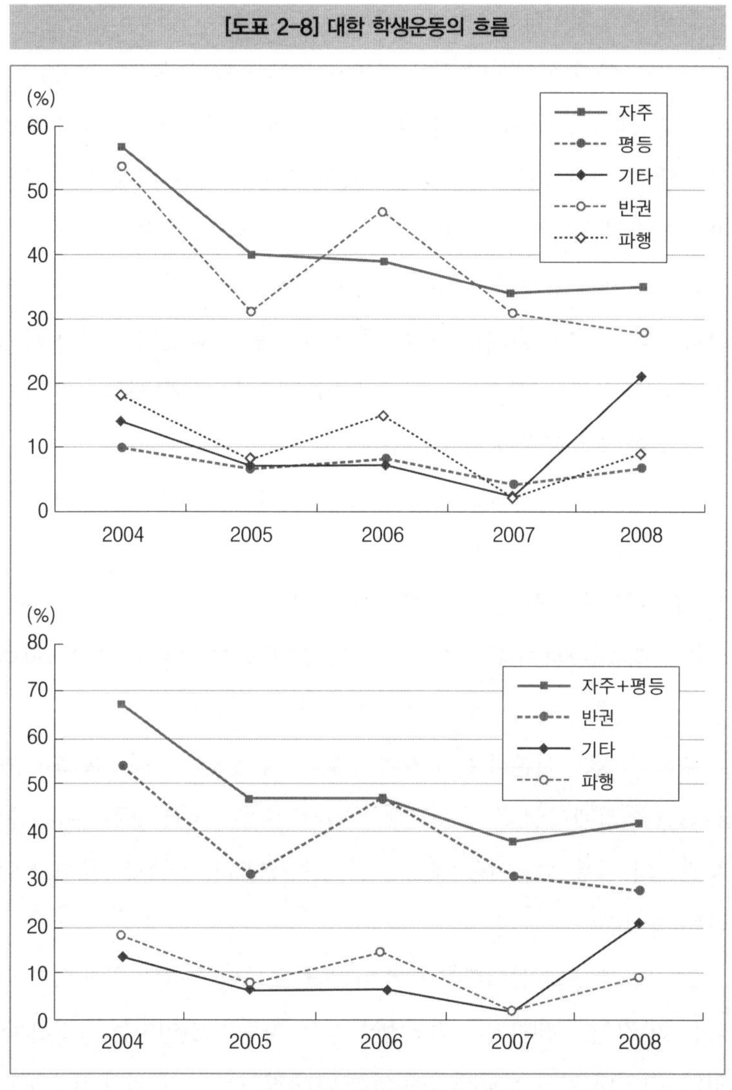

(출처 : 다음 학생운동카페 http://cafe.daum.net/HAKSANG)

첫째 그래프는 진보적 학생운동진영을 전통적인 두 흐름으로 거칠게 분류하여 비교한 것이며, 둘째 그래프는 이 둘을 묶어 운동성향의 학생회와 그에 반하는 성향을 보여 '반권'이라 통칭되는 경향을 대비시킨 것이다.

이른바 반권 학생회의 경우 기존 운동세력에 대한 반대정서를 등에 업고 선거에 임한다는 점에서 '반운동권'으로 이름이 붙여졌지만 사실상 '우익운동권'으로 부르는 것이 더욱 정확한 명칭이다. 물론 반권으로 분류되는 범주 내에도 다양한 흐름이 존재한다.

그래프에서 주목되는 것은 이른바 운동권 총학생회와 반권 총학생회간의 변화다. 대체로 대학사회에서 총학생회 선거에 대한 관심과 참여의 하락이 지속되는 가운데 2006년 대학 총학생회 선거에서 반권 성향 총학생회의 진출이 두드러졌다.

이런 현상은 우리 사회 진보와 보수의 헤게모니가 역전되기 시작한 사회적 분위기가 대학선거에 반영되었기 때문으로 보인다. 이때는 시민사회 내 극우세력이 앞장서서 신공안정국을 조성하고, 뉴라이트 운동이 언론의 적극적인 지지를 등에 업고 활동을 본격화하여 진보 대 보수의 세력관계가 역전되기 시작한 시기다.

주목할 점은 이른바 운동권 학생회는 경향적 하락이 지속되다가 2008년 선거에서 소폭 상승했음에 비해, 이른바 반권으로 분류되는 학생회의 경우 2006년을 정점으로 지속적인 하락경향을 보이고 있다는 점이다.

2008년 학생회 선거판도에서 나타난 흐름이 운동권 학생회가 바닥을 친 것인지 단지 일시적인 반등을 보여주는 것인지는 속단할 수 없다. 그러나 기존 운동세력에 대한 반대정서를 등에 업고 급속도로 확산되기 시작한 우익운동권도 학생들에게 분명한 대안세력으로 자리잡지 못하고 있다는 점을 알 수 있다.

다만 정치성향과 관계없는 총학생회와 선거파행은 증가하고 있어 사회문제와 학생자치활동에 대한 학생들의 무관심은 여전히 지속되고 있다.

이데올로기 경쟁의 각축장이 될 대학

대학선거에 대한 무관심이 지속되고 있다고 해서 탈정치적 흐름이 대학사회를 지배하고 있는 것은 아니다. 오히려 대학 선거는 체제 저항적 이데올로기가 지배적이었던 과거와 달리 본격적인 이데올로기 경쟁의 각축장이 되고 있다.

기존 학생회 패러다임과 정반대의 가치를 들고 나온 우익 학생운동은 이미 뚜렷한 세력으로 등장하고 있다. 이들은 사회 전반의 보수적 네트워크와 긴밀하게 연결되어 있는 것이 특징이다. 2006년 말 모 대학 총학생회 후보의 양심선언으로 밝혀진 바에 따르면 뉴라이트 전국조직은 전국 각 대학 총학생회 선거에 재정지원과 선거전술 교육까지 제공하며 깊숙이 개입하고 있다.

뉴라이트대학생연합이 주최한 것으로 알려진 당시 선거학교에서는 선거개론, 정책·공약, 연설·유세 방법, 한총련 정책공약 분석 등을 주제로 한 강의가 진행됐다. 또 북핵 어떻게 볼 것인가, 기여입학제를 왜 허용해야 하는가, 청년실업의 원인이 왜 강성노조 때문인가 등 보수적 시각을 전파하기 위한 교육도 진행되었다.

대학선거뿐 아니라 보수적 이데올로기를 대학 내에서 재생산하기 위한 활동도 지속되고 있다. 뉴라이트전국연합이 진행하는 ‘목민정치학교’와 뉴라이트네트워크가 진행하는 ‘자유주의리더십학교’ 등은 모두 보수적 이데올로기 재생산 기구인 미국의 리더십연구소나 일본의 마쓰시다정경숙을 모델로 삼고 있다. 우익싱크탱크인 자유기업원은 대학시장경제 강좌를 진행하고 있고, 전경련도 EIC(Elite Intensive Course)라는 단체를 통해 대학선거에 개입한다.

이런 우익 학생운동은 비록 ‘운동권’에 대한 반발로 조직되었지만, 학내 이슈에 머무르기보다는 새로운 가치지향을 바탕으로 한 정치적 이데올로기를 조직·확산하는 데 힘을 쏟고 있다.

이명박 시대의 대학에서는 현실정치세력과 연계된 이데올로기 경쟁이 더욱 심화될 가능성이 높다. 학생사회의 최대 화두인 등록금 인상이나 청년실업 문제는 현실정치세력의 의사선택에 직접적인 영향을 받는 의제이기 때문이다.

이명박 정부에서는 등록금 고민 사라질까?

결국 이제 대학 내의 세력판도는 등록금과 청년실업 문제를 해결할 어떤 가치지향이 학생들에게 선택받느냐에 따라 달라질 수 있다.

먼저 이명박 정부의 등록금 정책을 살펴보자. 등록금 인상에 대한 정부의 입장을 잘 알려주는 공약은 바로 ‘대학자율화’다. 대학 자율화란 대학의 학생선발과 학사운영, 등록금 책정과 재정편성 등의 사안을 외부의 간섭 없이 재단과 학교당국이 자율적으로 결정할 수 있도록 보장하는 것이다.

　이러한 대학자율화의 명분은 '경쟁유도'에 있다. 자율적으로 경쟁하도록 내버려 두면 자연스럽게 효율적이 되며 질이 높아진다고 보는 것이다. 그러나 '경쟁'을 위해서는 재정확충이 필수적이다. 대학이 재정을 확충할 수 있는 가장 쉬운 방법은 등록금 인상이며 이는 우리가 신자유주의 교육정책이 시행된 지난 10년 간 똑똑히 목격해온 바다. 휘황찬란한 대학건물을 짓는 데 엄청난 등록금이 투입되었지만, 학교 시설을 학생들이 자유롭게 이용할 수 있는 권리는 오히려 줄고 있다.

　등록금 인상에 대한 압박은 '기여입학제 금지'의 벽을 허무는 데도 이용될 것이다. 위에서 보았듯이 이미 뉴라이트 단체 등에서는 치솟는 등록금문제를 해결할 대안으로 기여입학제를 제시하고 있다. 세계 어느 나라보다 우리 국민의 교육열이 높았던 것은 교육과 입시에서만큼은 '기회의 평등'이 보장되기 때문에 세대 간 계층이동이 가능하다는 희망 때문이었다. 그러나 이미 공교육 파괴와 사교육시장의 불평등으로 인해 평등의 기회는 사라졌다. 이런 상황에서 기여입학제의 도입은 기회의 평등이 종말을 고하는 선언이 될 가능성이 높다. 신자유주의 교육정책은 일반 학생들의 등록금 압박을 조금 줄여주는 대신 기득권 세력의 학벌 세습 인정을 요구하고 있는 것이다.

　사립대의 등록금을 감당할 수 없는 서민들의 유일한 대안이었던 국립대는 법인화 정책으로 인해 '사립대의 국립대화'라는 대중의 바람과 반대로 '국립대의 사립대화'를 유도한다. 대학등록금 인상이 국립대 등록금 인상률에 따라 조정되고 있는 현실에서 법인화를 통한 국립대 등록금 인상은 사립대 등록금 인상으로 파급될 뿐이다.

실업 대책, 전망은 어둡다

20대가 이명박 대통령에게 40퍼센트에 가까운 지지를 보낸 가장 큰 이유는 청년실업 문제해결에 대한 기대 때문이다. 노무현 정부 5년 동안 청년실업이 나아진 것이 없으니 그와 반대편에서 경쟁하고 있는 후보에게 기대를 걸어 본 것이다. 《서울신문》의 여론조사 결과에 따르면 20대의 44.5퍼센트가 이명박 정부의 가장 시급한 과제로 실업대책을 꼽았다.

이명박 대통령은 후보시절 '민생경제 살리기 종합계획'에서 3대 목표 중 하나로 8퍼센트에 이르는 청년실업률을 4퍼센트 이하로 축소하겠다고 밝혔다. 그러나 진짜 문제는 단순히 청년실업률 수치를 낮추는 데에 있지 않다.

이명박 대통령은 대선을 3개월 앞둔 9월 12일 대전·충남지역 대학생들과의 타운미팅 간담회에서 "세계 어느 선진국도 우리와 비교해 비정규직의 수가 그렇게 적은 것이 아니다. 눈높이를 조금 낮춰 여러 경험을 살리는 것이 좋다"고 말했다. 청년실업에 관한 그의 시각이 기업가의 시각과 전혀 다르지 않음을 보여주는 대목이다.

사실 눈높이를 낮춘다면 지금도 일자리는 있다. [도표 2-9]의 그래프는 50명~499명 규모 중견기업의 인력부족률을 나타낸 것이다. 점차 낮아지고는 있지만 2005년에도 중견기업 인력부족률은 4.35퍼센트였다. 문제는 치솟는 등록금을 감당하고 대졸 자격을 획득한 이들에게 맞는 '질 좋은 일자리'가 없다는 것이다.

통상 청년실업률은 전체 실업률보다 두 배쯤 높게 나타난다. 이는 청년층이 '구직탐색' 기간 동안 여러 직장에 취업과 실직을 반복하는 경향이 높기 때문이다. 외환위기 이전에도 우리나라 청년 실업률은 전체 실업률에 비해 두 배쯤 높았다.

그러나 현실은 통계에서 나타나는 것보다 심각하다. 한국의 경우 청년실업에 대한 혜택이 많은 선진국과 달리 '실패자'라는 낙인이 당사자에게 돌아가는 사회 분위기 때문에 통계노출을 꺼릴 뿐더러, 높은 취업률이 곧 좋은 대학이라는 등식이 성립하는 상황에서 대학이 적극적으로 '거짓 취업자'를 만들어 내고 있다. 취업자 통계에는 편의점 단기 아르바이트생이나 공사장 일용노동까지 모두 포함될 뿐 아니라, 100퍼센트 백수도 필요에 의해 '취업자'로 조작된다.

이명박 정부가 해결해야 할 과제는 '질 좋은 일자리'를 많이 만들

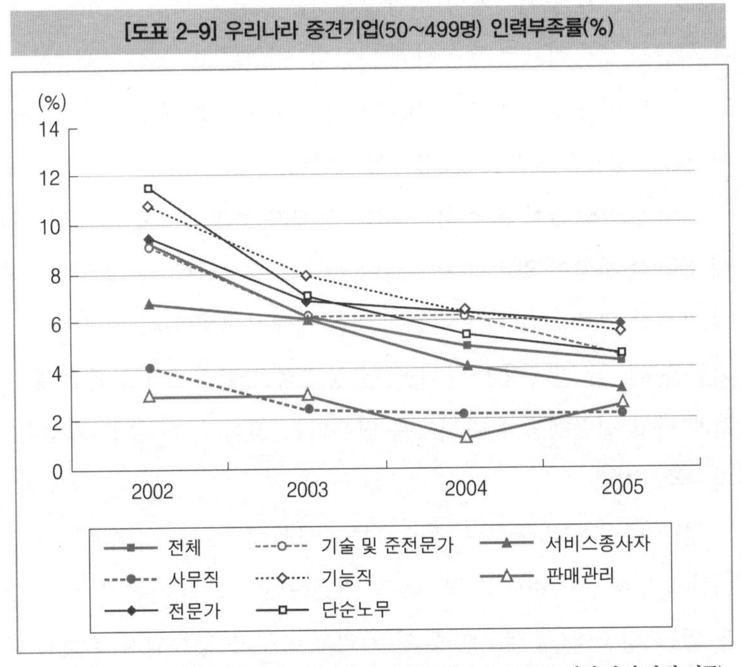

[도표 2-9] 우리나라 중견기업(50~499명) 인력부족률(%)

(출처 : 송창용, 〈청년취업 강화를 위한 수요-공급 체인 관리 방법 연구〉, *Journal of the Society of Korea Industrial and Systems Engineering*, 2006, Vol. 29.)

어 내는 것이다. 만약 앞으로 5년간 매년 60만 개씩 창출하겠다는 일자리가 경부운하를 만드는 데 필요한 일용직을 의미하는 것이라면, 통계수치상 실업률은 내려갈지 몰라도 현재 얻고 있는 대학생의 지지를 유지하기란 쉽지 않을 것이다.

한국판 68혁명의 실현 가능성

등록금과 실업문제가 해결기미를 보이지 않는다고 해서 진보적 학생운동이 자연스레 성장할 것이라는 추측은 무모하다. 예를 들어 경제가 어려워진다고 저항이 활발해지는 것은 아니다. 오히려 불황은 사람을 보수적으로 행동하게 만든다. 비참한 빈곤이나 극심한 억압은 집단적 반발을 일으키기보다 자신의 처지를 운명으로 받아들이거나 적응하도록 만드는 경향이 강하다.

사회운동에 관한 고전적 논의는 오히려 불황기보다 경제성장기에 집단적 저항이 일어날 가능성이 높다고 주장한다. 경제성장을 통해 발생한 새로운 욕구와 희망에 대한 기대가 충족되지 못하고 좌절되었을 때, 곧 절대적 박탈이 아닌 상대적 박탈감이 사람들을 분노하게 하고 집단행동에 나서도록 만든다는 것이다. 이른바 데이비드의 J-곡선이다.

지난 대선 결과도 부분적으로는 J-곡선이론으로 설명가능하다. 외환위기 이후 우리나라 경제성장 지표는 꾸준하게 성장했지만, '고용 없는 성장'을 통해 서민들의 기대와 욕구가 충족되지 못했기 때문에 노무현 정권에 대한 분노가 상승하고 대선에서 '투표 항의'로

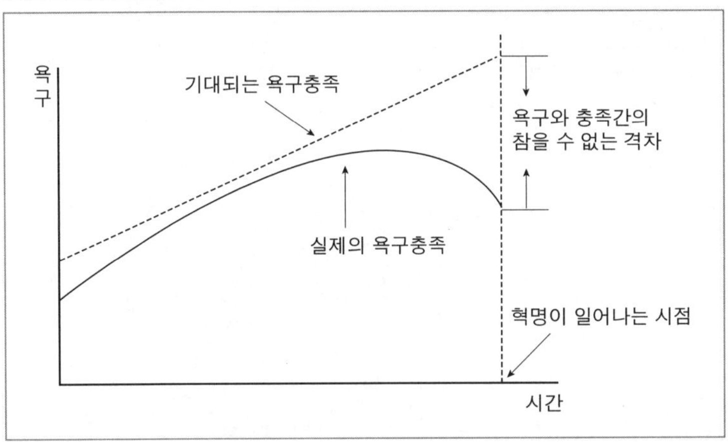

(출처 : J.C.Davies, "Toward A Theory of Revolution", *American Sociological Review*, 27(1): p.6; 임희섭,《집합행동과 사회운동의 이론》, 고려대학교 출판부(1999)에서 재인용.)

나타났다.

이명박 정부에 대한 20대의 기대도 박탈감으로 전환될 수 있다. 앞에서 살펴보았듯이 대학생들의 가장 큰 화두인 등록금 문제와 청년실업이 대학생들이 원하는 방향과 맞지 않을 뿐더러 고용과 해고에 대한 입장이나 향후 사회발전에 기여할 정당의 성격에 대한 응답 역시 이명박 정부의 성격과 큰 괴리를 보이고 있기 때문이다.

이런 가치지향과 현실선택의 괴리는 지난 대선이 '어떤 미래를 선택할 것인가'의 경쟁이 아니라 '어떤 과거를 반대할 것인가'의 선택지였기 때문이다. 국민은 부패한 신자유주의적 개발세력보다 양극화를 가져온 신자유주의적 개혁세력을 반대했다. 그러나 이명박 정권의 정책이 본격화 하면 가치와 현실의 괴리는 드러날 수밖에 없다.

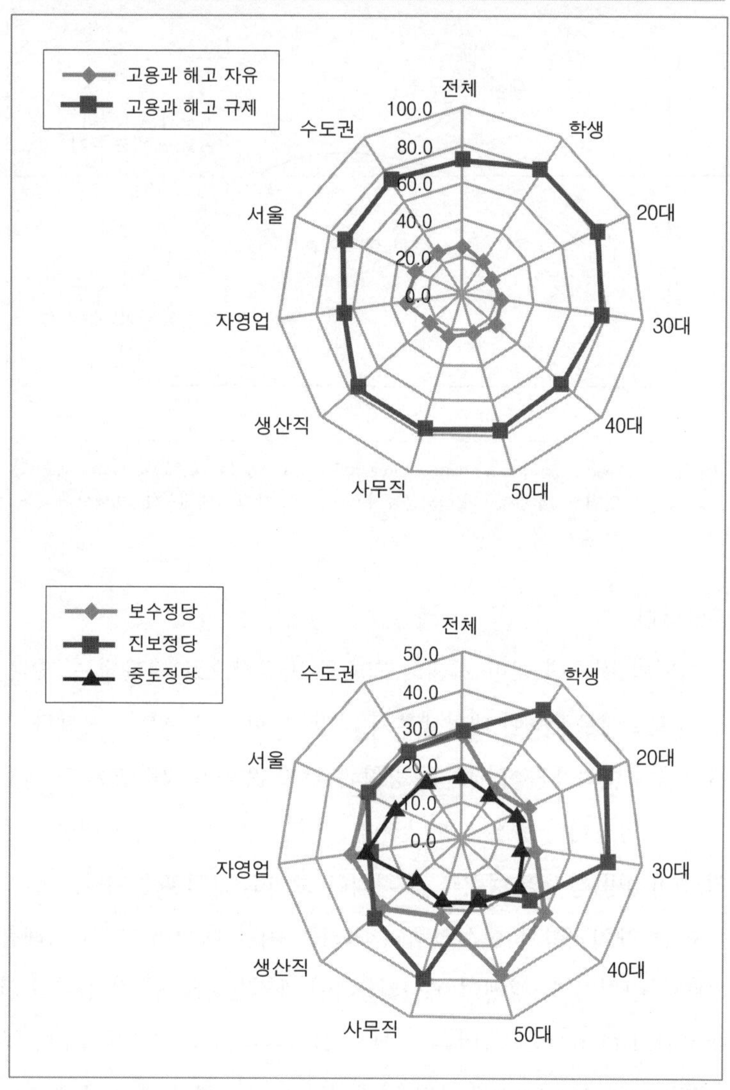

(출처 : 《한겨레》 신년 특집 조사)

물론 상대적 박탈감 같은 사회심리학적 요인만으로 저항이 형성되는 것은 아니다. 절망이 구체적 행동으로 연결되기 위해서는 동원할 수 있는 자원이 있어야 하며, 개인의 분노를 집합행동으로 연결시킬 대안적 프레임이 형성되어 있어야 한다. 또한, 성숙된 정치적 기회구조도 필요하다.

대학 선거결과에서 보듯이 아직까지 진보적 학생운동이 동원할 수 있는 자원은 남아 있다. 또 청년실업과 등록금 문제 등은 이제 좌우를 막론하고 더 이상 외면할 수 있는 의제가 아니다. 문제는 대학생이 느끼는 현실의 불만을 정확하게 지적하고, 새로운 대안으로 결집 가능하게 만드는 대안적 프레임의 부재다. 국민의 불만이 집합행동이 아니라 소극적 투표행위로 나타난 것은 진보가 국민의 신뢰를 바탕으로 한 대안적 프레임을 제시하지 못했기 때문이다.

진보적 대학생운동이 현실의 문제를 대안적 가치지향을 바탕으로 제기하지 않는다면, 이명박 시대의 정책실패도 원래 그런 '일상'으로 남을 가능성이 크다. 대학은 원래 그런 것, 사회는 원래 그런 것이라는 고정관념이 자리 잡아 버리기 때문이다. 문제가 문제로 인식되게 만드는 것도 대학 내 이데올로기 경쟁의 핵심 쟁점이다.

거시적 전망을 내포한 대안의 부재는 비단 대학생운동만의 문제는 아니다. 진보로 규정되는 모든 세력이 거시적 전망 부재의 늪에서 빠져나오지 못하고 있다. 반면에 이런 현실은 진보세력의 주체적 과제만 해결한다면 새로운 도전과 새로운 대안체제 구성은 불가능하지 않다는 것을 말해 주는 것이기도 하다.

68항쟁 40주년. 이제까지 그랬듯, 현실의 고통을 해결할 새로운 대안적 힘이 청년들의 함성에서 시작되기를 기대한다.

여성_ 신자유주의 체제에서의
성평등과 여성인권

박지아_민주노동당 정책연구원

이명박 정부의 여성 정책은 한마디로 '부실'하다. 그저 구색을 맞추기 위한 정책이다 보니 여성의 삶에 영향을 미칠 수 있는 부분이 거의 없을 뿐 아니라 실현의지도 확인하기 어렵다. 단적으로 이명박 대통령이 자신있게 이야기하는 여성 고용정책의 경우는 '일자리의 질'에 대한 고려가 전혀 없다. 여성 노동자의 대다수가 저임금에 시달리는 비정규직이라는 현실을 외면하고 있는 것이다. 국가의 책임 축소와 보육의 시장화에 초점을 맞춘 보육정책 역시 절망감을 줄 뿐이다.

결국 이명박 정부의 여성정책을 논하기에 앞서 시장만능주의로 달려가는 사회 안에서 우리가 추구해야 할 인권과 평등은 구체적으로 어떤 것인지를 밝히는 것이 우선이다. 民主

여성가족부 폐지와 이명박 정부의 여성정책

이명박 정부의 여성정책에 대한 전망을 이야기하면서 많은 사람들이 가장 먼저 떠올리는 것은 여성가족부 폐지일 것이다. 이명박 대통령은 정부조직개편안에서 여성가족부 폐지를 강력하게 주장했다. 이에 대해 반대의 입장을 밝히는 단체에서는 이명박 대통령의 여성에 대한 관점과 철학의 반영이라며 강력하게 비판하기도 했다. 과연 여성가족부 폐지를 주장하고 있는 이명박 정부에서 여성정책은 어느 방향으로 갈 것이며, 여성의 삶은 어떤 영향을 받게 될 것인가를 살펴보고자 한다.

이명박 정부의 여성정책은 여러 가지 방법으로 분석할 수 있다. 우선 그동안 발표된 대선 공약을 살펴보는 것이다. 이것이 가장 일반적인 방법이다. 그러나 이 방법에는 한계가 있다. 과연 대선시기 발표된 공약이 실제 정책으로 반영될 것인가 하는 의문 때문이다.

예를 들어 이명박 대통령은 후보 시절인 2007년 11월 30일 80여 개 단체가 주최한 '대선후보초청여성정책토론회'에 참여해 "여성가족부의 존치 여부"에 대해 "여성가족부가 해야 할 일이 다른 부처의 기능으로 흩어져 있으면 오히려 그 기능을 모아주겠다"라고 답변한 바 있다. 이에 따라 여성단체 등은 '여성가족부 개편 논의에 대한 여성계 입장 발표' 기자회견을 열어 "이명박 당선자는 여성유권자와의 약속을 지키라"고 주장했다.

그러나 만약 이명박 대통령이 약속을 지키지 않는다 해도 어떻게 할 것인가. 노동계의 비난을 무릅쓰고 이명박 당시 후보와 정책연대 협정서까지 쓰면서 지지를 결정했던 한국노총도 연일 쏟아내는 친기업 정책 앞에서 진퇴양난에 빠져 있는 상황 아닌가.

그렇다면 두 번째 방법은 이명박 대통령의 평소 태도와 발언 등을 통해 여성정책에 대한 입장을 확인해보는 것이다. 단순히 여성을 비하하는 발언 몇 개를 넘어서(다들 그의 여성 비하 및 성인지적 관점의 부재를 증명해주는 발언을 기억할 것이므로 다시 언급하지는 않겠다) 이명박 대통령이 기업인 출신의 친기업적 성향을 가진, 시장만능주의와 작은 정부를 지향하는 한나라당 출신이라는 것이다. 따라서 신자유주의와 여성정책의 관계를 살펴보는 것이 타당하다.

질 낮은 여성일자리 확대와 보육의 시장화?

이명박 대통령의 여성 관련 공약을 살펴보면 한마디로 '부실'하다. 경제 살리기와 대운하 등을 몇 차례에 걸쳐 실행단계와 세부안까지 내놓은 것과는 달리 여성 관련 공약은 선거를 코앞에 둔 12월 1일에야 발표했으며, 그것도 그저 구색을 맞추는 정도에 그치고 있다. 세부 내용을 살펴보면 여성의 삶에 영향을 미칠 수 있는 부분이 거의 없을 뿐 아니라 실현의지를 반영하는 예산 분배에서도 턱없이 부족하다.

먼저 이명박 대통령의 강점이라고 불리는 경제와 일자리 부분을 살펴보자.

이명박 대통령은 여성비경제활동인구를 위해 '다시 일하기 센터'를 통한 일자리 알선, 20대와 30대 여성을 위한 취업지원센터, 여성창업 지원 등을 제시하고 있다. 그러나 핵심적으로 다뤄져야 하는

남녀가 함께 일하는 사회	1. 여성 다시 일하기 2. 2030 여성 일자리 갖기 3. 여성CEO 만들기 4. 가족친화적 기업 만들기
남녀가 함께 돌보는 사회	5. 우리 아이 함께 돌보기 6. 우리 아이 안전하게 키우기
여성의 건강과 안전이 지켜지는 사회	7. 폭력 없는 안전한 세상 8. 건강한 여성, 국가의 책임
따뜻한 가족이 힘이 되는 사회	9. 가사노동 인정하기 10. 평등한 가족 만들기–다양한 가족 인정하기
여성의 대표성이 보장되는 사회	11. 공직부터 양성평등 12. 여성이 동참하는 평화통일

'일자리의 질'에 대한 문제가 빠져 있다. 여성노동자의 67.6퍼센트가 비정규직으로 살아가며, 성별임금격차는 64.2퍼센트로 OECD 최하위 수준인 현실을 문제 삼지 않은 채 단순히 일자리를 늘리는 것은 저임금 비정규직 여성일자리로 연결될 수밖에 없다.

또 그 실현 방법도 직업훈련과 알선을 담당하는 센터와 상담사의 설치가 주된 내용이다. 센터 몇 개와 직업훈련으로 진정 여성의 일자리가 늘어나거나 취업률이 늘어날 것이라고 생각했다면 경제인 출신 대통령이라는 것이 무색할 수밖에 없다.

여성정책의 또 하나의 축으로 여겨지는 보육공약 역시 심각한 문제를 안고 있다. 이명박 대통령은 만 3~5세 유아의 의무보육과 보육료 전액 지원을 공약으로 제시했고, 이는 아이를 키우는 부모들의 눈을 잡아끌었다. 그러나 보육료 지원만으로는 보육문제를 해결할 수 없다. 현재 우리나라 보육의 현실은 높은 보육비 부담과 함께 믿고 맡길 시설이 부족하다는 문제점을 동시에 안고 있다. 민간보육시설에 비해 상대적으로 운영이 안정적으로 이루어지며 높은 인건비가 지급되는 국공립 보육시설은 5퍼센트에 불과하다. 그 외에는 전부 민간시장에 의존하고 있는 것이다. 이는 국가가 보육을 책임지지 않고, 안전시설 등의 규제를 완화해 부실한 민간시설을 급증시켰던 지난 정부들의 정책적인 문제점이 낳은 결과이다.

이런 상황에서 이명박은 오히려 민간보육시장을 활성화하겠다는 공약을 내세웠다. 그 대표적인 것이 보육료 자율화에 대한 찬성으로, 높은 비용을 받는 귀족보육시설을 허가하겠다는 것이다.

그동안 보육문제에 있어 보육료 자율화는 중요한 문제로 자리해왔다. 현재는 보육료의 상한선이 있어서 그 이상으로 받을 수 없지만, 상한선을 없애고 시설에서 자유로이 보육료를 책정할수 있도록 해서 보육시설간 경쟁을 통해 보육의 질을 높여야 한다는 주장이 제기되어온 것이다. 이것은 이용자의 보육료 부담을 가중시킨다는 것뿐 아니라, 보육에 대한 국가의 책임과 보육의 시장화와 관련된 중요한 문제로 인식되어 왔으며, 대선시기 각 후보들의 보육정책 질의에서도 가장 중요한 부분이었다.

그러나 아무리 좋은 시설이 있어도 동네에 보낼 수밖에 없는 보육의 특성상 이는 오히려 부모들의 선택권을 제약하게 될 것이며, 정부의 관리감독이 제대로 이루어지지 않는 상황에서 높은 보육비용이 아이들에게 더 나은 혜택으로 돌아가리란 보장 역시 없다. 결국 이명박 정부의 보육정책은 국가의 책임을 줄이고 보육의 시장화를 강화하자는 것이며, 이는 보육문제를 더욱 심각한 상황으로 몰고 갈 수밖에 없는 것이다.

이렇게 하나하나 이명박 정부의 여성정책을 검토하자면 끝이 없을 것이다. 부실하고 예산도 마련되지 않은 정책은 끊임없이 문제점을 낳을 것이기 때문이다. 그렇기에 근본적으로 이명박 정부의 여성정책에 대한 관점, 곧 신자유주의와 시장만능주의자로서의 이명박 대통령과 여성의 삶의 문제를 검토하는 것이 필요하다.

신자유주의와 여성인권 그리고 성평등

여성정책을 성차별 제거와 성평등 실현으로 볼 때, 이는 근본적으로 시장만능주의와는 공존할 수 없는 개념이다. 가부장제는 남성과 여성의 생물학적 차이를 차별의 근거로 삼고, 부계중심의 성별권력을 유지해왔다. 그리고 자본주의는 전통적인 성차별을 자본의 이윤확대를 위한 중요한 기제로 사용해왔다.

'남성 생계부양자, 여성 가사노동자'라는 모델은 실제 역사적으로 대다수 사람들의 삶과는 무관했지만(대부분의 여성들은 가사노동뿐 아니라 사회적인 임노동에 준하는 노동에 끊임없이 참여했다. 우리나라의 경우도 전업주부가 등장한 것은 얼마 되지 않으며, '사장 사모님' 등을 제외한 대부분의 여성들은 생계를 위해 일을 했다), 가부장제와 자본주의가 서로의 이익을 위해 만들어낸 것으로 우리의 머릿속에 강력하게 자리하게 되었다. 그리고 여성의 취업과 승진의 장애물로 작용하고 있으며, 정리해고와 비정규직 1순위를 여성에게 떠안겼다. "가장인 남자들도 일자리가 없는데 여자가 취업이라니" 따위의 얘기는 수많은 여성들이 들어왔고 아직도 듣고 있는 얘기다.

　이런 상황 속에서 생겨난 여성인권과 성평등 개념은 성별위계와 시장원리와는 전혀 다른 기준을 가질 수밖에 없다. 여성도 동등한 인간으로서 교육과 정치참여의 기회를 누려야 한다거나, 한발 더 나아가 그동안 차별받아왔던 현실을 인정하고 결과적인 평등을 위해서 여성할당 등의 적극적·잠정적 우대조치를 취해야 한다는 등의 주장은 무한경쟁과 효율성이라는 시장원리 안에서는 도저히 성립할 수 없다.

　프랑스 혁명의 천부인권을 생각해보라. 절대왕정과 귀족들의 횡포로부터 천부인권을 지켜내기 위한 혁명에 자본가, 지식인, 노동자, 농민, 여성들은 힘을 합쳤다. 그러나 혁명이 성공한 뒤에는 일정 금액 이상의 세금을 내는 부르주아에게만 참정권이 주어졌고, 목숨을 바쳐 투쟁한 노동자·농민과 여성은 다시 억압을 받았다. 이처럼 시장이 주장하는 인권은 평등의 권리가 아니라 단지 재산권을 절대시하는 것에 불과하다. 그렇기에 신자유주의로 대별되는 이명박 대통령에게서 여성인권과 성평등을 기대하는 것은 어쩌면 무리일지도 모른다.

　기업하기 좋은 나라를 만들겠다는 이명박 정부에서 노동자의 고통은 가중될 것이라는 예상들이 나오고 있는데, 가장 낮은 임금과 극심한 고용불안에 시달리는 여성들이 더 나은 삶을 누릴 것이라는 약속을 어떻게 믿을 수 있겠는가.

여성가족부와 진정한 여성인권의 함수관계

　그렇다면 여성가족부로 대변되는 그동안의 여성정책, 참여정부의 여성정책을 지켜야 하는가? 여성가족부가 유지되면 여성의 삶은 나아질 것인가.

　그러나 그동안 우리나라의 여성정책이 과연 여성인권과 성평등을 위해서 만들어져왔는가에 대해 심각한 의문이 생기고 있다. 가령, 여성가족부에서 진행한 '화이트 타이' 운동이라는 것이 있다. 이것은 성매매방지 캠페인으로, 진정 가족을 아끼는 남성이라면 성매매를 하지 않아야 한다는 내용이었다. '반성매매'는 여성운동계에서 오랫동안 주장해 왔던 것이다. 그러나 반성매매 운동은 성매매 여성들의 인권, 성매매로 유입되는 빈곤과 노동의 문제, 여성 전반을 성상품화하는 사회구조의 문제를 제기한 것이지, 가족을 지키자는 것이 아니었다.

　반성매매를 가족 사수와 연결한다면 오히려 큰 문제가 생길 수 있다. 성매매의 근본적인 원인이 되는 사회구조 문제는 사라지게 되기 때문이다. 또 가정 안의 '좋은 성'과 가족 밖의 '나쁜 성'이라는 이분법으로 성을 위계화하는 것은 여성을 통제하는 중요한 도구로 사용되어 왔다. 그럼으로 '화이트 타이 운동'은 일시적으로 성매매를 감소시킬 수 있을지는 모르지만, 장기적으로는 성매매를 반대했던 관점 자체를 부정하는 결과를 낳을 수 있는 것이다.

　그뿐 아니라, 여성부가 여성가족부로 변경되면서 이관된 보육업무 역시 많은 논쟁을 불러왔다. 보육이 개별 가정과 여성에게 짐 지워진 것은 여성의 삶에 큰 질곡으로 작용해왔다. 그러나 여성과 관련된 수많은 사업을 제쳐둔 채 예산과 사업의 대부분을 보육업무에만 기울여온 모습은 많은 비판을 받아왔다.

우선 보육의 문제가 여성만의 문제인가라는 비판이 있다. 정부는 보육정책의 중요과제로 '일과 가정의 양립'을 이야기하고 있지만, 세부적으로 살펴보면 '여성의 일과 가정의 양립'일 뿐이다. 아이를 함께 낳고 키우는 남성의 역할은 전혀 고려되지 않고 있는 것이다. 이는 보육을 여성의 역할로 규정해 국가가 지원하지 않았던 그간의 관점에서 그리 달라지지 않은 것이다. 이런 관점으로 보육정책을 수립한다면, 현재는 출산율이 낮아 보육에 대한 지원을 강화하지만 출산률이 높아지면 언제든지 지원이 중단될 수 있는 것이다.

또 여성가족부 예산의 90퍼센트 이상이 보육업무에만 사용된 것은 지나치다고 말할 수밖에 없다.

세계여성권한 척도에서 낮은 순위를 받은 불명예를 씻고자 여성 고위직과 정치인을 늘리는 데 시간과 돈이 사용되는 동안, 세종병원이나 KTX 여승무원 등의 수많은 여성노동자들이 투쟁의 과정에서 여성가족부를 찾았을 때 소관업무가 아니라며 돌려보낸 사실을 어떻게 받아들여야 하는가.

이명박 정부의 여성정책을 논하는 것으로 그쳐서는 안 되는 이유가 여기에 있다. 여성정책이 과연 무엇을 위한 것이지, 어떤 방향으로 나아가야 하는지 논의를 모아야 할 시점인 것이다. 시장만능주의로 달려가는 사회 안에서 우리가 추구해야 하는 인권과 평등은 구체적으로 어떤 것인지 밝혀야 한다. 그 안에서 여성인권과 성평등 역시 제대로 된 방향을 찾게 될 것이다.

이명박 정부가 들어서며 진보진영에게는 더 많은 고민과 실천이

요구되고 있다. 그러나 이것이 이명박 전 시대로의 회귀라면 수많은
사람들과 함께 하지도, 성공하지도 못할 것이다.

그리고 그러한 고민이 우선 진보진영 내부를 향하길 기대한다.
조정래의 소설《태백산맥》에 이런 장면이 있다. 지리산으로 들어간
빨치산들이 역사투쟁을 결심하는 장면이다. 살아나갈 수 없다는 것
을 알면서도 역사적으로 의미를 남기도록 끝까지 투쟁할 것을 결심
하는 그 대목에서 사람들은 말한다. "내가 백정의 아들로 태어나서
인간 대접도 못 받다가 여기 와서 선생님이랑 동무라고 부르고 살았
다. 나는 더 이상 원도 한도 없다."

해방을 위해 목숨을 걸 수 있는 건, 해방을 먼저 살았기 때문이다.
진보진영 안에서 먼저 인권과 평등이 실현되는 모습이, 세상을 바꾸
는 가장 큰 힘이 될 것이라 믿는다.

박지아 | 신문사, 잡지사의 여성부 기자. 여성단체 활동을 거쳐 현재 민주노동
당 정책연구원, 서울여성회 전문위원으로 활동하고 있다. 세상을 바
꾸는 여러 역할 중 '성평등한 세상을 만드는 사람'을 선택해 살아가고
있다.

환경_ 이명박 · 신자유주의 · 신개발주의 삼위일체

황진 태_새사연 객원연구원

이명박 정부의 한반도대운하 개발 계획은 신자유주의 시대에 토목사업에 의존한 전형적인 단기 부양책으로서 생태, 웰빙 등의 현란한 수사로 포장된 '신개발주의' 정책에 불과하다. 이는 참여정부와 동일한 궤도 위에 놓여있다고 볼 수 있으며 신자유주의와도 깊이 연관돼 있다. 결국 '신개발주의-신자유주의-이명박'의 삼위일체라는 규정이 가능하다.

이명박 정부가 추구하는 신자유주의의 결정체는 한미FTA다. 이명박 정부가 조속한 체결을 천명한 한미FTA의 투자자-정부제소권 역시 우리 환경에 심각한 위협 요소로 작용할 것이다. 이제 서울시정이라는 지자체 수준의 신개발주의 정책이 전 국토로 확장될 위기에 놓여 있다.

'환경영웅'이 된 신개발주의자

지난 2007년 미 시사주간지 《타임》은 이명박이 서울시장 시절 이루었던 청계천 복원과 서울숲 조성에 대한 공로를 인정해 그를 '올해의 환경영웅'으로 선정했다. 이는 근자에 뜨거운 감자가 되고 있는 한반도대운하를 둘러싼 담론에서 대운하를 반대하는 측이 이명박 대통령을 향해 반反환경, 반생태주의자라는 비판을 가하고 있는 상황과는 대조되는 형국이다. 그렇다면 과연 이 당선자는 환경영웅인가, 아니면 환경대재앙을 몰고올 종말론적 메시아인가?

결론부터 말하면 이명박 정부의 환경에 대한 망탈리테mentalites (정신상태)는 친환경적 수사 뒤에 신자유주의와 신개발주의가 조응된 반환경적 개발주의로 규정할 수 있다.

그럼 본격적으로 이 당선자를 '환경영웅'으로 만든 신개발주의를 분석하는 것으로 시작하자. 신개발주의에 대한 이해를 통해야만 청계천 복원사업부터 한반도대운하까지 차기 정부의 환경 망탈리테를 이해할 수 있기 때문이다.

신개발주의·신자유주의·이명박,
환경대재앙의 삼위일체

알다시피 이윤율 확보를 위한 자본의 끊임없는 운동은 신자유주의 형태로 전지구적으로 확산 중이다. 노동자의 착취를 통한 잉여가치 추출의 한계는 곧 자연에 대한 착취로 이어졌다. 발전국가 형태인 한국뿐 아니라 북반구에 위치한 유수한 현대국가들은 지금까지 생태적 고려와는 거리가 먼 공장굴뚝의 산업화를 통해서 발전해왔다. 그러나 산업화를 통해서 파생된 공해문제, 환경오염이 불거지면서 경제개발정책에서도 지속가능한 발전을 기조로 차츰 환경을 고려하기 시작했다.

그런데 신개발주의는 여전히 경제중심적인 사고와 개발과 건설을 통한 이익창출을 목적으로 하고 있다는 점에서 환경에 대한 진정 어린 고려를 하고 있다고 보기 어렵다. 신개발주의의 본질은 과거의 개발지향적인 정부부서, 건설주, 언론, 토호 등으로 이루어졌던 '개발연대'가 자신들의 지속적인 이익추구 혹은 조직생존을 위하여 '생태' '녹색' 등의 수사修辭와 '분권' '참여' 등의 수사—이는 87년 체제를 기점으로 대두된 상향식(민주적) 의사결정의 열망이 반영된 것이다—로 포장한 '세련된 개발주의'를 일컫는다.

최근 국내에서도 환경에 대한 관심이 부쩍 늘어나면서 미디어를 통해 '웰빙' '생태' '녹색' 등의 수사가 확산되었다. 그러나 국내에서 웰빙은 진정한 육체와 정신이 조화된 행복으로서의 '참살이'보다는 기업에 의해서 조장된 물질주의 위주의 고급문화 향유로 변질된 것으로서 '생태' '녹색'의 수사로 포장된 신개발주의의 문제점을 보지 못하도록 만드는 전략적 측면이 있다.

신개발주의의 시작은 참여정부에서 본격적으로 이루어졌다. 참여정부는 정권 초창기부터 '참여' '분권' '균형' 등의 수사를 전면에 내세우면서 의욕적으로 추진한 국가균형발전계획으로 지역발전을 도모하고자 행정수도 이전을 추진하는가 하면, 전국에 혁신도시, 기업도시를 선정하였다. 하지만 2006년을 기준으로 최소 2~3배의 부동산 가격을 폭등을 낳았고, 지역주민들이 쫓겨날 처지에 놓이는가 하면, 혁신도시의 경우 혁신 창출의 중요한 동력원인 노동자, 주민 등 이해당사자간의 협의가 부재한 상태에서 여전히 관주도적인 의사결정이 관철되면서 혁신 발생의 실체가 모호해졌다. 더불어 연안권 특별법을 비롯한 각종 특별법 남발, 새만금 공사 재개, 시화호 MTV(멀티 테크노 밸리) 사업 등에서 지방토호, 정부의 각종 개발공사들의 생명을 연장시키는 토건사업을 확보해주고, 이러한 시행과정에서 이해당사자간의 협의를 위한 공청회와 거버넌스[1]는 명목적인 들러리 역할로 전락했다. 그 결과 정부의 건설투자액이 19퍼센트(2006년 현재)를 넘어선다는 점에서 일본과 유사한 토건국가로 나아가고 있다. 토건국가는 일부 개발연대의 부를 증대시키는 만성적인 재정적자 운영으로 지식중심 경제로 진입하는 것을 가로막는다는 점에서 지양해야 할 형태다.

그런데 이러한 신개발주의적 토건국가의 양상은 참여정부만의 독특한 형태가 아니다. 참여정부와 임기가 겹쳤던 이명박 전 서울시장의 시정에서도 이러한 신개발주의적 양태는 쌍생아처럼 드러났다.

이명박 서울시정의 대표적인 신개발주의 사례는 청계천 복원사업이다. 외국 언론의 눈에는 청계천 복원사업이 그저 이명박 대통령을 환경영웅으로 치켜세울 만큼 성공적인 사업으로 보일 수 있겠지만 그 외피를 벗기면 전혀 그렇지 않다. 전기를 통해서 물을 끌어올리는 반자연적인 작동방식이므로 하천복원을 왜곡한 것부터 문화재 복원의 왜곡, 이해당사자인 노점상인의 추방, 건설업체들의 부동산 수익을 보장하기 위한 부시장의 부정부패 사건 그리고 이러한 문제점들을 지적한 시민단체, 학계의 고언을 무시하고 정치적 일정에 맞춰 일방적이고 무리하게 추진한 문제까지를 생각하면 이는 복원이 아닌 왜곡사업이었다.

이명박 대통령은 청계천을 시민들의 편안한 휴식처이자 수도 서울의 역사가 켜켜이 쌓인 문화재로, 생계를 이어가는 서민들의 공간으로 바라보기보다는 자신의 대선일정에 맞춘 보여주기식 스펙터클의 일환으로서 강한 정치적 동기에 기반하여 단지 개발연대를 만족시키기 위한 경제재로 바라보았을 뿐이다. 그러나 이러한 과정에서의 문제점들은 《타임》을 비롯한 언론의 호의적인 평가로 대표되는 결과들에 의해 가려졌다.

요컨대 전지구적인 자본의 이윤율 저하 경향 속에서 이익 창출에 필요한 개발을 연장시키기 위하여 신개발주의 연대는 환경과 자연을 그들의 볼모로 전락시킨 것이다. 신자유주의가 스며든 신개발주의는 참여정부 시기에 시작되었지만 동시에 이명박 서울시정에서도 작동하였음을 주목해야 한다. 서울시장 시절에 이명박 대통령의 신개발주의적 성향은 차기 정부에서의 환경정책을 예측하는 중요한 실마리가 된다.

이명박 환경정책의 풍향계, 한반도대운하

2008년 2월 현재 이명박 정부의 환경정책 방향을 예단하는 것은 무리일 수 있지만 참여정부가 공약으로 내세웠던 국가균형발전계획만으로도 그 부작용을 충분히 알 수 있었듯이 이명박 정부가 내세운 한반도대운하를 통해서도 미리 환경평가를 해볼 수 있다.

한반도대운하는 신자유주의 시대에 토목사업에 의존한 전형적인 단기 부양정책으로 '생태' '웰빙' 등의 현란한 수사로 감쌌을 뿐 본질은 구태의연한 개발주의다. 아무리 '친환경' '친문화'라는 수사를 붙이더라도 19세기의 유물인 운하의 이미지처럼 본질은 구시대의 개발주의에 다름 아닌 것이다. 이미 운하건설 찬성 측에서 주장하는 경제적 타당성, 토목공학적 타당성은 반대 측의 면밀한 반박으로 대부분 기각되었다. 이는 생태적 타당성 검토에서도 다르지 않다.

생태적 파괴를 간략히 요약하면, 준설로 인한 단기적인 하천생태계의 파괴는 물론이고, 주운댐 등의 건설을 통해서 흐르는 강물이 '고인 물'이 되면서 장기적인 하천생태계의 복원이 어렵게 되며, 이에 따른 식수원의 오염과 더불어 수위 상승으로 인하여 우포 습지(갯벌을 보호하기 위한 국제협약인 람사르 조약에 등록된 습지)를 비롯한 하천 주변 습지생태계가 파괴될 것으로 예상된다.

또 수몰 예상 지역에 자리한 문화재들의 피해를 감안하면 대운하 앞에 '친환경' '친문화'라는 수식어를 붙이는 것은 현실을 오도하는 지극히 신개발주의적인 행태다. 오히려 대운하가 통과하는 지역에 외지인의 토지매입율이 30~50퍼센트 상승하고 토지가격이 폭등하는가 하면, 국내 대형 건설회사들이 발빠르게 컨소시엄을 구성하고 있는 사실들에서 알 수 있듯 그러한 수사들은 개발연대를 위해 동원된 것에 불과하다. 곧 서울시정이라는 지방자치제 수준의 신개발주의적인 양상은 이명박 정부가 들어섬으로써 전국토로 확장될 것이다.

한미FTA와 물 정책의 신자유주의

이상의 사실로 이명박 정부가 신개발주의, 토건국가적 측면에서 참여정부와 동일한 궤도를 밟아왔음을 알 수 있다. 신개발주의 분석이 신자유주의와 연관이 있지만 현재 신자유주의의 결정체는 한미FTA다. 이명박 대통령이 한미FTA의 조속한 체결을 약속한 점에서 상징적으로 드러나듯이 신자유주의를 지향한다는 점에서 이 두 정권의 차이는 거의 없다.

그간 한미FTA 논의에서 정치경제적인 측면의 분석이 주를 이루었지만, 환경 측면에서도 FTA는 중요한 화두를 담고 있다. 가령 한미FTA 안에 들어가 있는 ISD(투자자-정부제소권) 조항으로 인해 멕시코의 메탈클래드 사건처럼 외국기업이 국내에 일으킨 환경오염에 대해서 피해보상을 못 받는 사태가 발생하거나 볼리비아의 벡텔 사건처럼 국가의 물 공급권이 외국기업에 장악당해 수돗물 가격이 폭등하면 수자원의 공공재적 성격을 잃게 될 수도 있다.

현재 한반도대운하 논쟁에 쏠려서 미처 주목하지 못하는 것인지는 모르나 한반도대운하 이슈를 넘어서 보다 근원적인 문제점인 한미FTA를 통한, 곧 신자유주의에 의한 국내 물 정책 근간의 변화에 대한 대응방안을 모색할 필요가 있다.

환경정책 위기의 근원, 민주주의의 위기

서두에서 신개발주의는 생태에 대한 관심과 함께 민주주의의 발전에서도 비롯되었음을 밝혔다. 참여정부에서는 각종 개발사업에서 공청회나 거버넌스 모델을 도입해 시민단체, 노동자, 지역주민 등의 이해당사자들이 참가했다고 홍보했지만 정작 개발을 합리화하기 위한 면피에 불과했다는 비판을 받아왔다. 이명박 대통령도 서울시장 당시 청계천 복원사업에서 (인수위는 시민과의 의사소통 성공 사례로 청계천 시민위원회를 홍보했지만) 생태적, 문화적, 사회경제적으로 왜곡된 복원에 대한 학계, 환경시민단체의 비판을 전혀 받아들이지 않았다.

한반도대운하 논의 과정에서도 제대로 된 의견수렴 절차를 거치지 않고, 일부 전문가에 의한 일방적인 담론 진행으로 논의를 봉쇄하고 있다는 점에서 청계천 복원사업과 똑같은 악순환이 되풀이되고 있다. 참여정부와 이명박 전 서울시장이 개발합리화를 위해 도용한 명목상의 절차적 민주주의는 이명박 정부의 환경정책에서도 존속·강화될 것으로 예측된다.

또 개발주의적인 대통령과 조응하는 국가기관에 대한 비판적 접근도 필요하다. 이명박 정부는 선진국의 추세를 따른다는 명분을 내세우며 토건국가, 개발연대의 핵심축으로서 마땅히 폐지되어야 할 건설교통부를 중심으로 해양수산부, 산림청, 행정자치부의 기능마저 통합된 국토해양부와 새만금 개발, 한반도대운하 등을 전담할 국가경쟁력강화위원회를 설치할 것이라고 한다. 이는 개발공사의 개혁[2]을 저지하고, 한반도대운하 계획을 관철시키기 위한 목적의 조직 재편이라는 의혹이 강하다. 이명박 정부는 부처통합이 선진국의 추세라고 주장하지만 선진국 사례에서는 정작 개발부서가 중심이 아니라 오히려 이를 억제할 환경부를 중심으로 통합이 이루어지며, 위원회 역시 지속가능한 발전을 위한 위원회를 지향한다는 점에서 이명박 정부의 부처 통폐합은 선진국과 상반되는 개발주의를 지향하고 있다.

결국 정부 내부에서 개발주의적인 건교부를 제어해야 할 환경부와 연관 부처들이 건교부에 종속[3]됨으로써 결과적으로 친환경적 정책 제안을 비롯한 국민의 의견이 수렴될 수 있는 기능이 차단된다는 점에서 또 하나의 민주주의의 위기다.

이명박 정부 환경정책의 전망과 대안

지금까지 '신개발주의-신자유주의-이명박'의 삼위일체를 중심으로 개략적이나마 향후 이명박 정부의 환경정책 방향을 예측해보았다.

과거의 개발주의가 공해 등의 명확하고 가시적인 형태로 드러나서 문제점을 쉽게 파악할 수 있었던 반면 오늘날의 신개발주의 연대는 과거에는 기피했을 '환경' '생태' '분권' '민주주의' 등의 온갖 수사들을 적극적으로 포섭하여 개발을 포장한다는 점에서 국민들은 사안의 본질을 꿰뚫기 어려운 게 현실이다. 이러한 정세는 청계천 복원사업에서 '환경영웅'으로 성공한 이명박 대통령이 한반도대운하를 '친환경' '친문화'로 표방하고 과감히 추진하고 있다는 점에서 지역정치의 상당한 지지를 받으면서 당분간 유지될 것으로 예상된다.

하지만 의식적인 차원에서 지역정치의 동원과 신자유주의에 조응하는 신개발주의의 속성을 인식하는 국민들이 늘어나고, 제도적 차원에서는 각 지방자치단체들이 지속가능한 발전을 주창한 '지방의제 21'의 실현, 직접민주정치의 일환으로 지방자치제에서의 주민투표의 활성화와 국가적으로는 국민투표 등을 통한 대운하 건설 저지 그리고 민영화로 선회할 물 정책에 대한 대응전략이 필요하다. 이는 근본적으로 건설교통부를 비롯한 하위 개발공사들의 개혁·폐지에 대한 관심으로 연결되어야 한다.

단어에서 풍기듯이 '삼위일체'를 깨는 것은 어려울 수 있다. 그러나 어느 한 곳이라도 무너진다면 전체는 쉽게 무너지게 마련이다. 이명박 정부에서 불어닥칠 신개발주의와 신자유주의의 광풍에 맞서기 위한 국민들의 다각도의 관심과 참여가 국민의 생존과 환경을 지키는 단초가 될 것이다.

황진태 | 동국대 지리교육과를 나와 현재는 서울대 지리교육과 대학원에서 정치지리를 공부하고 있다. 대안정치경제 모델과 비판적 공간담론에 관심을 갖고 있으며 최근 《프레시안》에 한반도대운하 논쟁을 제기하는 등 활발한 집필 활동을 벌이고 있다.

주 석

1 거버넌스governance란 기존의 관주도 의사결정 방식의 한계를 인식하고, 다원주의적 철학에 기반하여 기업, 시민단체, 노동자 등의 이해당사자들이 참여, 협의하는 역동적인 소통 방식을 일컫는다.

2 농업기반공사, 토지공사, 수자원공사, 주택공사, 도로공사 등의 개발공사들은 박정희 정권시절에 인프라 구축을 목적으로 세워졌지만 이러한 목표가 완수된 오늘날에는 조직생존을 위한 재정낭비의 원흉으로써 개혁의 대상이 되었다.

3 부처 예산과 인원만을 단순비교(2002년 현재)를 하더라도 건설교통부는 약 15조 원, 3000여 명인 반면 환경부는 약 1조 원, 1000여 명에 불과하다. 국가를 하나의 단일체가 아니라 전략관계적 관점에서 부처들 간에 힘겨루기를 인식한다면 건교부의 비정상적인 압도적 우세를 가늠할 수 있다.

언론_ 이명박 정부의 **언론정책**에 숨은 의도[1]

김서중_성공회대 신문방송학과 교수, 민주언론시민연합 대표

이명박 정부의 언론정책은 기본적으로 공공영역을 최소화하고 시장경쟁을 극대화하려는 시장주의적 산업론에 기반하고 있다. 그리고 한발 더 나아가 언론을 지배하려는 전략도 숨어있다. 이러한 의도는 특히 공영방송 정책에서 드러난다. 공영방송의 예산을 통제하는 한편, MBC의 사영화를 통해 부자신문들의 방송 진출의 길을 열어주려고 하는 것이 대표적이다.

이런 식으로 미디어 전체가 이명박 정부의 정치적 우호세력으로 재편되면 언론의 독과점 현상이 심화되어 여론의 다양성은 심각하게 훼손될 우려가 있다. 이명박 정부가 이러한 의구심에서 벗어나려면 독립적인 언론의 공공 영역 보호 정책부터 입안해야 할 것이다. 요약

이명박 정부는 그 정당성을 노무현 정부를 부정하는 것에서 찾으려는 것처럼 보인다. "언론이 두렵다고 해서 절대 대못을 박지 않겠다"면서 부처별 기자실 복원을 강조하였다. 국정홍보처, KTV를 폐지하고 부처별 홍보를 강조하겠다는 취지도 있지만 이전 정부의 조치를 언론탄압으로 부각시키려는 의도가 엿보인다. 여기에 기존의 기자단이 발생시켰던 사회적 폐해에 대한 고민이 있을 수 없다. 오직 정치적 고려가 있을 뿐이다.

더불어 이명박 정부의 언론정책은 시장주의적 산업론에 기반하고 있다. 한나라당 정병국의원은 "KBS, MBC, EBS 등 공영방송의 기능, 위상, 소유구조 등을 전면 재검토하여 국가가 육성해야 할 기간방송과 민영화해야 할 방송으로 구분하는 작업"을 할 것이라 하고, 이명박 대통령 후보 시절 언론 관련 조언을 했던 박천일 교수는 이명박 정부의 "(언론)정책 변화의 핵심은 세계적 추세에 맞춰 진입규제 완화, 신문·방송 겸업 허용, 공정경쟁 보장 등 시장 원리에 입각한 규제 최소와 자유화 정책 패러다임"이고, 이를 통해 "경쟁지향적인 방송시장 체제로 전환시킴으로써 콘텐트 산업과 기기산업 등 유관 산업 분야에서도 획기적인 시장 변화를 초래"하려는 것이라고 한다.

공영방송 민영화와 신문방송 겸영 허용

이러한 주장들이 무엇을 의미하는가? 결국 공공영역을 최소화하고 시장경쟁을 극대화하겠다는 발상이다. 이를 위해서 정부가 정책권을 가지고 시장주의적 정책 곧 신문방송 겸영을 허용하고, 신문 진출의 길을 열어주기 위해 방송의 민영화(사영화)를 시도하겠다는 것이다. 언론의 공공성보다는 양적 성장을 기준으로 방송 산업 극대화에 방점을 찍고, 한나라당의 관점에서 권력 창출에 가장 걸림돌이었다고 생각하는 지상파 방송을 분할하려는 시나리오가 작동하고 있는 것으로 보인다.

우선 대통령직인수위는 지난 1월 방송통신위원회(방통위) 설치법안을 일주일 이내에 통과시키려 하였다. 그것도 소관 상임위가 아닌 행자위에서 정부조직법과 함께 논의하려한 것이다. 물론 방통위가 정부조직법과 연동되어 있을 수 있다. 그렇다 하더라도 전문성을 가진 소관 상임위가 내용심의를 하지 않고 통과시켜도 된다는 발상에는 방송에 대한 무지 또는 인수위가 내용을 다 심의했다는 오만함이 있다. 게다가 그 근저에는 대통령 직속으로 정부 여당이 방송통신위원의 다수를 차지하는 방통위를 설치하여 방송정책을 좌지우지하겠다는 속내가 있어 보인다.

위 법안은 여러 측면에서 방송총괄기구의 독립성을 침해할 요소를 포함하고 있지만, 그 중에서도 정부 여당에 절대적으로 유리한 위원 구성 조항(5조)과 독임제적 성격의 위원장 권한 관련 조항(6조)이 특히 문제였다. 방송통신정책을 총괄하는 방통위 위원 구성에서 대통령이 국회 추천 3명을 포함하여 5인의 상임위원을 임명하도록 하고 있다. 이런 구성방식은 정부 여당이 방통위원 4인까지 확보하여 방송을 장악할 가능성을 열어 놓는 것이다. 더군다나 정부 여당 몫이 될 위원장은 사무통괄권, 회의소집권, 의안제안권 등에서 다른 상임위원에 우선하는 독임제적 성격을 띤다. 더 나아가 방송영상 정책과 관련하여 문화관광부 장관과 합의할 것을 요구해 그나마 있는 자율성조차 제한하고 있었다. 이명박 정부의 방송관을 엿보게 하는 대목이다.

KBS 규제 강화, MBC 사영화 통해 방송 장악 의도

이명박 정부의 방송장악 우려는 공영방송 정책에서 더욱 커진다. 공영방송 중 일부는 국가기간방송으로, 일부는 사영 방송으로 재획정하려 할 것이다. 국가기간방송화는 2004년 한나라당이 제안한 '국가기간방송에 관한 법률안'에 기반한다. 이 법률안의 핵심은 "한국방송의 이사회를 경영위원회로 대치하고, 방송위원회가 추천하는 대신 국회가 추천하여 대통령이 임명하는 방식을 채택한 것"과 국회가 예산권을 가지는 것이다.

그러나 국회가 경영위원들을 추천하는 것은 공영방송을 정치적 타협의 산물로 전락시키겠다는 뜻이며, 더군다나 국회가 예산권을 가지는 것은 방송운영의 '계획'에 국회가 개입할 수 있는 여지를 갖겠다는 것이다. 예산권은 언론의 독립성 측면에서 볼 때 사후 평가의 의미를 지니는 결산 승인권과 전혀 다른 문제다. 국민의 대표성을 갖는 국회라 하더라도 언론의 감시 견제 대상임을 감안할 때 방송에 정치적 영향력을 행사할 수 있는 길을 열어줄 수 없다. 그런데 차기 정부는 KBS를 국가 기간방송이라는 명분으로 정치적 규제를 시도할 것이며, MBC에 대해서는 국가 기간방송체제 편입과 사영화 중 양자택일을 강요할 가능성이 있다.

당연히 반발할 KBS를 향해서는 수신료 인상을 통한 재원의 안정성을 거래 조건으로 국가 기간방송화를 압박할 것이다. 공적재원의 비율을 높이는 것은 유럽 공영방송들의 공공성을 조사했던 매킨지 보고서가 강조했듯이 공공성 강화의 가장 중요한 변수이지만, 이를 위해 예산권을 정치적 타협의 대상으로 전락시키는 것은 득보다 실이 큰 선택에 불과하다. MBC는 더욱 심각하다. 상업재원에 전적으로 의존하는 공영(공공서비스)방송이 그 한계가 있음은 명백하지만, 공적재원으로 전환하지 않으면서 국회의 예산 통제를 받으라는 논리는 득은 없이 실만 있는 선택을 강요하는 것에 불과하다. 결국 한나라당의 공영방송 정책은 MBC를 사영화하고 KBS와 EBS를 소외집단의 시청권을 보장하기 위한 미국의 PBS 수준으로 최소화시키는 전략이라는 의구심을 벗어나기 어렵다. 진정한 공영방송이라면 영국의 BBC나 일본의 NHK처럼 고품질을 선도하는 방송으로 성장시켜야 맞지 않을까?

MBC의 사영화는, 설사 수용한다 하더라도 그 실행상의 문제가 있다. MBC는 공적 소유이기 때문에 자본금이 수십억에 불과하다. 하지만 사영화를 위해서는 자산재평가가 불가피한데 이 경우 2조 원 이상의 평가가 나올 것이다. 한나라당은 방문진이 소유한 70퍼센트의 지분에 대해 국민주, 중소기업 지분 참여 등을 제시하고 있으나 현실적으로 자본 부족을 예상할 수 있다. 따라서 지금까지 여론 다양성을 위해 금지했던 대기업, 또는 무리해서라도 방송 참여를 꿈꾸고 있는 신문재벌 참여가 불가피해진다. 이명박 정부가 이를 모를 리 없으니 외려 이를 의도하고 있는 것이 아닐까?

더 나아가 강제 헌납 논란이 일고 있는 정수장학회 지분까지 매

각이 가능한지, 아니면 환수가 가능한지에 대한 판단이 없다. 정수
장학회 지분을 처분하지 않을 경우 방송법 상 대주주가 될 것인데
그것을 용인할 수 있는지에 대한 구체적인 전망이 없는 것이다.

신문재벌의 방송 진출, 언론의 독과점 심화 우려

그럼에도 불구하고 왜 방송사영화를 끊임없이 제기하는 것일까?
신문의 방송진출을 허용할 때 그 대상이 필요하기 때문일 것이다.
하지만 이런 변화는 매우 위험하다. 신문은 이미 케이블이나 위성방
송에 진출해 있고, 앞으로 도입될 IPTV에 진출할 길이 열려 있지만,
보도전문 채널이나 지상파와 같은 종합편성 채널을 겸영하지 못하
도록 하고 있다. 여론독과점 방지라는 사회적 이익을 위한 것이다.
여론독과점 방지는 겸영을 제한하고 있는 미국, 유럽 모든 나라의
공통적인 논리다.

신문과 방송은 분명 성격이 다른 언론이다. 신문은 객관적 사실
에 근거해야 하는 조건은 있지만 자유롭게 그들의 의견을 개진할 수
있다. 하지만 방송은 최소한 보도에서만큼은 공정해야 한다. 따라서
정파적인 신문과 방송의 보도 영역을 섞는 것은 민주사회의 여론 형
성과정을 혼란스럽게 하는 것이다. 더군다나 신문방송 겸영을 허용
해도 현실적으로 방송산업에 진출할 수 있는 신문은 규모 있는 몇
신문에 불과하다. 결국 신문시장에서 여론을 독과점하고 있는 신문
들에게 방송여론 시장을 열어주는 결과를 초래할 것이다.

이를 방지하기 위해 한나라당은 신문시장에서 20퍼센트 이상의

점유율을 차지하고 있는 신문은 방송에 진출하지 못하게 하겠다고
한다. 과연 가능할까? 신문시장의 유가부수는 사장도 모른다는 농담
이 있다. 점유율을 판단하는 것이 그만큼 어려울 정도로 혼탁한 시
장임을 암시하는 말이다. 또 일반 일간시장만을 기준으로 하느냐 아
니면 특수 일간시장을 포함하느냐에 따라 점유율은 달라질 수밖에
없다.

　유럽에서는 방송산업 진출을 막기 위해서 점유율 규제를 만들었
다는 것이 일반적인 해석이다. 그러나 우리는 사실상 모든 신문의
방송산업 진출을 허용하는 명분을 만들기 위해 점유율 규제를 도입
하자는 것이다. 본말전도가 아닐까!

이명박 정부의 언론 정책은 '언론 지배 전략'

　신문산업의 위기론이 제기되기도 한다. 이미 전술한 바와 같이
규모가 다른 방송매체에 진출할 수 있는 신문이 제한적임은 차치하
고라도, 신문이 방송에 진출함으로써 신문의 위기를 돌파한다는 것
은 신문 위기의 본질을 왜곡하고 있는 것이다. 신문산업이 사양화되
고 있는 것은 경품과 무료구독으로 신문의 질과 관계없이 신문을 선
택하게 만든 자본 경쟁, 심층적이지 못한 기사, 왜곡 편향된 기사 등
이 상품 신뢰성을 낮추고 있기 때문이다. 따라서 문제의 본질을 극
복하기 위한 대책 없이 방송과 결합하여 신문산업 위기를 돌파한다
는 것은 사실상 신문시장을 포기하고 방송시장으로 나아가겠다는
논리에 불과하다. 신문시장에서 살아남기 어려우면 신문시장을 포

기하고 방송산업에 진출하면 될 일이다, 신문의 본령을 지키는 신문이라도 제 역할을 하도록.

더구나 방송 진출을 바라고 있는 신문 중 하나로 간주되는 《조선일보》가 낸 헌법소원 판결에서 헌법재판소는 신문방송 겸영 금지의 필요성을 인정하였다는 사실을 무시해서는 안 된다.

《조선일보》는 2005년 제정 신문법을 위헌이라 제소하였다. 이에 대해 헌법재판소는 "일간신문과 지상파방송은 가장 대표적이고 강력한 미디어 수단이므로 이 두 수단의 융합은 전체 언론시장에 미치는 영향이 크고, 이것이 언론의 다양성 보장을 저해할 위험성은 항상 존재"하므로, "일간신문과 지상파방송간의 겸영 금지가 언론의 다양성 보장과 아무런 실질적 연관성이 없다는 것이 명백할 정도로 미디어 매체나 정보매체 환경에 획기적인 변화가 생기지 않는 한" 합헌이라고 판결하였다. 따라서 겸영 허용론자들은 겸영 허용이 언(여)론 다양성 보장과 실질적 연관성이 없음을 입증하여야 할 의무가 있다.

이명박 정부의 언론정책은 시장주의 산업화 전략을 통한 언론 지배 전략이라 요약할 수 있다. 공영방송의 예산 통제, 공영방송의 사영화, 사영화된 방송 영역에 우호적인 신문의 진출 허용 그리고 정책권을 통한 방송 전반의 규제 등을 통해 미디어 전체를 정치적 우호 세력으로 재편하려는 의도가 있는 것 아니냐는 의구심을 불러일으키고 있는 것이다. 따라서 이 의구심을 벗어나려면 독립적인 언론의 공공영역 보호 정책부터 입안해야 할 것이다.

1 이 글은 《황해문화》(2008 봄호)에 게재한 〈공공성 위기를 초래할 이명박 정부 언론정책〉을 일부 수정한 것이다.

김서중 | 성공회대학교 신문방송학과 교수로서 진보적 성격의 언론정보학회 총무이사, 기획이사 등과 민주화를 위한 전국교수협의회 사무처장 등을 역임했다. 현 민주언론시민연합 공동대표로서 언론개혁 관련 논문 발표와 미디어 비평을 해오고 있다.

20

정치_
신자유주의적 민주주의 시대 개막

엄관용_새사연 객원연구원

이명박 정권은 압도적 다수의 지지를 통해 국민의 민주적 의사를 위임받은 상황에서 다가올 총선에서의 압승을 바탕으로 안정적인 권력기반을 갖출 것으로 예상된다. 이렇게 확보된 가장 우호적인 권력구조 조건에서 국회를 중심으로 한 정당정치를 우회함으로써 지식인–관료 주도의 행정이 정치를 대체할 것으로 보인다. 이를 통해 제도 정치권은 지속적인 탈정치화의 과정을 밟을 것이며, 제왕적 대통령의 지배는 보다 강화될 것이다.

통치의 방식으로는 '법과 질서'를 강조하는 신보수주의적인 억압적 통치방식과 우파 포퓰리즘이 병행될 가능성이 높다. 결국 노골적인 신자유주의적 패키지가 실용주의라는 명분 아래 전면화될 것으로 보인다. 

2007년 17대 대선의 두드러진 특징 중 하나는 다양한 의제들이 경제 이슈의 소용돌이 속에 휘말려 버렸다는 점이다. 국가부도사태가 발생한 10년 전에도 경제 의제가 선거판 전체를 이처럼 좌지우지하지는 않았다. 대통합민주신당이 대북정책을, 민주노동당이 통일정책을 대항 이슈로 부각시켰으나, 경제 중심의 선거 판도에는 일말의 균열도 생기지 않았다. 사실상 무소속 후보인 문국현이 제도정당인 대통합민주신당이나 민주노동당보다 국민들로부터 더 많은 주목을 받은 것은 경제가 대선의 핵심 키워드였음을 잘 보여주는 사례다.

지난 10년 동안 진보를 표방한 개혁적 자유주의 정권이 추진한 신자유주의 정책에 의해 삶의 질 하락을 몸소 체험한 국민들에게 이명박 후보는 가장 효과적인 선거 전략으로 다가갔다. 그러나 이에 반해 가족행복시대나 개성동영, 코리아연방공화국 등을 모토로 내건 것은 적절한 대응이라고 보기 어렵다. 특이한 사실은 여야 후보모두 정치 의제에는 매우 무관심했다는 점이다. 17대 대선은 87년민주화 이후 역대 선거에서 결코 밀려본 적이 없는 '민주주의의 문제'가 여야 후보 모두에게서 실종된 매우 예외적인 선거였다.

이명박 후보는 과반 이하인 48.6퍼센트의 지지율로 당선되었지만, 이회창 효과를 고려한다면 잠재적으로 60퍼센트 이상의 국민적지지를 획득한 것으로 보아야 한다. 이명박 정권은 압도적인 국민적지지를 바탕으로 총선에 승리하여 대선 기간에 내세웠던 각종 공약들, 곧 한반도대운하, 수도권 규제완화, 금산분리 완화와 출자총액제한제도 폐지 등을 정치적으로 관철시켜 나갈 일만 남았다.

강력한 권력으로 정당정치의 근간 위협 우려

정치 의제가 실종된 선거에서 승리한 이명박 정부가 자신의 정책을 정치적으로 과연 어떻게 관철시켜 나갈 것인가? 다시 말해, 작고 효율적인 친기업적 정부를 지향하는 이명박 정권에서 '정치'는 과연 어떠한 형식을 띠게 될 것인지 자못 궁금하다. 예측되는 향후 정국 그리고 선거 운동 기간과 당선 이후 현재까지 이명박 대통령이 보여준 행보를 통해 이명박 정부 5년간의 정치 운영 방식의 특성을 전망해보도록 하자.

무엇보다 이명박 정권은 한국 역사상 가장 강력하고 안정적인 권력구조를 확립할 가능성이 높다. 이명박 대통령이 선거 기간 동안 정치 문제를 언급하지 않고 경제에 올인했던 이유는 현재의 정국 구도와 개임의 룰이 그에게는 '이보다 더 좋을 수 없는' 상황을 제공했기 때문이다. 한나라당은 지난 지방선거에서 유례없는 압승을 거두었고, 대선 직후 이어질 총선에서도 전례 없는 압승이 예상되는 상황이다. 다른 우발적 요인이 작용하지 않는다면 수도권 전체 의석 싹쓸이까지도 가능한 것이 현재의 상황이다.

민주화 이전 권위주의 정권들은 항상 정당성의 시비에서 자유롭지 못했고, 민주화 이후 역대 정권들은 종종 여소야대의 위기 상황에 빠지곤 했다. 민주화 이후 여소야대 국면은 항상 비정상적인 방식으로 전환이 모색되거나, 파국적 상황에서 뒤집어 졌다. 노태우의 3당 합당, 김영삼·김대중의 의원 빼돌리기, 노무현의 탄핵 국면 등이 그러하다. 반면 이명박 정권은 중앙정부, 의회, 지방정부에 이르기까지 민주적 정당성에 기초한 안정적인 권력구조를 갖출 가능성을 눈앞에 두고 있다. 아울러 노무현 집권기 내내 마찰음이 끊이지 않았던 사법부(헌법재판소, 검찰, 대법원)와의 갈등도 대폭 줄어들 가능성이 높다. 이는 보다 노골적인 신자유주의적 패키지가 민주적 정당성과 사법적 정의를 배경으로 추진될 수 있는 강력한 동력을 확보한다는 것을 의미한다.

그리고 이명박 집권 5년 동안 정치는 지속적인 탈정치화의 과정을 겪을 가능성이 높다. 탈정치화는 이명박 대통령 개인의 통치스타일에 의해, 그리고 제도정치권의 구조적 요인으로 인해 상승효과를 일으킬 것이다. 재벌 CEO 출신답게 이명박 대통령은 선거운동 기간 동안 정치 과잉이 정치위기를 초래했다는 진단 아래 '여의도 정치 청산'을 줄기차게 주장해왔다. 완전한 승자독식이 관철되는 대선과 달리 다가올 총선에서는 1당 우위에도 불구하고 다당제의 정당구조가 생길 것으로 전망된다. 이러한 상황에서 압도적 다수를 차지할 한나라당 출신 대통령이 말하는 여의도 정치 청산이란 정당정치의 근간을 흔드는 매우 위험한 발상이 아닐 수 없다.

지난 10년의 경험으로 보았을 때 이명박 대통령이 말하는 여의도 정치의 폐해를 양산한 주범은 정확히 10년 동안 장기 존속한 한나라당이었다. 때로는 다수당의 폭정을, 때로는 소수당의 비토권을 무자비하게 행사해온 한나라당의 행태가 향후 야당세력에게서 되풀이될 것을 이명박 대통령은 충분히 예상하고 있는 것이다. 이러한 여의도 정치의 청산이 건전한 정당정치로 전환되는 것이 아니라 사실상 정치에 대한 사망선고로 이어질까 두렵다.

한나라당이 절대 다수 의석을 확보할 가능성이 높은 상황에서 정부에 대한 건전한 비판과 감시 기능을 행사해야 할 국회는 다시 권

위주의 정권 시절의 거수기 역할로 회귀할 가능성이 매우 높다. 국민의 민주적 의사를 집약하고 표출하여 이를 정부와 매개하는 역할을 수행해야 할 국회 본연의 임무와 역할은 사라진 채 국회가 최고 통치권자의 의사에 종속되어 신자유주의 정책을 무비판적으로 승인하는 통법부로 전락한다는 것이다. 이로써 이명박은 권력분립에 따른 수평적 책임성에서 매우 높은 자율성을 누리게 될 것이다.

결국, 가장 정치화되어야 할 국회가 가장 탈정치화된 집단으로 변모함으로써 국민의 민주적 의사가 소통될 공간이 제도정치권 내에서는 소멸할 가능성이 높다.

제왕적 권력, 전문가 정치에 의한
신자유주의의 전면화

이명박 정권에서는 청와대를 중심으로 한 제왕적 대통령의 지배력이 강화되고, 그 결과 정당정치가 후퇴하여 전문가 통치가 전면화될 것이다. 미국도 조지 부시 정권에서 백악관의 지배력이 보다 강화되면서 제왕적 대통령제의 부활이 주요 이슈가 된 바 있는데, 이명박 정권도 그와 동일한 길을 걸을 가능성이 크다. 국정조정 기능을 내각으로부터 청와대 비서실로 이관하여 청와대의 역할을 강화한다는 인수위원회의 구상은 이에 부합하는 정책이다. 이는 재상정치보다는 육조직계제를 선호하는 이명박의 통치 스타일 그리고 그의 대국회관(정치관)과 결합하여 제왕적 대통령의 지배를 부활시킬 것이다.

또 이명박 선거대책위원회나 인수위원회의 구성에서 정치인을 최대한 배제하고 신자유주의적 성향의 테크노크라트를 전면에 배치한 사실은 이명박 정부가 정당정치에 기초하기보다는 전문가 정치에 기반할 것임을 예측하게 한다. 여기에 신자유주의적 세계화는 국제무대에서 외교·통상 협상을 수행하는 국민국가의 행정 테크노크라트를 강화시키는 외적 조건이 된다. 한나라당의 당헌·당규에 명시된 당정분리에 대한 이명박 측근의 지속적인 공격, 그리고 '386에서 475로의 세대교체'라는 구호는 이를 단적으로 보여준다.

정당에 기초한 책임정치가 아니라 대통령과 청와대를 정점으로 한 전문가 정치의 종국적 결과는 노무현 정권에서도 해결하지 못한 관료주도형 행정과 정치가 온존 강화된다는 것을 의미한다.

이명박 정권에서는 단기적 실적 위주의 정책이 정치과정을 지배할 것이다. 아직 명확하게 정해지지는 않았지만, 이명박 정권의 상징은 선진화와 실용주의가 될 가능성이 높다. 언어적 표현으로만 보자면 한국사회는 분명 선진화되어야 하고 실용주의적 정치도 필요하다. 그러나 현재 이명박 정권이 말하는 선진화나 실용주의에는 함정이 있다. 그들은 우리나라가 건국, 산업화, 민주화를 두 세대 만에 완성했고, 이제 선진화로 나아가야 한다고 시대정신을 요약하고 있다. 여기에는 한국사회의 민주화가 완성되었다는 암묵적 가정이 전제되어 있다. 완성된 민주화라는 규정은 다름 아닌 주기적 선거를 통해 통치자를 선택하는 최소주의적 민주주의관에 따른 것이다.

정치의 과잉을 한국 정치의 가장 큰 문제로 보는 이명박의 시각에서 민의를 반복적으로 확인하는 소통의 민주주의가 들어설 자리는 없다. 소통의 민주주의가 들어서야 할 자리를 실용주의가 대체하

는 것이다. 민주주의 정치과정에는 필연적으로 일정한 비용이 수반
될 수밖에 없음에도 불구하고, 이명박 정권은 이를 실용주의 논리로
무마시킬 것이기 때문이다.

또 작지만 효율적인 정부를 추구하는 실용주의 정권은 통치의 정
당성을 수치상의 업적으로 치장하고자 하는 유혹에서 벗어나기 어
려울 것이고, 그 결과 임기 내 단기적인 실적을 올릴 수 있는 정책이
정치과정의 주요 의제로 채택되고 시행될 가능성이 높다. 대표적으
로 한반도대운하는 이명박 정권의 단기적 실적주의에 부응하는 핵
심 정책인 것이다.

신보수주의와 신자유주의적 포퓰리즘의 공존

이명박 정권에서는 법과 질서를 강조하는 신보수주의적 정치관
이 전면화될 것이다. 제도정치권 내에서 유의미한 반대세력이 없는
상황에서 이명박 정권에 대항할 수 있는 유일한 힘은 사회공공성을
내세운 시민사회단체의 저항으로부터 나올 가능성이 크다. 이미 이
러한 사태를 예상한 듯 이명박 대통령은 선거 과정에서부터 정권 인
수 과정 내내 법과 질서를 강조해왔다. 그는 법과 질서를 지키는 것
이 선진화의 시작이며, 이를 통해 기업하기 좋은 환경을 조성하고
노사관계를 정상화할 것임을 주장하고 있다.

한국사회에서 기업하기 좋은 환경을 조성하는 신자유주의적 정
책은 항상 광범위한 시민사회단체의 저항에 부딪혀왔다. 그리고 이
때 동원되는 법과 질서 담론은 합법적으로 폭력을 독점한 국가가 이

들 저항 세력들을 억압하기 위한 이데올로기적 수단으로 종종 악용되었다. 신자유주의적 혁신을 완성하는 데 있어 법과 질서 담론은 가장 효율적인 통치 수단인 셈이다. 그러므로 김대중-노무현 정권 내내 그나마 명맥을 유지해온 유사 코포라티즘(조합타협주의)은 이명박 정권에서는 더 이상 지속되기 어려울 것이다. 사회적 합의보다는 노골적인 비대칭적 힘겨루기가 일상화된다는 의미다.

일반적으로 신자유주의는 작은 정부를 지향한다고 하지만 한편으로는 법과 질서를 강조하는 등 다른 측면에서는 국가의 권위주의화가 대폭 강화되기도 한다. 곧 기업친화적인 시장을 조성한다는 측면에서 작은 정부는 그러한 신자유주의적 혁신에 반대하는 노동조합을 비롯한 시민사회단체에게는 강하며 억압적이고 큰 정부로서 작용할 것이 분명하다. 노동운동에 강한 신자유주의 정부는 영국의 대처가 교과서적으로 보여준 바 있다.

그러므로 보다 노골적인 신자유주의 정권인 이명박 정부는 작은 정부가 아니라 국가의 기능 조정을 통해 법과 질서를 중시하는 신보수주의적 색채를 강하게 띠게 될 것이다. 따라서 정부부처의 외형적 축소가 실질적인 국가 기능 축소로 이어지지는 않을 것이다.

이명박 정권에서는 포퓰리즘이 일상화될 가능성이 높다. 한나라당은 노무현 정권 집권 내내 노무현 정권을 좌파 포퓰리즘이라고 비판해왔다. 엄밀하게 말해서 노무현 정권의 실패는 그나마 포퓰리즘적 정책도 제대로 펴지 못했기 때문으로 보인다. 그랬던 한나라당의 대통령은 후보 시절 "아무리 좋은 정책이라도 국민들이 반대한다면 무리하게 추진하지 않겠다"고 선언했다. 그리고 그는 선거 기간 내내 "백성을 먹여 살리고, 편안하게 만드는 정치를 하겠다"고 다짐했

고, 대통령직인수위원회는 새 정부가 "국민을 섬기는 정부"가 될 것
임을 밝힌 바 있다.

　말의 표현 형식으로 보았을 때 국민의 반대여론을 고려하고 백성
을 섬기는 정부를 우리가 반대할 이유는 없다. 그러나 다른 한편으
로 지극히 포퓰리즘적 행태를 취할 것이라 예상하게 만드는 대목이
기도 하다. 경험적으로 우리나라 정부가 추진하는 정책이 국민들의
압도적인 다수의 반대여론에 직면할 가능성은 그리 크지 않다. 설혹
그것이 국민 다수를 위기로 내모는 신자유주의적 정책의 핵심일 경
우에도 마찬가지다.

　찬반양론이 대체로 갈리는 상황에서 이명박 대통령이 앞으로 취
할 행보는 방송 출연 등을 통해 국민을 직접 설득하는 방식이 될 가
능성이 높아 보인다. 여기에 포퓰리즘을 조롱해마지 않았던 조중동
은 충실하게 신자유주의적 포퓰리즘의 확산에 일조할 것이다. 특히
여의도 정치를 혐오하는 이명박 대통령의 통치 스타일을 볼 때, 이
러한 예상은 크게 빗나가지 않을 것이다.

신자유주의적 민주주의에 맞설 진보의 새 민주주의

　한나라당 내 중도세력을 대변하는 이명박 신보수주의 정권은 현
재의 개혁적 자유주의세력이나 진보세력보다 능력이 떨어지는 바
보가 아니며 열정이 떨어지는 구태세력도 아니다. 그들은 한국사회
의 신자유주의적 재편이야말로 한국이 선진화하는 데 필요불가결
한 과제라고 신념으로 믿고 이를 열정적으로 추진할 신자유주의적

혁신 세력이다. 또 그들의 정치공학적 계산 능력이 뒤떨어지지 않는 한 김대중-노무현 정권 기간 동안 약간이나마 구축해놓은 사회안 전망을 근본적으로 후퇴시키는 우를 범하지도 않을 것이다.

한국사회를 87년 체제라는 관점에서 보았을 때 17대 대선은 분명 정권교체다. 그러나 97년 체제라는 관점에서 보았을 때 이는 신자유 주의적 정권간의 권력 승계로 보아야 한다. 이명박 정권은 신자유주 의적 정책에 관한한 그 속도와 관철방식에서 약간의 차이를 가지고 있었던 데 불과한 기존 김대중-노무현 정권의 태내에서 탄생한 것 이다.

그러므로 진보세력의 입장에서는 민주평화개혁세력이라 불리는 중도우파세력과 확실히 단절할 수 있는 인식의 틀을 확보할 기회가 되었다는 점에서 그리 낙담할 이유가 없다. 다만 지난 잃어버린 10 년이 5년 더 연장되었고, 진보세력이 아직 독자적인 수권 능력이 없 다는 객관적 사실에 대한 충분한 자기반성이 필요할 뿐이다.

전술했듯이 이명박 정권은 최소주의적 의미이기는 하지만 선거 민주주의를 통해 국민의 민주적 의사를 위임받은 상황에서 다가올 총선에서의 압승을 바탕으로 제도정치권 내에서 확실한 헤게모니 기반을 다질 것이다. 이렇게 확보된 가장 우호적인 권력구조의 조건 에서 탈정치화를 통해 확보된 지식인-관료 주도의 행정과 신보수주 의적인 억압통치 방식 및 포퓰리즘의 병행 전략으로 노골적인 신자 유주의적 패키지를 실용주의라는 명분 아래 전면화할 것이다.

억압적인 테러독재체제가 수행하는 파행적 정책을 깨는 것은 결 연한 의지만으로도 가능하다. 그러나 민주주의의 이름으로 행해지 는 신자유주의 정책을 깨는 작업은 결연한 의지만으로는 불가능하

다. 여기에는 이름은 같지만 서로 본질이 다른 '민주주의 대 민주주
의'라는 치열한 논리 싸움이 전제되어야 한다. 그러므로 진보세력은
향후 5년 동안 행해질 신자유주의적 민주주의 세력과의 전쟁에서
승리할 수 있는 이성적 대안을 발 빠르게 준비해야 한다.

엄관용 | 서강대학교 정외과 박사과정 수료. 정치사상의 규범성과 한국정치의
현실성을 접목시키려는 연구를 진행하고 있다.